유아교사를 위한

AI와 디지털 교육

이정화 · 유혜린 · 정희영 · 정서연

KNOWLEDGE COMMUNITY 공동체

머리말

현대사회는 첨단 과학기술에 의해 급격한 변화를 거듭하고 있고, 그 중심에는 디지털화와 인공지능(AI)이 있다. 디지털 기술과 인공지능은 현대 사회의 중요한 구성 요소가 되었으며, 이는 교육 현장에서도 예외가 아니다. 특히 유아교육 분야에서는 디지털 기술을 활용하여 유아들의 창의성, 문제해결력, 그리고 협업 능력을 향상할 수 있는 다양한 기회가 열리고 있다. 이에 따라 유아교사들은 디지털 리터러시와 인공지능에 대한 기본적인 이해를 바탕으로 보다 효과적이고 혁신적인 교육을 실현할 수 있어야 한다. 그러나 유아교육 현장에서 교사들의 디지털 및 인공지능 교육에 대한 인식은 부정적인 경향이 있다. 그 이유로 유아기 발달에 미치는 부정적 영향에 대한 우려가 우선 언급되는데, 사실 유아교사들의 디지털 및 인공지능에 대한 이해와 기술 활용 능력의 부족도 주요한 이유로 꼽힌다.

실제 현직 유아교사들과 면담을 해보면, 교사들의 디지털 활용 능력의 개인차가 커서 유아들이 경험하는 디지털 교육 및 활동의 편차가 크다는 점을 지적한다. 디지털과 인공지능에 대한 올바른 이해 및 높은 활용 능력, 긍정적인 시각을 갖춘 교사의 경우 유아들에게 더 풍요롭고 다양한 교육활동과 경험을 안내할 수 있지만, 이러한 교사의 수가 많지 않다. 더불어 현재 유아교육 현장에서의 디지털 교육은 디지털 친화 교육 수준에 머물고 있으므로, 보다 구체적이고 실행 가능한 디지털 역량 함양을 위한 노력이 필요하다고 말한다.

이 책은 위와 같은 현실적 필요성에 기초하여 집필되었다. 즉, 유아교사를 위한 디지털 및 인공지능 교육의 기본 개념과 실제 교육 현장에서의 활용 방법을 제공하고자 함이 본 저서의 핵심 목적이다. 이론뿐만 아니라 실제적인 예시를 제공함으로써, 교사들이 인공지능 및 디지털 기술을 더욱 효과적으로 활용할 수 있는 역량 함양에 보탬이 되고자 하였다. 주요 내용으로 교육 현장에서 유아들과 함께할 수 있는 다양한 디지털 도구와 인공지능 기술을 소개하고, 이를 유아들의 성장과 학습에 긍정적인 영향을 미치는 방향으로 적용할 수 있는 실제 활동을 제공하고자 하였다. 특히, 유아교사들이 쉽게 적용할 수 있는 교수 전략과 실천 사례를 풍부하게 담고자 노력하였다. 또한 디지털 및 인공지능 도구를 활용할 때 고려해야 할 윤리적 문제와 안전한 교육 환경 조성 방법에 대해서도 다루어, 유아교육 현장에서 보다 책임감 있고 효과적인 디지털 및 인공지능 활용이 이루어질 수 있도록 하였다.

이러한 내용을 담아내면서 저자들은 예비 및 현직 유아교사들이 낯설고 생소한 디지털과 인공지능 관련 용어, 개념, 내용에 최대한 쉽게 접근하고 이해할 수 있도록 애썼다. 내용을 상세히 풀어 쓰고, 여러 사진과 그림을 넣었으며, 본문 가장자리에는 추가적인 용어 정의나 설명을 넣어 어려운 내용을 쉽게 이해할 수 있도록 하였다. 또한 실제를 다룬 파트에서는 관련 사이트에 바로 접근할 수 있는 QR코드를 삽입하여 독자의 관심도에 따라 정보의 확장이 가능하도록 하였다. 더불어 각 장의 마지막에는 생각해 보기와 더 알아보기를 추가하여 이를 통해 학습자의 이해를 점검해 볼 수 있도록 유도하였다.

이렇듯 이 책은 유아교사들의 디지털과 인공지능 기술의 활용 역량 강화에 초점을 두었으나, 디지털과 인공지능 시대의 교육은 단순히 기술을 활용하는 것을 넘어, 비판적 사고력과 창의적 문제해결력을 기르는 방향으로 나아가야 한다는 점을 잊지 말아야 할 것이다. 기술은 인간 중심의 교육을 더욱 풍요롭게 만드는 도구일 뿐, 그 자체가 궁극적인 도달점이 되어서는 안 된다. 디지털과 인공지능 기술은 창의력, 문제해결력, 협업 능력 등 유아들에게 내재된 본연의 능력을 키우는 교육에 효율적인 도구가 될 수 있다고 믿으며, 이 책을 통해 유아교사들이 디지털 기술과 인공지능을 활용하는 데 자신감을 얻고, 창의적이고 유익한 교육 환경을 조성하는 데 실질적인 도움을 얻을 수 있기를 바란다.

원고를 마무리하면서 이 책이 출판될 수 있도록 도움을 주신 모든 분께 깊은 감사의 마음을 전한다. 먼저, 세심한 본문 검토와 디자인 등 출판 과정에서 아낌없는 지원을 해주신 공동체 가족 여러분께 감사드린다. 또한 활동사진과 계획안을 기꺼이 제공해준 칠암초등학교 병설유치원 원아들, 부모님들, 선생님들께도 진심으로 감사드린다. 아울러, 작업이 끝날 때까지 인내하고 기다려준 모든 저자 가족들에게도 감사를 전한다. 특히, 저자의 자녀들인 하린, 해랑, 주원, 하은, 하준에게 미안함과 함께 고마운 마음을 전하고 싶다. 대부분 유아기의 아이들이라 엄마의 분주함과 자리 비움을 이해하기 어려웠을 터이다. 이 아이들이 살아갈 새로운 교육 패러다임 속에서 이 책이 더 나은 미래를 만들어가는 교육에 유용한 길잡이가 되기를 소망한다.

2025년 2월

대표 저자 이정화

차례

CHAPTER 06 인공지능의 학습과 응용

CHAPTER 07 인공지능과 윤리

CHAPTER 08 유아 인공지능 교육

PART 03 ▸ 디지털과 인공지능의 적용 실제

CHAPTER 09 유아 컴퓨팅 사고력

CHAPTER 10 유아를 위한 디지털과 인공지능 실제

CHAPTER 11 유아교사를 위한 디지털과 인공지능 실제

PART

1

디지털과 유아교육

AI & Digital Education for Early Childhood Teachers

CHAPTER

01

디지털 시대의 유아교사

1. 시대적 패러다임의 변화
2. 교육 환경의 디지털 전환
3. 교사의 새로운 역할과 책무

AI & Digital Education
for Early Childhood Teachers

CHAPTER 01

디지털 시대의 유아교사

1. 시대적 패러다임의 변화

1) 4차 산업혁명과 삶의 변화

4차 산업혁명은 인공지능, 사물인터넷, 빅데이터, 모바일 등 첨단통신기술이 사회, 경제 전반에 융합되어 혁신적 변화가 나타나는 차세대 산업혁명을 말한다. 세계경제포럼(World Economic Forum)의 창시자 클라우스 슈바프(Klaus Schwab)가 2016년 1월 스위스 다보스(Davos)에서 열린 세계경제포럼에서 기계학습과 인공지능의 발달로 인한 산업의 변화를 나타내는 키워드로 사용하면서부터 퍼져나간 개념이다. 4차 산업혁명 이전에는 주로 제조업이나 서비스업에서 혁신이 일어나 경제 시스템을 변화시켜 왔다면, 4차 산업혁명은 제조와 서비스 분야뿐 아니라 사회, 경제, 문화, 고용, 노동 시스템 등 삶의 전반에 변화를 초래하고 있다. 그 변화는 긍정과 부정의 양방향으로 예견되는데, 예를 들면 다음과 같다.

- **긍정적 영향** : 위험하거나 어려운 임무 수행에 무인 시스템과 로봇, 드론 기술이 도입되어 인간의 수고를 덜 수 있다. 의료분야에 빅데이터 활용, 인공지능의 분석력과 예측력 도입으로 질병 진단 및 치료의 정확도를 높이거나 바이오기술 및 디지털 헬스케어 등을 통해 인간의 기대수명을 연장하고 맞춤형 치료를 할 수도 있다.

- **부정적 영향** : 자동화와 인공지능(AI : Artificial Intelligence) 도입으로 전통적인 일자리 감소(특히 단순 반복 노동 직종)가 우려된다. 기술에 대한 접근성과 활용 능력의 차이로 인한 디지털 격차가 심해질 수 있고, 사물인터넷(IoT : Internet of Things)과 빅데이터의 확산으로 인해 개인정보 유출과 사생활 침해 문제가 일어날 수도 있다.

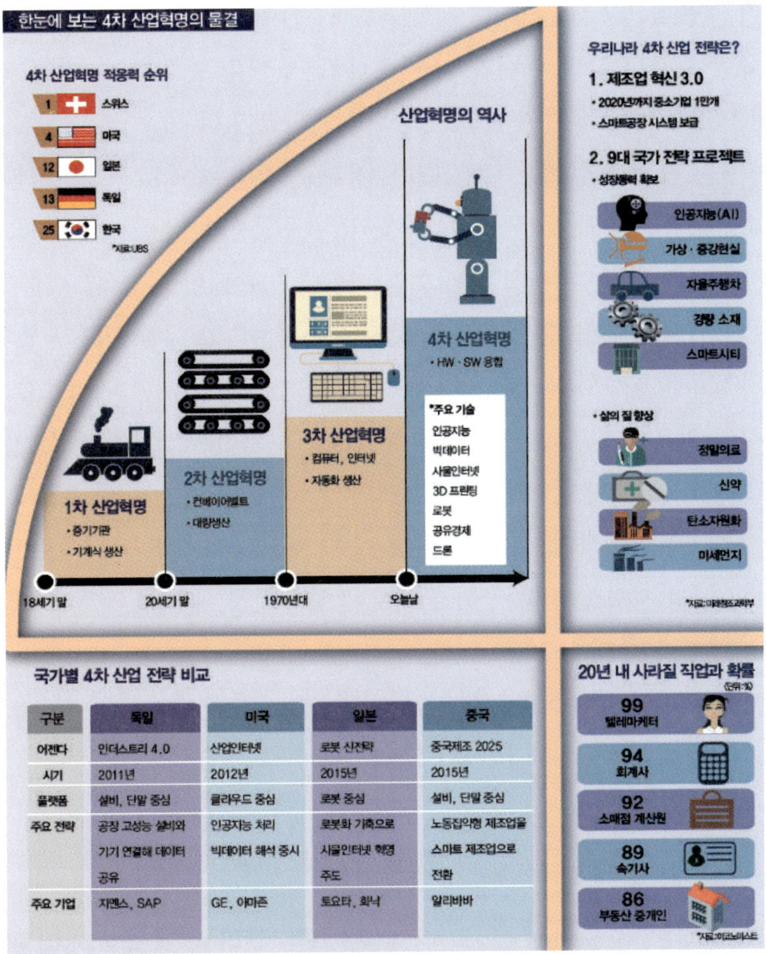

[그림 1-1] 한눈에 보는 4차 산업혁명의 물결[1)]

2) 첨단 기술과 교육의 혁신

첨단 기술의 발전은 우리 사회의 산업과 일자리를 변화시킬 뿐만 아니라 교육 분야에도 새로운 도전과 기회를 제공한다. 인공지능, 사물인터넷(IoT), 빅데이터, 로봇공학, 블록체인 등의 첨단 기술이 교육 분야에 유입되며 교실의 변화, 학습 내용 및 방법의 변화가 나타났고, 학습자는 더 풍요로운 환경에서 더 효율적으로 학습할 수 있게 되었다. 현대사회에서 첨단 기술은 학습의 중요한 도구일 뿐만 아니라 학습 주제로 자리 잡고 있으며, 미래 사회에 필요한 역량이 예전과 같지 않을 것임을 시사하고 있다.

블록체인
데이터를 분산된 네트워크에 암호화하여 저장하고, 모든 참여자가 동일한 원장(디지털 장부)을 공유함으로써 신뢰성과 투명성을 보장하는 기술

과거에는 지식과 정보를 전달하고 수용하는 것이 중요했으므로 열심히 지식을 습득하고 기술과 생산성을 끌어올리는 데 집중하는 방식으로 교육이 이루어졌다. 그러나 현재는 모든 정보와 기술이 공개되어 있어 필요한 지식을 언제든지 쉽게 찾아볼 수 있으므로 지식을 축적하려고 애쓸 필요가 없다. 그보다는 필요한 정보와 지식을 얻기 위해 다양한 기술과 도구를 사용할 줄 아는 역량이 필요하고, 당면한 문제를 분석하고 창의적으로 해결할 수 있는 문제해결능력이 요구되며, 더불어 함께 일할 수 있는 의사소통 및 협업 능력이 강조되는 교육 패러다임으로 변화하고 있다. 이는 유아교육 분야에도 예외일 수 없다. 미래 사회의 주역이 될 유아들에게 창의성, 문제해결력, 디지털 리터러시, 협업과 커뮤니케이션 능력, 인간성과 윤리, 미래 사회의 변화와 미래 직업에 대한 이해는 필수가 되었다.

3) 디지털 원주민 세대의 등장

디지털 원주민(Digital Native)이란 태어나면서부터 디지털 기기에 둘러싸여 성장한 세대를 일컫는다. 이 용어는 미국의 교육학자 마크 프렌스키(Marc

Prensky)가 2001년 발표한 논문 「디지털 원주민, 디지털 이주민(Digital Natives, Digital Immigrants)」에서 처음 사용했다(시사경제용어사전, 2017). 이에 반해 디지털 기술을 후천적으로 익힌 세대는 '디지털 이주민(Digital Immigrants)'으로 분류되며, 이들은 노력하더라도 디지털 환경에 완전히 적응하기 어려운 특성을 지닌다.

디지털 원주민(Digital Native) 세대로 불리는 오늘날의 유아들은 태어나면서부터 스마트폰, 태블릿PC, 컴퓨터 등의 디지털 기기와 친숙한 환경에서 자란다. 선행연구에 의하면, 이미 0~2세 영아기에 디지털 매체를 사용하는 경우가 73.1%에 달하며(오주현 · 박용완, 2019), 유아의 디지털 매체 이용은 일상처럼 매일같이 경험하는 일과가 되었다. 즉, 디지털 기기, 특히 스마트폰과 태블릿PC에의 접근성이 높아졌고, 두 기기를 활용한 다양한 교육용 콘텐츠, 인터랙티브 프로그램, 기타 유아의 호기심을 자극하는 다양한 게임 기반 학습에 일찍부터 노출되고 있다. 이에 따라 디지털 리터러시가 유아기부터 강조되고 있고(교육부, 2021a), 디지털 매체가 유아의 발달에 미치는 긍정적, 부정적 영향에 대한 논의가 활발히 이루어지고 있으며, 디지털 환경의 장단점을 고려한 '아날로그와 디지털 경험의 조화로운 통합'이 중요해졌다.

인터랙티브 프로그램(Interactive Program) 사용자와 상호작용할 수 있는 소프트웨어로, 사용자가 입력을 하거나 특정 행동을 하면 그에 따른 반응을 하는 프로그램

[그림 1-2] 디지털 기기로 놀이(학습)하는 영아들

2. 교육 환경의 디지털 전환

1) 기술과 교육의 통합

(1) 인공지능과 기계학습

인공지능과 기계학습은 개별 학생들의 학습 패턴을 분석하고, 개인화된 학습 경로와 피드백을 제공함으로써 학습자 맞춤형 교육을 가능하게 한다. 예를 들어, 인공지능 기반 튜터링 시스템은 개개 학생의 학습 과정을 실시간으로 모니터링하고, 학생이 겪는 어려움을 파악하여 학생의 수준과 속도에 적합한 보충 자료를 제공한다. 교육 분야에서 개별화된 교수방법의 필요성과 중요성이 언급된 지 오래이나, 교사 1인이 집단교육을 시행해야 했던 상황에서 수행하기 어려웠던 학습자 맞춤형 교육이 첨단 기술의 통합으로 가능해졌다.

[그림 1–3] 개인 맞춤형 학습 코스 추천 사례(쥬니버 스쿨)

(2) 사물인터넷

사물인터넷(IoT)이란 사물(특히 가전 기기)에 센서를 장착하여 인터넷을 통해 실시간으로 정보를 수집하고 개별 사물들끼리 정보를 주고받는 기술을 말한다. 이러한 기술은 교육 환경을 스마트하게 변화시킨다. 예를 들어, 한 스마트 패드를 통해 교실 내 구성원들이 실시간으로 필기 내용을 공유하거나 공동으로 문제를 해결할 수도 있고, 교실 내 온도, 습도, 조명 등을 최적의 학습 환경이 되도록 자동으로 제어할 수도 있다.

[그림 1-4] 여러 가지 사물이 인터넷으로 연결될 수 있다(그림 : 챗GPT).

(3) 빅데이터

빅데이터란 매일 생성되는 대량의 데이터를 설명하는 용어로, 기존의 데이터베이스로는 수집 · 저장 · 분석 등을 수행하기가 어려울 만큼 방대한 양의 데이터를 말한다. 빅데이터는 정치, 경제, 사회, 문화, 과학 등 전 영역에 걸쳐서 인류에게 가치 있는 정보를 제공할 수 있어 그 중요성이 커지고 있다. 교육 분야에서는 빅데이터 분석을 통해 학생들의 학습 성과를 예측하고, 교육과정을 개선할 수 있다. 예를 들어, 학생들의 학습 패턴, 성취도, 참여도 등을 종합적으로 파악하여 개개인에게 적합한 학습 지원 및 교육 전략을 수립할 수 있다.

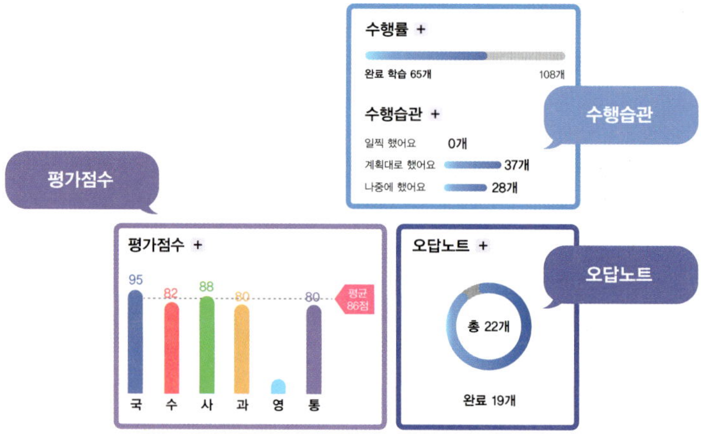

[그림 1-5] 데이터를 이용한 개인의 학습 패턴 분석

(4) 가상현실 및 증강현실

가상현실(VR : Virtual Reality)은 현실과는 다른 완전히 새로운 디지털 환경을 만드는 기술이고, 증강현실(AR : Argumted Reality)은 현실 세계에 디지털 정보를 더하는 기술이다. 예를 들면, 유아들이 수행하기에 위험한 실험을 해 볼 수 있게 한다거나, 역사를 알기 위해 고대 유적지를 탐험하고 그 시대의 생활을 체험하는 것은 가상현실 기술이다. 증강현실 기술은 입체적인 시각정보 제공의 형태로 많이 도입되고 있다. 예를 들어, 책이나 모니터, 칠판 등 평면에서 가르치기 어려운 3차원 도형을 증강현실 기술을 활용하면 입체 형태의 기하도형을 경험할 수 있다. 이러한 기술들은 현실적으로 경험하기 어려운 상황을 가상으로 체험할 수 있도록 도움으로써 학습의 범위를 넓혀줄 뿐만 아니라 학습에 대한 흥미와 동기를 높이고, 몰입감과 생동감 있는 학습을 가능하게 해준다.

[그림 1-6] 가상현실 기술 적용의 사례[2)]

2) 교육 환경의 변화

(1) 디지털 교실

전통적인 교실은 디지털 전환으로 인해 여러 측면에서 변화하고 있다. 물리적 공간은 Wi-Fi, 스마트 보드, 태블릿PC, 가상 및 증강현실 등 다양한 디지털 기기의 도입으로 형태와 기능 면에서 급격히 변화하고 있다. 이러한 변화는 학생들로 하여금 시공간의 제약 없는 안전한 환경에서 더욱 풍요로운 교육을 가능하게 해준다.

디지털 시대로의 전환 및 디지털 기기 사용 연령의 하향화로 교육부(2020)는 미래형 유치원 교육과정을 위한 디지털 환경 조성 및 디지털 교육기반 수립 정책을 마련하였고, 현장에서도 발빠르게 환경의 전환이 이루어지고 있다. 〈표 1-1〉은 2023년도에 조사된 유아교육기관의 디지털 기기 구비 현황이다. 전통적인 교실에서는 볼 수 없었던 다양한 디지털 기기가 구비되어 있음을 볼 수 있다. 이러한 환경의 변화는 유아들이 학습 내용을 더욱 직관적으로 이해하고, 몰입감 있게 학습할 수 있도록 도우며, 현실과 가상이 융합된 '디지털 놀이'를 확장시킨다.

〈표 1-1〉 유아교육기관의 디지털 기기 구비 현황(다중응답) (N=286)

구 분	빈 도	케이스 백분율	백분율
웹캠	82	28.7	5.8
VR기기	46	16.1	3.3
증강현실(AR)	46	16.1	3.3
스마트폰	137	47.9	9.7
태블릿PC	189	66.1	13.4
코딩교구	77	26.9	5.5
빔 프로젝트	179	62.6	12.7
블루투스 스피커	145	50.7	10.3
미러링 기기	55	19.2	3.9
노트북 및 컴퓨터	187	65.4	13.2
전자칠판(스마트 보드)	79	27.6	5.6
전자책 및 세이펜	64	22.4	4.5
3D 프린터 및 펜	33	11.5	2.3
디지털 카메라 또는 유아용 카메라	66	23.1	4.7
교육용 로봇 (예 AI 로봇, 코딩 로봇 등)	27	9.4	1.9
계	1412	493.7	100.0

출처 : 이윤해(2024). 유아교육기관의 디지털 놀이 실태와 요구. 부경대학교 교육대학원 석사학위논문, p. 31.

(2) 멀티모달 학습 환경

디지털 원주민(Digital Native) 세대가 경험하는 멀티미디어 환경은 필연적으로 멀티모달(multi-modal) 학습 환경을 구축한다. 멀티모달 학습이란 다양한 감각(시각, 청각, 촉각 등)을 통한 학습 방식을 의미한다. 오늘날 유아들은 텍스트 기반의 학습이 아니라 영상, 소리, 양방향 상호작용이 가능한 콘텐츠를 통해 정보에 접근하고 학습하는 방식에 익숙해지고 있다. 예를 들면, 비디오, 오디오, 게임, 증강현실 등 디지털 매체를 활용한 학습 혹은 상호작용을 촉진하는 툴과 플랫폼을 이용한 참여형 학습(예 Kahoot, Quizlet) 등이 보편화되고 있다. 따라서 교사들은 다양한 멀티미디어 자료를 활용하여 유아들의 관심을 끌고 학습 효과를 최대화하고자 노력할 필요가 있다.

[그림 1-7] 멀티모달 학습을 가능하게 하는 카훗(Kahoot)[3]

3) 교육 내용의 변화

(1) 기술 중심 교육

인공지능, 로봇공학, 사물인터넷(IoT), 빅데이터 분석, 프로그래밍 등 첨단 기술에 대한 이해와 실습을 통한 실행 역량 강화가 중요한 학습 내용이 되고 있다. 미래 사회는 기술 기반 사회가 될 것으로 예측되므로 학생들이 미래 사회에서 경쟁력을 갖추도록 돕는 것이 필수적이다. 또한 학교 교육과 사회 현장을 연계하여 실제 현장에서 필요한 지식과 기술을 배우는 실무 중심 교육이 강조되고 있다.

(2) 창의성과 문제해결 중심의 교육

첨단 기술의 발전은 단순하고 반복적인 업무를 점차 자동화 · 기계화시킨다. 따라서 단순한 지식, 정보, 기술의 축적보다는 창의적으로 사고하고 혁신적인 해결책을 제시할 수 있는 능력이 중요해지고 있다. 일상에서 만날 수 있는 여러 가지 복합적인 문제를 비판적 · 체계적으로 접근해 효율적으로 해결하고, 새로운 아이디어를 창출하는 능력이 미래 사회에서 핵심 역량으로 요구된다. 이를 위해서는 다각적 사고와 협업, 실험적 접근 등이 필요하다.

(3) 융합 교육(STEAM)

융합 교육의 하나로 과학(Science), 기술(Technology), 공학(Engineering), 예술(Arts), 수학(Mathematics)을 통합한 STEAM 교육이 강조되고 있다. STEAM 교육은 다양한 학문 분야를 융합하여 복합적인 사고 능력을 기르고, 실제 문제를 해결하는 데 필요한 종합적인 접근 방식의 교육이다. 이는 학생들이 다양한 분야의 지식을 융합하여 새로운 해결책을 찾는 능력을 개발하는 데 도움이 된다.

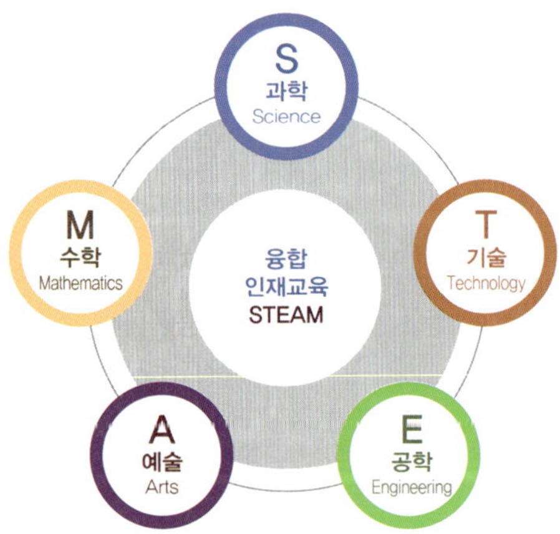

[그림 1-8] STEAM 개념도

출처 : 한국과학재단(2017). STEAM 프로그램 활용 가이드북, p. 59.

4) 교육 방법의 변화

(1) 인터랙티브 학습 도구의 활용

인터랙티브(Interactive) 학습 도구란 일반적으로 상호작용이 가능한 도구를 뜻하지만 디지털 환경에서는 사용자가 컴퓨터와 대화를 하는 것처럼 입력과 출력이 가능한 프로그램을 의미한다. 예를 들면, 퀴즈, 게임, 가상 실험실, 시뮬레이션 등 학습자가 직접 참여하고 상호작용할 수 있는 도구를 말한다. 이러한 학습 도구의 도입은 학습 방식에 다음과 같은 긍정적 효과를 가져온다.

- **개인 맞춤형 학습 가능** : 개개인의 수준, 속도, 관심에 맞게 학습할 수 있고, 어려운 부분은 반복해서 학습할 수도 있다. 이런 과정을 통해 자신에게 맞는 방식을 찾을 수 있다.
- **학습에 대한 동기와 흥미 유발** : 학습자에게 즉각적인 피드백을 제공함으로써(예 게임이나 퀴즈 풀이) 자신의 이해도와 성장을 확인할 수 있게 한다. 이는 좀 더 즐거운 학습을 가능하게 해준다.
- **협력과 소통 촉진** : 온라인 플랫폼을 통해 여러 학생들과 함께 과제를 수행하고 의견을 나눔으로써, 타인의 의견을 존중하고 경청하며 자신의 생각을 표현하는 능력을 키우는 데 도움을 준다.

유아교사는 유아들의 발달적 특성을 고려한 시각적 · 청각적 · 촉각적 경험을 지원하는 다양한 인터랙티브 학습 도구에 대한 관심과 이해를 도모할 필요가 있으며, 이를 어떻게 교육에 효과적으로 통합할 수 있을지 고민해야 한다.

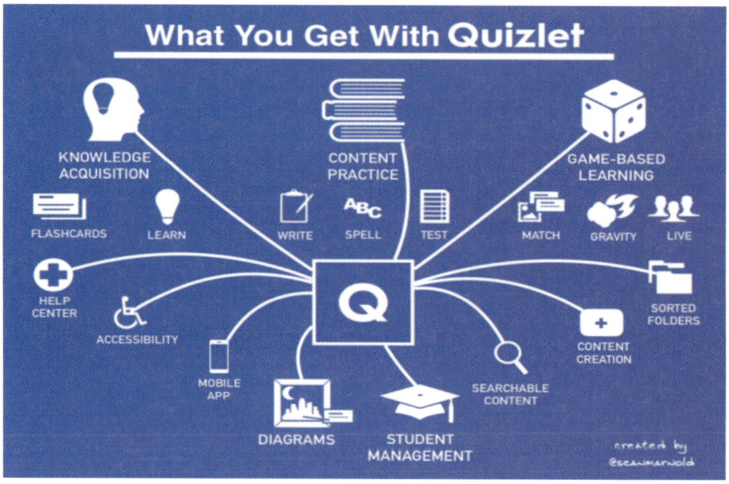

[그림 1-9] 인터랙티브 학습 도구 퀴즈렛(Quizlet)[4)]

(2) 온오프라인 학습의 통합

코로나19 팬데믹을 계기로 비대면 학습이 급격히 확산되었으며, 이에 따라 온오프라인을 병행한 하이브리드 학습 방법이 보편화되었다. 이는 교육의 유연성과 접근성을 높이는 새로운 방식으로 자리 잡고 있다. 예를 들어, 학생들은 수업에 따라 오프라인 강의와 온라인 학습 자료를 자유롭게 선택할 수 있으며, 이는 개개인의 학습 양식과 생활 방식에 맞는 맞춤형 학습을 경험할 수 있게 한다. 또한 오프라인 수업에서는 교사와의 직접적인 상호작용 및 즉각적인 피드백을 통해 깊이 있는 학습이 가능하고, 온라인 학습에서는 자기 주도성을 키우고 심화 학습에 필요한 자원에 쉽게 접근할 수 있도록 함으로써 상호 보완적 학습 접근이 가능하다. 이렇듯 다양한 디지털 도구와 플랫폼(예 LMS, 온라인 토론 게시판, 비디오 회의툴 등)이 통합되어 수업의 질을 높이고, 참여도를 증가시키는 온오프라인 학습의 통합은 앞으로도 지속될 것으로 보인다. 현재까지 유아교육 분야에서는 온오프라인 학습의 통합이 초중등학교에 비해 관심과 중요성이 적었으나 미래 사회에서는 유아교육 현장에서도 디

LMS
Learning Management System의 약자. 학습 관리 시스템을 의미함

지털 도구를 활용해 유아들의 학습을 효과적으로 지원할 수 있는 온오프라인 학습의 통합 방법을 탐색해야 할 것으로 보인다.

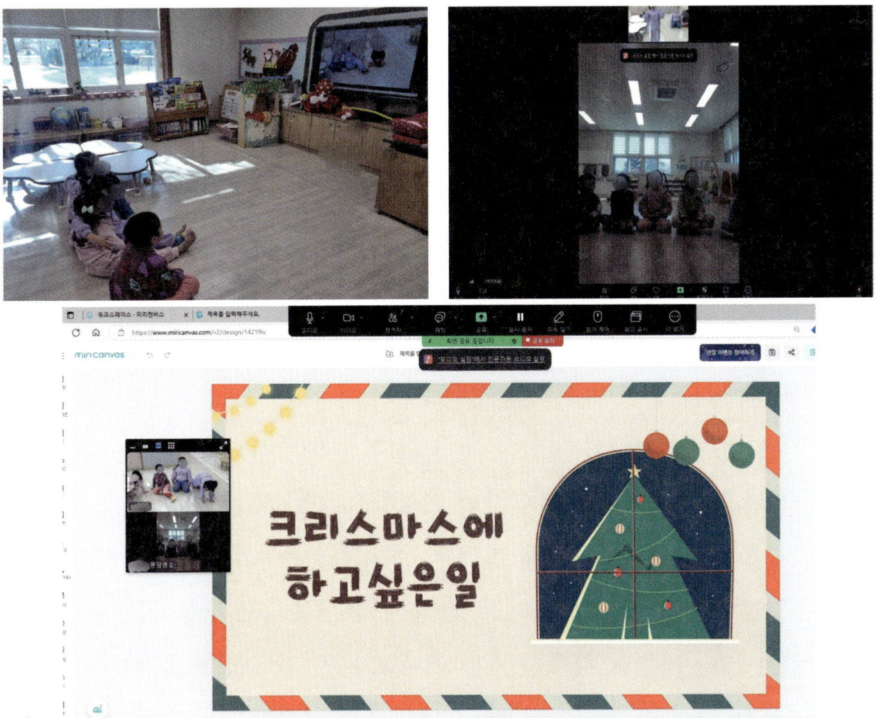

[그림 1-10] 서로 다른 유치원의 유아들이 줌을 활용하여 의견을 공유하는 모습

5) 교육 평가의 변화

(1) 학습자 중심의 평가

1980년대 이후로 전통적 평가, 형식적 평가의 패러다임에서 점차 대안적 평가, 비형식적 평가의 패러다임으로 교육 평가에도 변화가 생겼다. 학습자의 주도적 참여와 교육과정의 통합성이 강조되면서 학습자 간 비교가 아닌

학습자 내 성장에 초점이 맞추어지고 있고, 결과중심의 평가보다 평가의 맥락과 과정에 관심이 모아지고 있다. 또한 개인의 지식에 대한 평가에서 역량에 대한 평가로 전환되고 있다. 따라서 어떤 정보나 지식을 얼마나 많이 가지고 있는지보다, 어떤 역량을 어떤 맥락에서 어떤 과정으로 얼마나 보여줄 수 있는지가 중요해졌다. 다시 말해, 적절한 맥락 속에서 개인의 역량이 어떤 과정으로 성장 · 발전하는지를 살펴보고, 그 결과에 근거해 교육적 지원과 소통 전략을 수립함으로써 학습자를 돕는 평가가 강조된다. 이는 디지털 환경으로의 변화 속에서도 요구되는 접근이며, 특히 형식적 평가를 수행하기 어려운 유아교육 분야에서는 더욱 중요해지고 있다.

(2) 평가보다 피드백

전통적인 평가방법에서 벗어나 여러 가지 온라인 플랫폼을 이용하게 되면서 1회성 평가 대신 지속적인 평가와 프로젝트 기반 평가, 동료 평가 등의 시스템이 도입되고 있다. 이러한 변화는 전통적인 평가방법에서 학습자가 느꼈던 부담감과 불편함을 해소하고, 학습자의 배움과 성장을 이해하고 지원할 수 있는 기반 마련을 강조하면서 '평가'보다는 '피드백'에 초점을 둔다. '평가'란 목표가 무엇이었고 얼마나 달성했는지를 살펴보는 것인데 반해, '피드백'은 결과물을 만들어가는 과정에서 성장한 것은 무엇인지, 기대했던 것보다 부족했던 것은 무엇인지를 살펴 학생에게 적절하게 반응해 주는 것이다. 즉, 배움의 결과에 대한 평가가 아니라 현재 배우고 있는 것에 대한 조언이며, 더 잘 배울 수 있도록 실질적인 도움을 주는 것이 피드백인 것이다.

[그림 1-11] 동료 평가와 피드백

3. 교사의 새로운 역할과 책무

1) 교사의 역할 재정립

빠르게 변화하는 기술의 발전과 그로 인한 디지털 시대의 도래는 교육자의 역할에 대한 재고를 요구하고 있다. 교사는 더 이상 단순히 콘텐츠를 전달하는 사람이 아니다. 그렇다고 디지털화된 환경 속에서 첨단 기술을 사용해 학습의 효율성을 높이는 것에만 초점을 맞추어서도 안 된다. 그보다는 인간적 가치를 유지하면서 기술을 교육에 통합하는 역할을 해야 한다. 창의성, 공감, 협력 등의 인간적 요소는 기술이 대체할 수 없는 영역으로, 교사는 이 부분을 강조할 필요가 있다. 이러한 맥락에서 교사 역할을 다음과 같이 재정립해 볼 수 있다.

(1) 비판적 사고와 문제해결 촉진자

방대한 정보가 모든 사람에게 오픈되어 있으므로 교사는 학습자가 디지털 자원을 탐색하고 비판적으로 평가하도록 안내해야 한다. 즉, 교사의 역할은 정보를 제공하는 것에서 나아가 학습자가 정보의 분석 및 문제해결 기술을 개발하도록 돕는 방향으로 전환되어야 한다.

(2) 개인화된 학습 경로의 설계자

데이터 기반 도구의 사용이 증가함에 따라 각 학생의 필요와 속도에 맞는 개인화된 학습 계획이 가능해졌다. 교사는 디지털 도구를 사용하여 개개인의 학습 진행 상황을 추적하고 실시간으로 조정함으로써 개별화된 학습 경험의 큐레이터가 될 필요가 있다.

(3) 디지털 시민 양성자

교사들은 향후 다양한 형태의 인공지능 및 학습 플랫폼과 더불어 일하게 될 것이다. 디지털 플랫폼과 긴밀하게 통합된 세상에서 교사는 학습자에게 디지털 리터러시와 윤리를 가르치는 중요한 역할을 하며, 학생들이 책임감 있는 양질의 디지털 시민이 되도록 지원해야 한다.

2) 디지털 리터러시 함양

디지털 리터러시란 디지털 정보에 접근하거나 디지털로 제공된 정보를 분석, 해석, 평가하는 능력과 그 정보를 비판적으로 이해하여 디지털 미디어를 통해 자신의 정보를 다시 생산하는 능력을 말한다(이경한 외, 2022). 정보의 비판적 분석, 창의적인 문제해결, 디지털 도구를 활용한 협력적 학습 등은 디지털 시대에 필수적인 능력으로, 유아교사들은 이러한 리터러시를 교육의 핵심 요소로 인식하고, 이를 유아교육과정에 포함시킬 수 있어야 한다.

현대사회에서 디지털 기술은 대부분의 산업 분야에서 핵심 역할을 할 것으로 기대되므로, 디지털 리터러시를 갖춘 인재는 이러한 기술을 활용해 다양한 직무를 수행할 수 있다. 예를 들어, 데이터 분석, 디지털 마케팅, 프로그래밍 등의 분야에서 경쟁력을 갖추게 된다. 또한 디지털 리터러시는 시민으로서의 참여를 증대시킨다. 온라인 플랫폼을 통해 정치 · 사회적 문제에 대한 의견을 제시하고, 커뮤니티에 참여할 수 있게 된다. 빠르게 변화하는 기술 환경에서 디지털 리터러시는 개인이 새로운 기술과 도구에 대해 유연하게 대응할 수 있게 함으로써 지속적인 학습과 적응을 가능하게 하여 모든 변화에 대비할 수 있게 될 것이다.

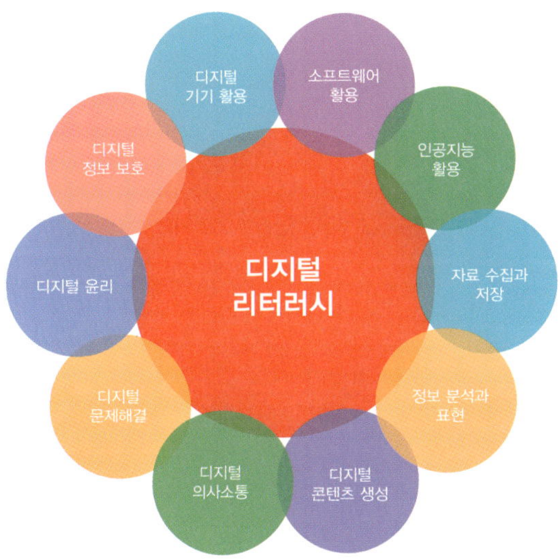

[그림 1-12] 디지털 리터러시의 주요 내용

한편 디지털 환경에서의 정보 윤리 및 안전은 매우 중요한 이슈가 되고 있으며, 이는 디지털 리터러시의 중요 부분을 차지한다. 디지털 리터러시에서 다루는 정보 윤리 및 안전은 개인정보 보호, 신뢰할 수 있는 정보 식별, 디지털 발자국 관리, 윤리적 사용 등의 내용을 포함한다. 디지털 리터러시는 미래 사회에서 지금보다 더 중요해질 것이다. 개인이 더욱 복잡해지는 디지털 환경에서 안전하고 효과적으로 소통하고, 정보에 대한 올바른 이해와 윤리를 갖춘 시민으로 성장하기 위해서는 유아기부터 디지털 리터러시를 함양할 수 있도록 노력하는 것이 유아교사의 새로운 책무가 되었다.

생각해 보기

디지털 시대의 유아교사는 과거의 유아교사와 어떤 점이 다를까요? 나는 어떠한 준비를 해야 할까요? 디지털 시대, 유아교사의 역할에 대해 이야기 나누어 보아요.

참고 URL

1) 매일경제. 김병수 기자(2016. 09. 09). https://www.mk.co.kr/economy/view/2016/640581

2) 매직립. https://www.magicleap.com

3) 네이버 블로그 : 지으니가 지은 공간. https://blog.naver.com/jinny960829/223023481044

4) 리서치게이트. https://www.researchgate.net/figure/web-Based-Study-Application-Quizlet_fig4_361183262

CHAPTER

02

유아교육의 디지털 전환

1. 디지털 교육

2. 디지털 놀이

AI & Digital Education
for Early Childhood Teachers

CHAPTER 02

유아교육의 디지털 전환

1. 디지털 교육

1) 디지털 전환

디지털 전환(DT : Digital Transformation)은 디지털 기술을 활용하여 기존의 아날로그적 방식이나 전통적인 산업 구조를 혁신하는 과정이다. 이는 단순히 기술을 도입하는 것을 넘어서, 조직의 문화, 프로세스, 비즈니스 모델을 근본적으로 변화시키는 것을 의미한다. 디지털 전환은 조직의 경쟁력 강화, 효율성 증대, 새로운 가치 창출 등을 목표로 하며, 다양한 산업에서 활발히 진행되고 있다. 디지털 전환의 핵심 요소는 다음과 같다.

클라우드 컴퓨팅
인터넷(클라우드)을 통해 컴퓨팅 자원과 서비스를 이용할 수 있는 기술

- **디지털 기술의 활용** : 인공지능(AI), 사물인터넷(IoT), 빅데이터, 클라우드 컴퓨팅, 블록체인, 가상현실(VR), 증강현실(AR), 자율주행, 로봇 등의 기술이 대표적이다. 이러한 기술들은 기존의 산업과 서비스에 융합되어, 새로운 가치를 창출하고 기존 시스템의 한계를 극복하게 한다.

스트리밍 서비스(Streaming Service)
인터넷 기반에서 데이터가 끊기지 않고 실시간으로 전달되는 서비스

- **비즈니스 모델의 변화** : 디지털 전환은 제품과 서비스의 제공 방식을 근본적으로 변화시킨다. 예를 들어, 넷플릭스는 전통적인 DVD 대여 서비스를 스트리밍 서비스로 전환하며 글로벌 엔터테인먼트 산업을 혁신하였고, 우버(Uber)와 에어비앤비(Airbnb)는 디지털 플랫폼을 통해 기존의 택시와 숙박 산업의 경계를 허물었다.

- **데이터 중심의 의사결정** : 디지털 전환의 과정에서 데이터는 가장 중요한 자산이 된다. 빅데이터와 데이터 분석 기술을 통해 고객의 행동 패턴, 시장 트렌드 등을 분석하고, 이를 바탕으로 더 나은 의사결정을 내릴 수 있다. 예를 들어, 아마존(Amazon)과 같은 판매 사이트는 고객의 구매 데이터를 분석하여 맞춤형 추천 서비스를 제공하고, 물류와 재고 관리를 최적화하고 있다.
- **고객 서비스의 혁신** : 디지털 전환은 고객과의 상호작용 방식을 변화시켜 더 개인화되고 맞춤화된 경험을 제공한다. 예를 들어, 챗봇(Chatbot)과 인공지능 기반 고객 서비스는 24시간 실시간으로 고객의 문의를 처리하고, 가상 및 증강현실을 통해 온라인 쇼핑에서 현실감 있는 제품 체험을 가능하게 한다.
- **조직 문화의 변화** : 디지털 전환은 조직의 문화와 사고방식의 변화를 요구한다. 협업과 혁신을 촉진하는 조직 문화, 데이터 기반의 의사결정, 빠른 변화에 대응할 수 있는 유연성이 필요하다.

디지털 전환은 기술을 활용하여 새로운 가치를 창출하고, 기존의 한계를 뛰어넘는 혁신적 변화를 의미한다. 교육, 금융, 의료, 제조 등 모든 산업에서 디지털 전환이 활발히 이루어지고 있으며, 특히 교육 분야에서는 에듀테크(EdTech)와 결합하여 학습 환경을 혁신적으로 변화시키고 있다. 이러한 디지털 전환은 2016년 세계경제포럼에서 "4차 산업혁명의 핵심"으로 언급되었으며, 모든 기업과 조직이 생존을 위해 반드시 따라야 할 전략적 변화로 인식되고 있다.

2) 에듀테크

교육의 디지털 전환은 학습 환경과 교육 방식을 혁신하며 새로운 교육 패러다임을 제시하고 있다. 특히 에듀테크(EdTech)는 디지털 기술을 활용한 다양한 교육 도구와 플랫폼을 통해 학습의 접근성과 효율성을 높이는 데 핵심적인 역할을 하고 있다.

(1) 에듀테크의 개념

에듀테크는 교육적 기술(Educational Technology)의 줄임말로, 기술을 이용한 모든 형태의 교육(Teaching)과 학습(Learning)을 포함한다. 에듀테크는 교육과 기술이 결합하여 새로운 패러다임의 교육을 창출해 내는 것을 의미하며, 기존 교육 시스템에 대한 문제들을 극복하고 새로운 교육 시스템을 제시하기 위해 등장하였다.

에듀테크에서 주로 사용되는 용어 중 하나는 e-러닝(e-learning)이다. e-러닝은 디지털 기기를 활용한 학습 형태로, 디지털 교과서나 온라인 강의 등 전통적 학습 방식과 구별되는 측면을 강조한다. 즉, e-러닝은 학습 활동을 중심으로 하는 개념으로, 에듀테크의 일부로 볼 수 있다. 에듀테크는 e-러닝보다 광범위하고 포괄적인 개념으로, 학습뿐 아니라 교수법, 교육 관련 플랫폼, 콘텐츠 등 다양한 교육적 요소를 포함한다는 차이점을 지닌다.

(2) 에듀테크의 역사

에듀테크의 역사는 1920년대 라디오의 등장과 함께 시작되었다. 1923년 뉴욕의 하렌(Haaren) 고등학교가 최초로 라디오를 교실 수업에 도입한 공립학교로 기록되었으며, 당시 회계, 역사, 산술 등의 수업이 라디오를 통해 진행되었다. 1930년대에는 무성 및 유성 영화가 교육에 사용되기 시작하였나. 1933년에는 미국 내 52%의 학교가 무성 영화를, 3%의 학교가 유성 영화를 활용하여 수업을 진행하였고, 이 시기에는 영사기가 주요한 도구였다. 1940년대에는 텔레비전이 교육에 도입되기 시작했다. 1939년 로스앤젤레스의 공립학교와 아이오와 주립 대학교에서 처음으로 폐쇄 회로 텔레비전이 수업에 사용되었으며, 이를 통해 영상 매체를 활용한 교육의 가능성이 확장되었다. 1960년대에는 헤드폰과 개인용 컴퓨터(PC : Personal Computer)가 학교에서 사용되기 시작하였다. 헤드폰은 주로 언어교육을 위해 사용되었고, 컴퓨터는 대형 시스템으로 주로 기관에서 사용되었지만, 컴퓨터 보조 학습(CAI : Computer Assisted Instruction)이라는 개념이 등장하며 학교 교육에도 도입되기 시작하였다. 1984년에는 애플의 매킨토시(McIntosh) 컴퓨터가 등장하면서, 교육 현장에서 컴퓨터의 사용이 증가하기 시작했다. 당시 미국 학교에서 학생 대 컴퓨터의 비율은 약 92:1로, 컴퓨터가 여전히 널리 보급되지 않은 상황이었다. 1990년대에는 CD-ROM이 대표적인 데이터 저장 도구로 사용되었으며, 1999년에는 스마트보드(SmartBoard)가 학교에 도입되기 시작했다. 이러한 기술들은 교육 자료의 저장과 시각적 학습을 지원하며, 학습 환경의 변화를 이끌었다.

폐쇄 회로 텔레비전
특정 수신자를 대상으로 화상을 전송하는 텔레비전 방식

2012~2013년에는 미국 학교에서 약 150만 대의 아이패드를 교육 도구로 제공하였고, 18세 미만의 학생 중 90%가 모바일 기기를 활용하였다. 이는 학생들이 모바일 기기를 통한 학습에 더욱 익숙해졌음을 보여주며, 에듀테크의 새로운 전환점을 나타낸다. 현재는 스마트폰, 태블릿PC, 노트북 등 대부분의 학생들이 개인 학습 기기를 보유하고 있으며, 학교와 교육기관에서도 다양한 기기와 기술을 적극적으로 도입하여 에듀테크가 활성화되고 있다. 온라인 강의, 학습 관리 시스템(LMS), 가상현실(VR) 학습 등의 기술이 교육 환경을 변화시켰으며, 학습의 효율성을 높이고 있다(Classum, 2021).

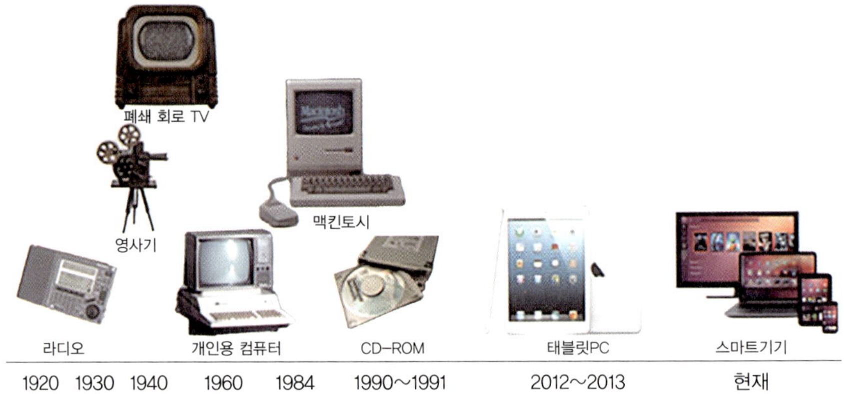

[그림 2-1] 에듀테크의 대표 기술

이러한 에듀테크의 발전은 교실 내외에서 학습의 경계를 허물고, 학습자들이 언제 어디서나 원하는 방식으로 학습할 수 있는 환경을 조성하였다. 앞으로도 기술의 진보와 함께 에듀테크는 더욱 개인화되고 몰입감 있는 학습 경험을 제공하며, 교육의 패러다임을 혁신적으로 변화시킬 것이다. 이러한 변화는 학습자들의 학습 효율성을 높이고, 창의성과 문제해결능력을 더욱 증진시키는 데 기여할 것으로 기대된다.

(3) 웹 기술의 발전과 에듀테크의 변화

웹 기술의 발전은 크게 웹 1.0, 웹 2.0, 웹 3.0의 세 단계로 구분되는데, 각 단계에 따라 웹이 교육에 미치는 영향력도 변화하였다.

[그림 2-2] 웹과 함께 발전한 주요 교육 서비스

① 웹 1.0 : 정보 접근의 시작

웹 1.0은 1990년대에 등장한 인터넷의 초기 형태로, 주로 정적 웹 페이지를 통해 정보가 제공되었다. 이 시기의 웹은 대부분의 사용자가 정보를 읽기만 할 수 있는 '읽기 전용 웹'으로, 인터넷을 통해 많은 사람들이 정보에 접근할 수 있게 하였다. 학교에 가지 않고도 웹을 통해 학습 콘텐츠에 접근할 수 있는 원격 교육의 가능성을 열었다. 웹 1.0의 대표적인 예시는 전자도서관으로, 많은 양의 정보가 웹으로 저장되고 공유되는 과정을 통해 정보에 대한 접근성을 크게 향상시켰다.

정적 웹 페이지 (Static Web Page)
사용자와의 상호작용 없이 고정된 콘텐츠를 보여주는 웹 페이지 예 회사 소개 페이지

동적 웹 페이지 (Dynamic Web Page)
데이터베이스와 연동되어 사용자의 요청에 따라 콘텐츠가 바뀌는 웹 페이지 예 게시판

② 웹 2.0 : 사용자 간 상호작용의 확대

2000년대에 들어서면서 웹 2.0이 등장하였으며, 이는 사용자가 정보를 단순히 소비하는 것을 넘어서, 직접 생성하고 공유할 수 있게 하였다. 이 단계에서는 블로그(blog), 위키(wiki), 소셜 네트워크 서비스(SNS) 등의 소셜 미디어(social media) 플랫폼이 발전하면서 사용자 간의 상호작용이 활발해졌다. 사용자는 콘텐츠의 소비자일 뿐 아니라 생산자가 되어, 웹상의 정보 생산과 공유가 폭발적으로 증가하였다. 웹 2.0의 대표적인 예로 위키피디아(Wikipedia)를 들 수 있는데, 이는 사용자들이 협력하여 정보를 생성하고 수정하며 집단지성을 통해 지식을 구축하는 플랫폼이다. 또한 이 시기에 모바일 기기와 소셜 네트워크 서비스(SNS)가 발전하면서 교육 환경에서도 상호작용이 강조되고, 온라인 학습 커뮤니티가 형성되기 시작하였다.

③ 웹 3.0 : 지능화된 맞춤형 웹

웹 3.0은 2006년경부터 본격적으로 논의되기 시작하였으며, '지능화된 웹' 또는 '시맨틱 웹'으로 불린다. 이 단계에서는 컴퓨터가 데이터를 이해하고 처리하여 사용자에게 맞춤형 정보를 제공할 수 있는 능력을 갖추게 되었다. 웹

시맨틱 웹(Semantic Web)
웹에 존재하는 방대한 정보를 컴퓨터가 이해하고 처리할 수 있도록 구조화하여, 지능화된 서비스를 제공하는 차세대 웹 기술 예 검색엔진, 전자상거래

3.0은 분산화된 데이터와 블록체인 기술을 바탕으로, 사용자가 자신의 데이터를 더 많이 통제할 수 있도록 하였다. 예를 들어, 사용자의 검색 이력이나 선호도를 바탕으로 개인 맞춤형 학습 콘텐츠를 추천하거나, 가상 및 증강현실을 활용한 몰입형 교육 환경을 제공할 수 있다. 이러한 기술은 현실 공간뿐만 아니라 가상 공간에서도 교육의 상호작용을 가능하게 하며, 학습자의 개별 요구에 맞춘 개인화된 학습 경험을 제공할 수 있다.

웹 기술의 발전은 교육 환경의 변화를 이끌어 왔으며, 웹 1.0의 정보 접근성 확대에서 시작해, 웹 2.0의 상호작용 강화, 그리고 웹 3.0의 맞춤형 지능화된 학습 경험으로 이어지고 있다. 앞으로도 웹 기술의 발전과 함께 에듀테크의 변화는 교육의 접근 방식과 방법론을 혁신적으로 변화시키고 있다.

3) 디지털이 가져온 교육의 변화

교육 분야의 디지털 전환은 물리적 공간의 변화를 포함한 학습 환경의 전반적인 변화를 이뤄냈다. 과거에는 교실이라는 공간과 종이를 기반으로 한 자료가 학습의 전제조건이었다면, 이제는 온라인 환경과 디지털 기술을 통해 언제 어디서나 다양한 형태의 학습이 가능해졌다. 디지털 기기를 활용한 학습 도구, 온라인 강의 플랫폼, 가상 학습 공간 등 다양한 기술 요소들이 기존의 교육 방식을 혁신하고 있다. 이러한 변화는 교육의 접근성, 학습 방법, 소통 방식에 큰 영향을 미치며, 학생과 교사 모두에게 더욱 효율적이고 개별화된 교육 경험을 제공하고 있다. 교육 분야의 주요한 변화를 정리하면 다음과 같다.

(1) 교육 접근성의 확대

디지털 학습 도구와 온라인 플랫폼을 통해 지리적 · 경제적 제약 없이 누구나 교육에 접근할 수 있다. 이는 저소득층, 장애인, 도서산간지역 거주자 등에게도 교육의 기회를 제공한다.

(2) 교실의 디지털화

교실은 스마트보드, 태블릿PC, 웹캠, 터치 월(Touch Wall) 등 디지털 기기를 활용할 수 있는 학습 환경으로 변화하였다. 유아들은 게임이나 활동 시 터치 월을 활용해 직관적으로 화면을 조작하고 문제를 해결할 수 있으며, 학습용 애플리케이션을 통해 색깔, 숫자, 언어 등 기본 개념을 놀이 형식으로 배울 수 있다. 또한 증강현실(AR)과 가상현실(VR)을 통해 동물원이나 우주 탐험을 가상으로 체험하게 하여 아이들이 일상에서 경험할 수 없는 환경을 안전하게 탐색할 수 있게 지원한다. 이러한 디지털 환경은 유아들의 다양한 감각을 자극하여 더욱 생생하고 기억에 남는 학습 경험을 할 수 있도록 한다.

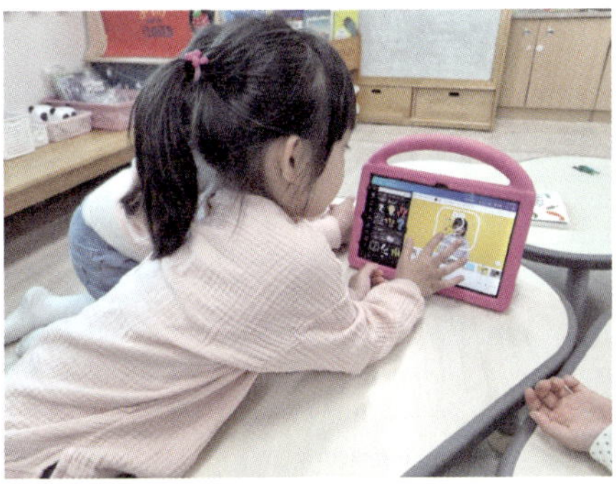

[그림 2-3] 디지털화된 교실 예시 : 태블릿PC와 스마트보드를 활용해 놀이 및 학습하는 유아들

(3) 교수 방법의 다변화

전통적인 강의 중심의 수업 방식에서 벗어나 온라인 강의, 대면 수업과 온라인 수업을 결합한 블렌디드 러닝(Blended Learning), 거꾸로 수업이라 불리는 플립 러닝(Flipped Learning) 등 다양한 교수법이 도입되었다. 이러한 방식들은 학습 참여를 촉진하고 자기 주도적 학습을 장려한다.

(4) 맞춤형 학습 제공

인공지능과 데이터 분석을 통해 학생 개개인의 학습 수준과 스타일에 맞춘 맞춤형 교육이 가능해졌다. 이를 통해 학생들은 자신에게 최적화된 학습 경로를 따라가며 효율적으로 학습할 수 있다.

(5) 실시간 피드백과 학습 관리

디지털 학습 플랫폼은 학습 진행 상황을 실시간으로 추적하고, 즉각적인 피드백을 제공할 수 있다. 교사와 학생 모두 학습 데이터의 실시간 분석을 통해 필요한 학습 조정이나 지원을 받을 수 있다.

[그림 2-4] 온라인 클래스 플랫폼 클래스팅[1)]

[그림 2-5] 한국교육학술정보원 e학습터[2)]

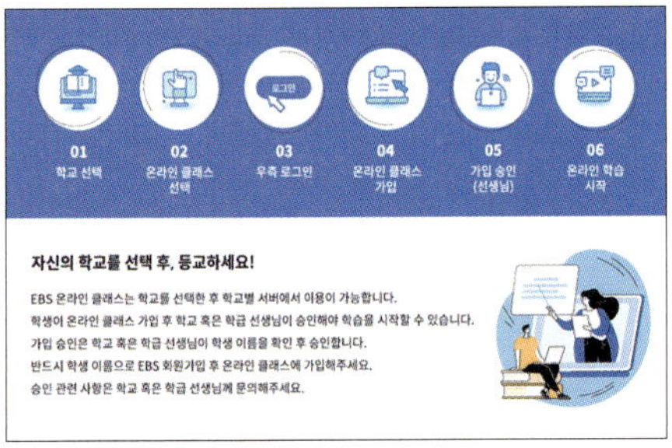

[그림 2-6] EBS 온라인 클래스[3]

[그림 2-7] EBS 키즈[4]

(6) 행사의 온라인화

과거 오프라인에서만 진행되던 학부모 간담회, 학교 설명회, 졸업식 등 각종 행사가 온라인으로 전환되었다. 이를 통해 참석자들은 시간과 장소의 제약 없이 참여할 수 있게 되었으며, 행사의 접근성 또한 향상되었다.

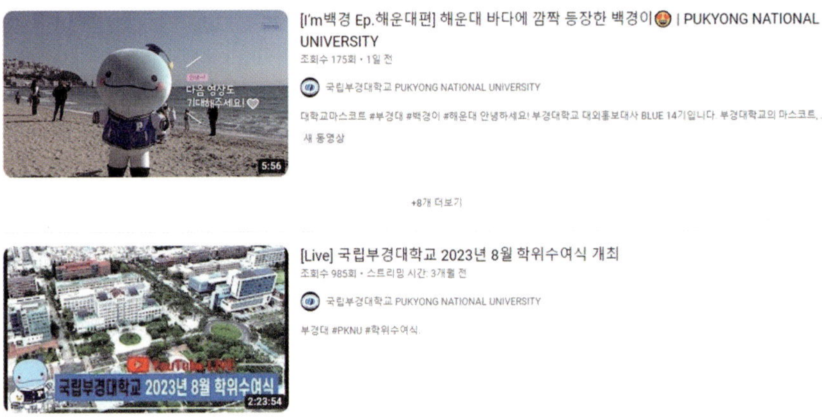

[그림 2-8] 온라인 행사 예시[5]

(7) 온라인 소통을 통한 안내장 및 정보 전달

과거 종이 안내장으로 전달되던 공지 사항, 안내, 성적표 등의 정보가 이제는 이메일, 메신저, 학부모 포털 등 디지털 소통 수단을 통해 제공되고 있다. 이를 통해 정보를 신속하고 효율적으로 전달할 수 있으며, 종이 낭비를 줄일 수 있다.

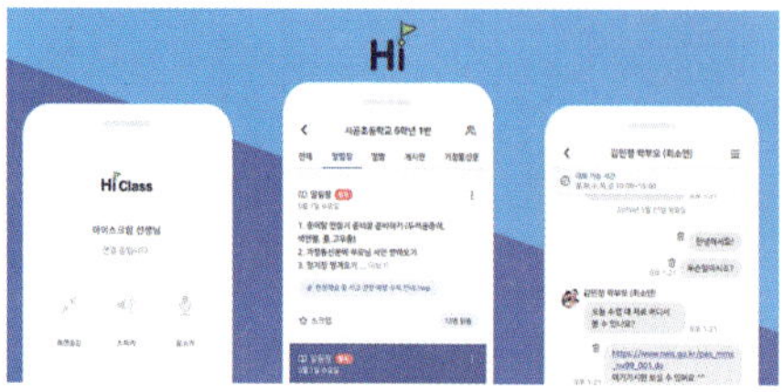

[그림 2-9] Hi Class[6]

[그림 2-10] 스마드 가정통신문 e알리미[7]

2. 디지털 놀이

1) 디지털 놀이의 개념과 특징

디지털 놀이는 실제 세계와 디지털 세계의 경계 없이, 실세계의 놀이를 디지털로 재현하거나 디지털화된 대상물이나 상징을 활용해 변경하고 구성하는 활동을 의미한다(권숙진 외, 2022). 즉, 스마트폰, 태블릿PC, 컴퓨터 등의 디지털 기기와 교육용 애플리케이션, 게임, 증강현실 등을 활용한 놀이를 포괄한다. 이러한 디지털 놀이는 유아가 디지털 기기를 통해 창의적이고 상호작용적인 놀이를 경험할 수 있도록 지원한다. 디지털 놀이는 다음과 같은 특징을 갖는다.

- **상호작용성(Interactivity)** : 디지털 놀이는 유아가 디지털 기기 및 소프트웨어와 상호작용할 수 있는 환경을 제공한다. 사용자가 터치, 클릭, 드

래그 등의 동작을 통해 화면의 콘텐츠와 소통하며, 실시간 피드백을 받는다.

- **몰입감**(Immersion) : 디지털 놀이는 시각, 청각, 촉각 등 다양한 감각을 자극하며, 유아가 가상의 세계에 몰입할 수 있도록 한다. 가상현실(VR)이나 증강현실(AR)을 활용한 놀이 환경에서 실제와 유사한 경험을 제공하여 놀이의 몰입감을 높인다.
- **교육적 가능성**(Educational Potential) : 디지털 놀이는 놀이와 학습을 결합하는 기능을 한다. 디지털 게임이나 학습 애플리케이션을 통해 유아는 수학, 과학, 언어 등의 영역을 놀이를 통해 자연스럽게 접할 수 있으며, 문제해결능력, 창의성, 협력 능력 등을 개발할 수 있다.
- **창의성 및 표현력**(Creativity and Expression) : 유아는 디지털 놀이를 통해 다양한 방식으로 자신의 생각과 감정을 표현할 수 있다. 예를 들어, 그림을 그리거나 음악을 작곡할 수 있는 애플리케이션, 블록을 쌓아 가상의 건축물을 만드는 게임 등은 유아의 창의력을 자극하고 자기표현을 돕는다.
- **사회적 상호작용**(Social Interaction) : 디지털 놀이는 온라인을 통해 다른 사람들과 연결될 수 있는 기회를 제공한다. 유아는 다른 친구들과 함께 게임을 하거나 협력하여 문제를 해결하는 등 사회적 상호작용을 경험할 수 있다.

그러나 디지털 놀이와 디지털 게임은 다른 개념임을 유념해야 한다. 디지털 놀이는 디지털 기술을 활용하여 놀이의 본질적 요소인 규칙과 역할, 서사(내러티브, narrative), 놀이 행동의 체계를 포함하는 활동으로, 유아의 자발적이고 창의적인 놀이 경험을 중시한다. 반면, 디지털 게임은 특정 목적과 목표를 달성하기 위해 미리 정해진 설정과 규칙, 단계 등을 갖춘 콘텐츠로, 놀이의 특성인 신체적 · 사회적 · 인지적 자발성과 유연성 등을 포함하지 않을 수 있다. 따라서 놀이적 요소가 결여된 디지털 게임은 디지털 놀이로 간주할 수 없다. 디지털 놀이는 유아의 상상력과 창의성을 발휘하도록 돕지만, 디지털 게임은 구조화된 규칙과 단계를 따르게 하여 유아의 놀이성을 억압할 수 있다. 즉, 디지털 게임은 문제해결능력을 자극할 수는 있지만, 유아의 상상력과 놀이의 본질적 속성을 충분히 반영하지 못할 수 있다. 그러므로 유아교사는 디지털 놀이와 디지털 게임의 개념을 명확히 이해하고, 놀이적 요소가 배제된 디지털 게임이 유아의 발달에 미칠 부정적 영향을 경계해야 한다. 더불어 유아의 디지털 놀이를 지원하기 위한 역량을 지속적으로 함양해야 할 것이다.

〈표 2-1〉 디지털 놀이와 디지털 게임의 차이

구 분	디지털 놀이	디지털 게임
목적	• 명확한 규칙이나 목표 없이 자유롭게 상호작용하거나 창의성을 발휘하는 활동 • 결과보다는 경험 자체를 중시함	• 특정한 규칙, 목표, 도전과제가 있으며, 이것을 달성하거나 극복하는 것을 목표로 함 • 점수, 승리, 보상 같은 명확한 결과가 있음
구조	• 구조의 제한이 적고 상상력과 창의성이 핵심이 됨	• 미리 설계된 레벨, 단계, 점진적인 난이도가 존재함
방식	• 참여자의 선택에 따라 유연하게 진행되며, 놀이 자체가 목적이므로 특정 목표가 없어도 됨	• 경쟁적이거나 협력적인 요소가 포함될 수 있으며, 문제를 해결하거나 상대를 이기는 데 집중함

2) 디지털 놀이를 보는 관점

에드워드(Edwards, 2019)는 디지털 기술을 활용한 놀이를 두 가지 관점으로 구분하였다. 첫째는 기존에 존재하지 않던 특정한 새로운 놀이 형태로 보는 관점이며, 둘째는 기존의 놀이와 디지털 기술을 결합하여 하나의 연속체로 보는 관점으로, 이를 디지로그 놀이라 명명하였다.

디지로그(digilog)
디지털(digital)과 아날로그(analog)의 합성어

(1) 새로운 놀이로서의 디지털 놀이

기존의 놀이 분류 체계에서 벗어나, 애플리케이션 설계자의 의도와 다르게 새로운 규칙을 만들며 놀이하는 유형이다. 이는 '관습을 거스르는 놀이(transgressive play)'로 불리며, 사용자가 디지털 앱의 고유 기능을 재해석하거나 창의적으로 활용하는 것을 포함한다.

(2) 진화한 놀이로서의 디지로그 놀이

디지로그 놀이는 전통적인 놀이 요소에 디지털 기술이 결합되어 자연스럽게 진화한 형태의 놀이로, 디지털과 아날로그가 연결된 연속적인 놀이 경험을 제공한다. 예를 들어, 블록 쌓기 놀이가 디지털 인터페이스와 융합되어, 화면 속에서 쌓은 블록이 실시간으로 반응하는 식이다. 이러한 놀이 형태는 아동이 디지털과 물리적 경험을 오가며 상호작용을 통해 놀이를 확장하도록 돕는다.

[그림 2-11] 실제 모래로 놀이를 하며, 파도가 치고 꽃게가 움직이는 장면이 미디어 화면으로 표현된 사례

[그림 2-12] 직접 색칠한 그림이 터치 월에 송출되어, 움직이고 터치할 수 있는 사례

3) 디지털 놀이의 장점

(1) 놀이 지원의 편리와 효율

유아의 놀이 지원에 반드시 디지털 활용이 필요한지에 대해서는 여전히 의문이 제기되기도 한다. 그러나 디지털 기술을 활용하면, 놀이를 지원하는 과정에서 직면하는 한계점들을 보완할 수 있다. 디지털 놀이 지원은 다음과 같은 특성을 갖는다.

- **편리함** : 디지털 놀이 자료는 제작 시간을 크게 절약하며, 기존의 수작업보다 효율적으로 제작할 수 있다. 또한 수정과 편집이 용이해 다양한 활동에 맞춰 자료를 빠르게 조정할 수 있어 교사의 부담을 줄인다.
- **생동감** : 디지털을 활용한 놀이 자료는 오프라인에서 구현하기 어려운 시청각적 효과를 손쉽게 구현할 수 있다. 이를 통해 유아에게 더욱 몰입감 있는 놀이 환경을 제공하며, 상상력을 자극하는 생동감 있는 경험을 제공한다.
- **즉각성** : 컴퓨터, 태블릿PC, 스마트보드, 스마트폰 등 다양한 디지털 기기를 통해 유아들의 놀이를 실시간으로 관찰하고 필요한 지원을 즉각적으로 제공할 수 있다. 이러한 즉각적인 반응은 유아들의 놀이를 자연스럽게 이어가도록 돕고, 놀이의 깊이를 확장시킨다.
- **시공간 초월** : 디지털 자료는 교사와 유아가 원하는 형태로 편집하고 보관할 수 있으며, 필요할 때 언제든지 반복적으로 사용할 수 있다. 또한 자료의 무제한 복제가 가능하여 장소나 시간에 구애받지 않고 놀이를 지속할 수 있다는 특징을 지닌다.

[그림 2-13] 디지털 놀이의 장점

출처 : 교육부(2021c). 유치원교사 디지털역량 강화 연수자료, p. 28.

이처럼 디지털 놀이는 유아교사의 부담을 줄이고 유아에게 더 생동감 있는 경험을 제공함으로써, 놀이의 질을 높이는 데 기여할 수 있다.

(2) 놀이의 확장과 디지털 친화

디지털 기술을 통한 즉각적이고 유연한 놀이 지원은 유아들의 창의성과 상상력을 자극하며, 한계를 뛰어넘는 놀이 환경을 조성한다. 놀이의 확장과 디지털 친화를 유도하는 디지털 놀이의 특성은 다음과 같다.

- **시공간 초월** : 유아들은 시공간의 제약에서 벗어나 다양한 놀이를 경험할 수 있다. 예를 들어, 만날 수 없는 공룡이나 매머드와 같은 고대 동물을 만나거나, 우주인이 되어 우주를 탐사하는 활동 등을 수행할 수 있다. 이러한 활동은 유아들이 상상의 세계를 확장하고 창의적인 아이디어를 탐색하며 표현할 기회를 제공한다. 또한 현실에서 경험하기 어려운 활동을 디지털 환경에서 가능하게 하여 유아들에게 더 넓고 깊은 경험의 장을 제공한다.

- **디지털 친화력 :** 놀이 속에서 자연스럽게 디지털 기술을 접하는 과정은 유아들이 디지털에 친숙해지는 데 도움을 준다. 이를 통해 유아들은 디지털 기기를 적극적으로 활용할 수 있는 능력을 기르고, 점차 비판적 사고와 선택적 활용 능력도 함께 함양할 수 있게 된다.
- **디지털 격차 극복 :** 디지털 기술에 대한 접근성이나 경험은 디지털 격차를 만들 수 있다. 즉, 다양한 디지털 기기나 콘텐츠를 접해보지 못한 유아들은 디지털 활용 경험이 풍부한 유아들과 비교해 디지털 기술 적응력이나 친화력에서 차이가 발생할 수 있다. 유아교육기관의 디지털 놀이는 이러한 격차를 줄이는 데 중요한 역할을 할 수 있다. 다양한 디지털 기기와 콘텐츠를 접할 기회를 제공함으로써 모든 유아가 균등하게 디지털 환경에 익숙해지고, 이를 바탕으로 미래 사회에 필요한 디지털 리터러시를 함양할 수 있다.

디지털 놀이는 유아들에게 시공간을 초월한 놀이 경험을 제공하며, 창의력과 사고력을 확장하는 중요한 도구가 되고 있다. 교사에게는 효율적이고 즉각적인 놀이 지원을 가능하게 하고, 유아들에게는 디지털 친화력을 높여 미래 디지털 환경에 대한 적응력을 기를 기회를 제공한다. 그러나 디지털 놀이와 유아의 디지털 기기 사용에 대한 다양한 논의가 여전히 남아 있다. 이에 유아교육 현장에서 디지털 놀이를 긍정적이고 효과적으로 활용할 수 있는 방안을 모색할 필요가 있다.

더 알아보기 : 유아들의 디지털 놀이

다음은 한 유치원에서 만 5세 유아의 디지털 놀이를 관찰한 기록 중 일부이다.

〈인터뷰 자료〉

우리 유치원에 많은 디지털 기기가 있는데, 그중에 한쪽 벽면을 가득 채운 터치스크린에 유아들이 구상한 화면을 띄우고 벽의 여러 공간을 다양하게 터치하면 화면이 변하는 그런 놀이를 유아들이 아주 좋아해요. 큰 화면의 넓은 공간을 점프하고 구르고 엎드리면서 터치하면 움직임에 따라 각양각색으로 변화하는 디지털 놀이를 너무 신나서 지칠 줄 모르고 놀이해요. 그게 아무래도 몸을 자유롭게 움직이면서 스트레스가 해소되고 또 자신감이 생겨서 아이들이 더 즐겁게 오랜 시간 놀이하는 것 같아요.

(2024. 1. 15. 교사 인터뷰)

디지털 기기와의 상호관계에 빠져들어 신체를 다양하게 사용하는 유아들의 움직임은 조화롭고 유연하고 민첩하였다. 또한 그러한 움직임은 자발적이고 주도적이었다. 유아들은 자신의 신체 각 부위를 자유자재로 움직이며 시행착오를 겪기도 하지만, 성공의 기회를 늘려가며 '나도 할 수 있다'는 자신감을 획득해 가고 있었다. 즉, 디지털 놀이에서 나타나는 자발적이고 자유로운 움직임은 유아들의 신체 조절 능력을 키우고, 에너지 이완의 기회를 제공하며, 놀이에서의 자신감 획득과 즐거움으로 연결되었다.

XR 놀이를 하는 유아들

출처 : 송희정 외(2025). 디지털 놀이에서 펼쳐지는 별빛반 유아들의 놀이성 들여다보기. 한국생활과학회, 제34권 1호 게재 예정.

생각해 보기

디지털 전환이 유아교육에 어떠한 영향을 미쳤다고 생각하나요? 유아와 유아교육에 미치는 긍정적, 부정적 영향에 대해 이야기해 보세요.

참고 URL

1) 클래스팅. https://www.classting.com/
2) 한국교육학술정보원 e학습터. https://cls.edunet.net/
3) EBS 온라인 클래스. https://www.ebsoc.co.kr/
4) EBS 키즈. https://www.ebs.co.kr/anikidsmain/
5) 유튜브 채널 – 국립 부경대학교. https://youtube.com/@PuKyongNationalUniversity/
6) 하이 클래스. https://www.hiclass.net/
7) e알리미. https://www.ealimi.com/

CHAPTER

03

디지털 리터러시

1. 디지털 리터러시의 이해
2. 유아와 유아교사의 디지털 리터러시

AI & Digital Education
for Early Childhood Teachers

CHAPTER

03 디지털 리터러시

1. 디지털 리터러시의 이해

1) 리터러시

리터러시(literacy)는 일반적으로 글을 읽고 쓰고 이해하는 능력을 의미하며, 이는 인간의 삶에서 필수적인 기본 역량으로 여겨지고 있다. 리터러시는 미디어(Media)의 발전과 변화에 따라 문자 리터러시, 미디어 리터러시, 디지털 리터러시 등 다양한 형태로 확장되어 적용되고 있다.

최근에는 단순히 읽고 쓰는 능력을 넘어 다양한 맥락에서 자료를 활용하고, 이를 통해 인식, 이해, 해석, 창조, 소통할 수 있는 포괄적인 역량으로 정의되고 있다(이경한 외, 2022). 즉, 현대의 리터러시는 언어와 영상의 이해, 컴퓨터 사용 능력, 디지털 정보의 해석까지 아우르는 광범위한 개념으로 발전하였다(홍숙영, 2022). 세부적으로 살펴보면 〈표 3-1〉과 같다.

〈표 3-1〉 현대의 다양한 리터러시

구 분	정보 리터러시	컴퓨터 리터러시	미디어 리터러시	디지털 리터러시
정의	디지털 정보를 최적으로 찾고, 식별, 검색, 처리, 사용할 수 있는 능력 (UNESCO, 2011)	서비스와 문화 제공이 컴퓨터로 지원되고, 인터넷에서 배포되는 사회에 적극적으로 참여할 수 있도록 하는 일련의 사용자 기술 (UNESCO, 2011)	미디어에 접근하고, 미디어 및 콘텐츠의 다양한 측면을 이해하고 비판적으로 평가하며, 다양한 맥락에서 의사소통할 수 있는 능력 (EC, 2017)	디지털 사회에서 개인이 생활하고 학습하고 일하기 위해 필요한 능력 (JISC, 2015)
초점	정보 검색, 품질 평가	컴퓨터 관련 기술을 사용하는 스킬	미디어 텍스트의 평가, 생산	혁신, 협업, 평생학습
개인의 역할	연구자, 정보 사용자	기술 사용자	소비자, 생산자	평생학습자
연관 리터러시	데이터 리터러시	기술 리터러시	비주얼 리터러시 오디오 리터러시 비디오 리터러시 멀티모달 리터러시	네트워크 리터러시 웹 리터러시

출처 : Brown et al.(2016). Curriculum for digital education leadership, p. 28.

2) 디지털 리터러시

디지털 리터러시를 이해하기 위해서는 미디어에 대해 알아볼 필요가 있다. 미디어란 정보를 전송하는 매체를 의미하며(정보통신용어사전, 2008), 자신의 감정, 생각, 의견, 지식과 정보를 주고받을 수 있도록 마련된 수단을 가리킨다. 과거의 벽화부터 현재의 책, 신문, 라디오, 텔레비전, 그리고 컴퓨터, 스마트폰, 태블릿PC와 같은 디지털 미디어까지 모두 미디어에 포함된다.

일반적으로 사람들이 이야기하는 미디어는 세 가지로 나눌 수 있다. 첫째는 글, 사진, 동영상, 음악, 게임, 뉴스, 웹툰 등과 같이 어떤 내용을 담고 있는 '콘텐츠(contents)'이다. 둘째는 이러한 콘텐츠를 볼 수 있는 책, 신문, 텔레비전, 스마트폰, 컴퓨터, 태블릿PC 등의 '기기나 도구'이다. 셋째는 콘텐츠를 저장하고 제공하는 포털 사이트나 애플리케이션과 같은 '플랫폼(platform)'이다.

[그림 3-1] 과거와 현재의 다양한 미디어

미디어는 일상생활 곳곳에서 활용되고 있으며, 이에 따라 미디어를 잘 활용하는 능력인 미디어 리터러시가 강조되고 있다. 미디어 리터러시와 디지털 리터러시의 개념은 밀접한 연관성이 있으며, 두 개념에 대한 해석은 크게 세 가지로 나뉜다(금준경, 2020; 홍숙영, 2022).

첫째, 디지털 리터러시를 미디어 리터러시의 하위 개념으로 보는 관점이다. 여기서 디지털 리터러시는 인터넷, 스마트폰, 비디오 게임 등 비전통적 미디어가 생산하는 메시지의 의미를 파악하는 능력으로 정의된다. 유네스코(UNESCO)도 디지털 리터러시를 뉴 미디어(New media) 리터러시로 간주하고, 이를 미디어 리터러시의 하위 개념으로 보고 있다. 둘째, 디지털 리터러시를 미디어 리터러시의 상위 개념으로 보는 시각이다. 미국의 비영리 교육기관인 배텔 포 키즈(Battelle for Kids)는 정보 리터러시, 미디어 리터러시, ICT 리터러시 등을 포함하는 상위 역량으로 디지털 리터러시를 정의하고 있다. 셋째, 디지털 리터러시와 미디어 리터러시를 독립적이면서 핵심 내용을 공유하는

ICT(Information and Communication Technology)
정보통신기술. 정보기술(IT)과 통신 기술을 통합한 개념으로, 컴퓨터 등을 통한 정보의 생성, 저장, 전송, 처리와 관련된 모든 기술을 의미함

개념으로 보는 관점이다. 캐나다의 비영리 교육기관인 미디어 스마트(Media Smarts)는 이 두 리터러시가 비판적 사고라는 공통 요소를 중심으로 상호 연관성을 가진다고 설명하고 있다.

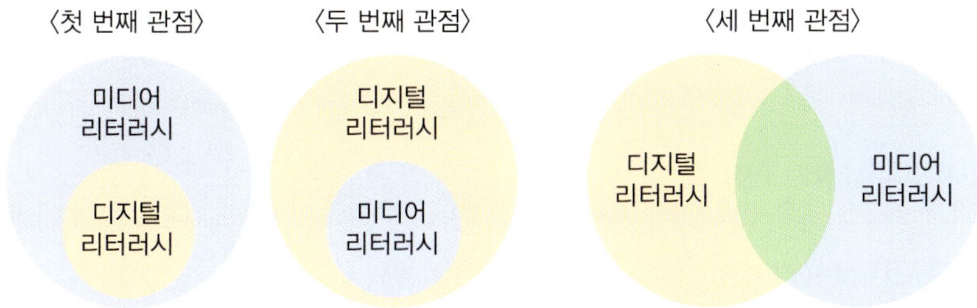

[그림 3-2] 미디어 리터러시와 디지털 리터러시를 바라보는 세 가지 관점

이 책에서는 첫 번째 관점과 같이 디지털 리터러시를 미디어 리터러시의 하위 개념으로 본다. 즉, 디지털 리터러시란 디지털 미디어(뉴 미디어) 리터러시로, 이는 디지털 미디어를 이해하고 활용하는 능력뿐만 아니라, 비판적으로 분석하고 평가하는 능력, 나아가 디지털 미디어를 통해 자신의 정보를 재생산하는 능력(이경한 외, 2022)으로 정의한다.

한국교육학술정보원(2023)은 2022 개정 정보과 교육과정(초 · 중등)의 디지털 리터러시 내용 체계(김자미 외, 2022)를 토대로 디지털 리터러시의 구성 요소를 〈그림 3-3〉과 같이 도식화하였다.

〈표 3-2〉 2022 개정 정보과 교육과정 – 디지털 리터러시 내용 체계

대영역	세부 요소
Ⅰ. 디지털 기기와 소프트웨어의 활용	1-1. 디지털 기기의 활용 1-2. 소프트웨어의 활용 1-3. 인공지능의 활용
Ⅱ. 디지털 정보의 활용과 생성	2-1. 자료의 수집과 저장 2-2. 정보의 분석과 표현 2-3. 디지털 콘텐츠 생성
Ⅲ. 디지털 의사소통과 문제해결	3-1. 디지털 의사소통 3-2. 디지털 문제해결
Ⅳ. 디지털 윤리와 정보 보호	4-1. 디지털 윤리 4-2. 디지털 정보 보호

출처 : 김자미 외(2022). 2022 개정 정보과 교육과정 시안(최종안) 개발 연구, pp. 16-17.

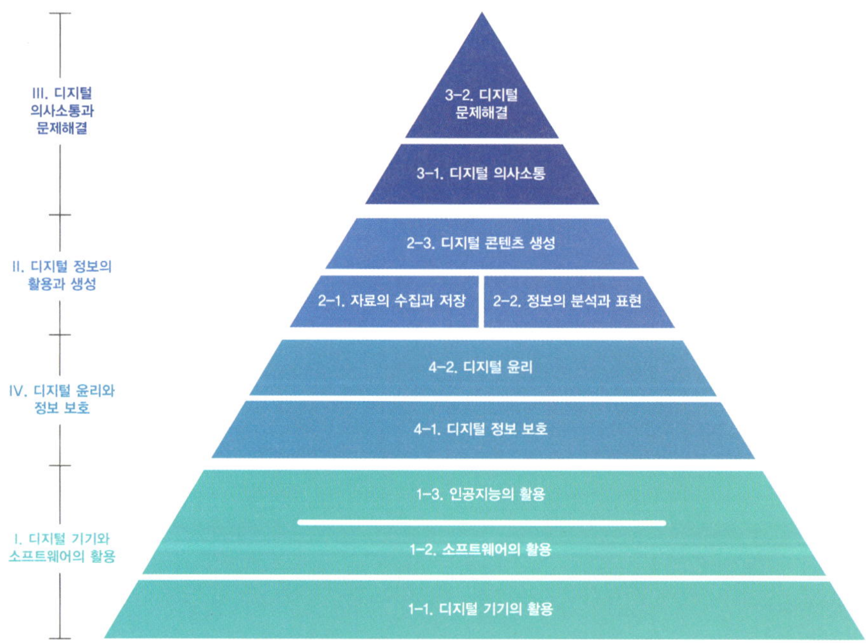

[그림 3-3] 디지털 리터러시의 구성 요소

출처 : 한국교육학술정보원(2023). 교육과정 연계 디지털 리터러시 교육 가이드라인 개발 연구, p. 268.

각 구성 요소는 '디지털 기기와 소프트웨어의 활용 및 디지털 윤리와 정보 보호 능력을 기반으로 디지털 정보의 활용과 생성을 통해 디지털 의사소통과 문제해결'을 하는 피라미드 구조를 가진다. 이는 디지털 지식과 기술에 대한 이해, 도구적 활용 능력과 함께 디지털 윤리 의식 또한 바탕이 되어야 함을 강조하는 구조라 할 수 있다. 구체적으로 살펴보면 다음과 같다.

첫째, 디지털 기기와 소프트웨어 활용은 디지털 기기의 사용에서 출발하며, 소프트웨어의 활용을 통해 더욱 발전한다. 특히 미래의 핵심 기술이라 할 수 있는 인공지능의 활용을 통해 이러한 능력은 더욱 강화될 수 있다.

둘째, 디지털 윤리와 정보 보호는 디지털 정보 보호 역량을 바탕으로 자신과 타인의 정보를 법적으로 보호하기 위한 실천 역량을 말한다. 또한 디지털 윤리 의식을 갖추고, 디지털 사회의 성숙한 시민으로서 타인을 배려하며, 예절과 윤리를 실천하는 것을 의미한다.

셋째, 디지털 정보의 활용과 생성은 자료 수집, 효율적 저장 및 관리, 비판적 평가 능력을 기반으로 다양한 유형의 콘텐츠로 생산하는 역량을 말한다. 이 과정에서 디지털 미디어에 대한 이해와 콘텐츠 목적에 적합한 미디어를 선택하는 능력이 필수적으로 요구된다.

넷째, 디지털 의사소통과 문제해결은 디지털 의사소통 능력을 통해 협업하고, 이슈 및 갈등 발생을 예측하며, 주도적으로 문제를 해결하는 능력을 말한다. 이는 궁극적으로 첫째, 둘째, 셋째의 능력과 결합되어 디지털 문제해결을 가능하게 한다.

더 알아보기 : 나의 디지털 리터러시 수준은?

점수 기준

전혀 그렇지 않다 : 1점, 그렇지 않다 : 2점, 보통이다 : 3점, 그렇다 : 4점, 매우 그렇다 : 5점

	문 항	점수
A	1. 나는 정보 검색과 수집에 유용한 검색 플랫폼(네이버, 구글, 빙, AI 챗봇 등)의 특징과 차이점을 설명할 수 있다.	
	2. 나는 나의 정보 요구를 가장 잘 충족시키는 검색 엔진(네이버, 구글, 빙 등)을 선택할 수 있다.	
	3. 나는 더 나은 검색 결과를 도출하기 위해 검색 옵션(검색 연산자, 특정 단어 제외, 기간 설정 등)을 설정할 수 있다.	
	4. 나는 공공데이터 제공 사이트(통계청, 기상청 등)에서 나에게 필요한 빅데이터(교통량, 기후 및 질병 통계 등)를 수집할 수 있다.	
	5. 나는 내가 찾은 정보나 데이터가 믿을 만한 것인지 다양한 기준을 활용하여 평가할 수 있다.	
	6. 나는 인공지능(AI) 도구의 검색 결과에 나타날 수 있는 편향성(인간의 선입견, 데이터 수집의 문제, 사회문화적 편견 등)을 식별할 수 있다.	
B	7. 나는 특정 상황과 목적에 따라 적합한 형태의 디지털 도구(이메일, SNS, 화상통화 등)를 선택할 수 있다.	
	8. 나는 일상적인 작업이나 문제해결 상황에서 인공지능 시스템(시리, 빅스비, 구글 번역, AI 챗봇 등)을 효율적으로 활용할 수 있다.	
	9. 나는 검색 결과 및 인공지능 추천 정보를 문제해결 및 의사결정에 반영할 수 있다.	
	10. 나는 디지털 도구(이메일, 메신저, SNS 등)를 활용할 때 적절한 의사소통 기법(구어체, 얼굴 표정, 아이콘 사용 등)을 자주 사용한다.	
	11. 나는 디지털 환경에서 다른 사람과 상호작용할 때 상황에 따라 적절한 행동 방식(말투, 자세, 태도 등)을 선택할 수 있다.	
	12. 나는 디지털 장치(스마트폰, PC, 클라우드 저장소 등)를 사용하여 디지털 콘텐츠를 공유할 수 있다.	
C	13. 나는 온라인 협업 환경에서 다양한 디지털 도구(디지털 캘린더, 일정표, 화상회의 등)를 사용할 수 있다.	
	14. 나는 온라인 협업 환경에서 구성원들의 의사표현이 용이한 디지털 도구를 활용할 수 있다.	
	15. 나는 온라인 협업 활동의 특성을 고려하여 디지털 도구를 선택할 수 있다.	

D	16. 나는 인공지능(AI) 시스템(ChatGPT, 캔바, 뤼튼, 달리 등)을 사용하여 디지털 콘텐츠(텍스트, 뉴스, 음악, 이미지 등)를 자동으로 생성할 수 있다.	
	17. 나는 여러 형식의 자료를 결합하여 인포그래픽이나 포스터를 만들 수 있다.	
	18. 나는 인공지능(AI) 기술을 활용하여 편집, 생성한 디지털 콘텐츠를 필요에 따라 재구성할 수 있다.	
E	19. 나는 디지털 콘텐츠를 보호하기 위해 사용자 접근을 차단하거나 제한하는 방법을 알고 있다.	
	20. 나는 합법적으로 활용할 수 있는 디지털 콘텐츠를 식별할 수 있다.	
	21. 나는 저작권이 보호되는 디지털 콘텐츠를 활용할 때 사전 동의가 불필요한 경우(교육용 소프트웨어, 개인 용도 등)를 식별할 수 있다.	
F	22. 나는 기초프로그래밍 언어(C, 파이썬 등)에 대한 지식을 가지고 있다.	
	23. 나는 컴퓨터 프로그래밍의 알고리즘 원리에 대해 설명할 수 있다.	
	24. 나는 컴퓨터 프로그래밍에서 발생하는 오류를 직접 또는 인공지능(AI) 기술을 활용하여 찾을 수 있다.	
	25. 나는 간단한 컴퓨터 프로그램 코드를 해석할 수 있다.	
G	26. 나는 개인정보 보호 강화를 위해 안전한 암호 설정 방법(일회용 암호, OTP, 문자 추가 인증, QR코드 로그인 등)을 실행할 수 있다.	
	27. 나는 생체인식기술(지문, 얼굴 인식 등) 사용의 장점과 위험을 평가할 수 있다.	
	28. 나는 개방형 무선 네트워크(공용 Wi-Fi) 사용 중에 나타나는 위험성을 인지할 수 있다.	
	29. 나는 위험성을 가진 메시지나 이메일을 차단할 수 있다.	
	30. 나는 온라인 거래를 할 때 적절한 안전 및 보안 조치(백신 실행 확인, 최신 업데이트 확인, 웹사이트 안전 확인 등)를 취하고 있다.	
	31. 나는 인터넷에서 나의 활동 기록을 제한하고 관리하는 방법(쿠키 삭제, 개인화된 광고 해제, 추적 방지 도구 사용, 브라우저 익명 모드 사용 등)을 실행할 수 있다.	
	32. 나는 온라인 활동 시 개인정보 보호를 위해 디지털 자료의 메타데이터(위치, 시간 등)를 필요에 따라 수정할 수 있다.	
H	33. 나는 일반적인 디지털 장치(컴퓨터, 태블릿, 스마트폰)의 주요 기능을 이해하고 사용할 수 있다.	
	34. 나는 기술적 문제가 발생하였을 경우 설명서나 온라인 정보를 활용하여 해결 방법을 찾을 수 있다.	
	35. 나는 디지털 장치를 사용하는 중에 발생하는 간단한 오류(응용프로그램 충돌, 연결 끊김, 구글 사이트 설정 등)를 해결할 수 있다.	

역량	하위요소	총점	평균	순위
A. 정보 및 데이터 리터러시				
소통과 협업	B. 디지털 기술을 통한 상호작용			
	C. 디지털 기술을 통한 협업			
디지털 콘텐츠 생성	D. 디지털 콘텐츠 개발			
	E. 저작권 및 라이선스 이해			
	F. 프로그래밍 능력			
G. 디지털 안전				
H. 적응적 디지털 문제해결				

출처 : 이은미(2024). 대학생의 AI디지털역량 진단도구 개발 및 타당화, pp. 136-137.

3) 디지털 시민성

'디지털 시민성(digital citizenship)'이란 효과적으로 정보에 접근하고 이를 사용 및 창조할 수 있는 능력, 능동적이고 비판적이며 윤리적인 태도로 다른 사용자와 콘텐츠로 소통하는 능력, 자신의 권리를 인식하며 안전하고 책임감 있게 온라인과 ICT 환경을 활용하는 능력을 말한다(UNESCO, 2017). 이는 시민들이 다양한 디지털 미디어를 통해 자신의 의견을 드러내고, 사회 및 정치적 이슈에 관심을 가지고 참여하며, 다원화된 사회 · 문화 · 경제 공동체의 구성원으로서 복합적인 역할을 수행하는 데 필요한 역량이다(이경한 외, 2022).

오늘날의 디지털 사회는 개개인이 미디어 환경 그 자체가 되는 사회이다. 미디어가 주로 신문, TV, 라디오 등과 같은 형태로 제공되었던 과거와 달리, 지금은 디지털 미디어, 특히 인터넷과 소셜 미디어의 발달로 인해 누구나 콘텐츠를 제작하고 공유하며, 시간과 공간의 제약 없이 다른 사람들과 소통할 수 있다. 이는 개인이 단순히 미디어를 소비하는 수동적인 존재에서 벗어나,

직접 미디어를 생산하고 이를 통해 사회에 영향을 미치는 주체로 변하고 있음을 의미한다. 또한 디지털 사회에 소속된 시민으로서 사회적 소통과 참여, 발언을 할 수 있는 권리를 가진다는 것을 뜻한다(UNESCO, 2016).

이러한 디지털 사회로의 변화에 따라 오프라인 중심의 시민의식만으로는 디지털 정보 사회에 적응하기 어려운 한계가 드러나고 있다. 이에 현재의 미디어 환경과 사용자의 경험에 맞는 '디지털 시민성' 함양에 대한 논의가 활발히 이루어지고 있다. 특히 개인정보 유출, 악의적인 댓글, 여론 조작, 가짜 뉴스, 혐오 표현, 선정성, 폭력성 등 디지털 사회 환경에서 발생하는 부정적 사례들은 디지털 시민성의 중요성을 더욱 부각시키는 주요 요인으로 작용하고 있다.

[그림 3-4] 디지털 시민성[1)]

학자에 따라 디지털 리터러시를 디지털 시민성의 주요 요소로 설명하거나, 디지털 시민성의 함양을 디지털 리터러시의 교육 목표로 제시하기도 한다(김양은 외, 2019). 여기서 중요한 점은 현대의 디지털 리터러시가 정보의 이해와 활용에 초점을 맞춘 개념에서 디지털 윤리를 포함하는 개념으로 확장되었으며, 이는 디지털 사회에서 윤리적인 책임을 다하는 시민으로서의 역할을 강조하는 디지털 시민성과 밀접하게 연결된다는 점이다. 따라서 현재 논의되고 있는 디지털 리터러시와 디지털 시민성의 내용을 토대로, 디지털 사회에서 개인이 갖추어야 할 역량과 역할을 이해하고, 실천하는 것이 무엇보다 필요하다.

더 알아보기 : 유아교사의 디지털 시민성 점검표

1. 나는 다양한 디지털 미디어에 원활하게 접근할 수 있으며 기술적으로 어려움 없이 이용할 수 있는가?
2. 나는 디지털 미디어에 대한 노출과 이용을 스스로 자유롭게 선택하여 통제하고 조절할 수 있는가?
3. 나는 디지털 미디어 기술을 자유롭게 사용하여 나 자신의 이용목적에 따라 원하는 정보를 획득할 수 있는가?
4. 나는 디지털 미디어의 속성을 이해하고 스스로 원하는 정보를 검색, 선별, 관리하고 있는가?
5. 나는 디지털 미디어에서 재현된 현실과 실제 현실의 차이를 이해하고 구분할 수 있는가?
6. 나는 디지털 미디어의 경제적 구조와 산업적 특성, 상업성 등을 이해할 수 있는가?
7. 나는 디지털 미디어의 내용을 비판적으로 이해할 수 있는가?
8. 나는 디지털 미디어를 활용하여 자신이 원하는 콘텐츠를 제작할 수 있는가?
9. 나는 디지털 미디어를 활용하여 자신의 생각, 의견 등을 창의적인 콘텐츠로 표현할 수 있는가?
10. 나는 디지털 미디어를 통해 자신과 타인의 생각, 의견, 콘텐츠 등을 서로 나누고 공유할 수 있는가?
11. 나는 디지털 미디어를 통해 다른 사람과 연결하고 소통할 수 있는가?
12. 나는 문제해결 및 과업 등을 위해 다른 사람과 교류하고 협력함으로써 성과를 얻을 수 있는 능력을 갖추고 있는가?
13. 나는 정치 · 사회적 이슈나 문제에 대해 적극적으로 의견을 교류하고, 공동의 문제를 해결하기 위해 다양한 활동에 참여할 수 있는가?
14. 나는 다른 사람의 의견을 이해하고 차이를 인정하며 수용할 수 있는가?
15. 나는 불법적인 미디어 이용을 하지 않고 타인의 권리를 침해하지 않으며 책임 있게 미디어를 이용할 수 있는가?
16. 나는 개인정보 노출 등 미디어 이용의 위험요인으로부터 자신을 보호할 수 있는가?
17. 나는 디지털 미디어 콘텐츠들을 감상하고 향유하고 있는가?
18. 나는 사물인터넷, 클라우드 컴퓨팅, 빅데이터, 모바일과 인공지능 등의 새로운 디지털 미디어가 유아에게 미치는 영향에 대하여 이해하고 있는가?
19. 나는 지능정보사회에서 디지털 미디어 리터러시 교육이 고민해야 할 이슈를 파악하고 이를 수업에 활용할 수 있는 능력이 있는가?

출처 : 김양은 외(2019). 어린이집 · 유치원 교사가 알아야 할 디지털 시민성과 교육, p. 25.

2. 유아와 유아교사의 디지털 리터러시

1) 유아의 디지털 리터러시

디지털 원주민(Digital Native) 세대로 불리는 유아들은 디지털 기기를 자연스럽게 접하며, 이를 일상적으로 활용하는 환경에서 성장하고 있다. 이러한 환경은 유아들을 디지털 미디어의 주요 소비층으로 자리 잡게 하였다. 이에 유아들도 단순한 미디어 이용을 넘어 자신이 경험하는 디지털 정보를 올바르게 이해하고, 안전하고 유용하게 활용할 수 있는 디지털 리터러시를 갖추는 것이 중요하다. 이는 유아가 유능한 디지털 미디어 이용자(OECD, 2023)로 성장하는 데 필수적이다. 유아를 위한 디지털 리터러시의 하위 영역과 구성 요소는 〈표 3-3〉에서 살펴볼 수 있다(차기주, 2024).

〈표 3-3〉 유아를 위한 디지털 리터러시

하위 영역	구성 요소
디지털 미디어 작동 및 사용에 대한 이해	• 다양한 디지털 미디어의 차별적 기능 및 사용법에 대한 기초적 이해 • 인공지능 기반 미디어의 작동 원리 및 기능, 사용법에 대한 기초적 이해 • 디지털 미디어에 사용되는 각종 상징 변별 및 이해 • 유아교육기관에서 디지털 미디어 사용 규칙 이해 및 준수
디지털 미디어와 콘텐츠 창작 및 감상	• (성인의 도움 or 유아 스스로) 온오프라인 정보(콘텐츠)를 기반으로 창의적 표현을 위해 다양한 디지털 · 비디지털 매체 활용 • (성인의 도움 or 유아 스스로) 기초적 프로그래밍 혹은 절차적 사고에 기반한 디지털 · 비디지털 창작물 구성 • (성인의 도움 or 유아 스스로) 디지털 미디어를 활용한 다양한 창작물 감상 • 자신과 타인의 창작물에 대한 존중
디지털 주도성과 문제해결력	• 자신을 둘러싼 환경을 탐색하고 이해하기 위한 도구 중 하나로 디지털 기기 활용 • 디지털 관련 활동에 적극적 · 주도적으로 참여 • 디지털 관련 활동에 논리적 · 분석적 · 비판적 · 절차적으로 사고 • (성인의 도움 or 유아 스스로) 디지털 관련 활동의 과정에서 맞닥뜨린 문제를 해결하기 위한 시도와 노력

디지털 정서지능	• 디지털 관련 활동을 통한 자기 인식과 타인 인식 • 디지털 관련 활동에서 존중 기반 적절한 인지적 · 사회정서적 대응 • 디지털 관련 활동에서 공동목적 달성을 위한 협력 및 갈등 해결
디지털 안전과 건강한 습관	• 디지털 관련 활동에서 발생할 수 있는 위해(risk)에 대한 인식 • 디지털 관련 활동에서 발생할 수 있는 위해(risk)에 대한 예방과 대처 • 정신 및 신체적 건강을 위한 건강한 디지털 미디어 사용 습관 • 환경보호를 위한 건강한 디지털 미디어 사용 습관
디지털 소통과 참여	• 자신과 타인의 권리 및 공동체 인식을 기반으로 디지털 공동체 구성원과 소통 • 자신과 타인의 권리 및 공동체 인식을 기반으로 디지털 공동체 활동에 참여

출처 : 차기주(2024). 유아 디지털 역량 구성요소 탐색 연구, pp. 19-20.

OECD(2023)는 유아교육 및 보육에서 강조하는 놀이 중심 접근과 포괄적인 인지 및 사회 · 정서발달 지원을 기반으로, 유아 디지털 리터러시의 핵심 영역을 제시하였다(그림 3-5 참고). 이는 유아의 디지털 도구 사용이 풍부하고 다양한 학습 환경을 조성하고 지원하는 데 도움이 되어야 하며, 이는 인지적 발달, 사회 · 정서적 발달, 전반적인 웰빙(well-being)에 기여해야 함을 강조한다.

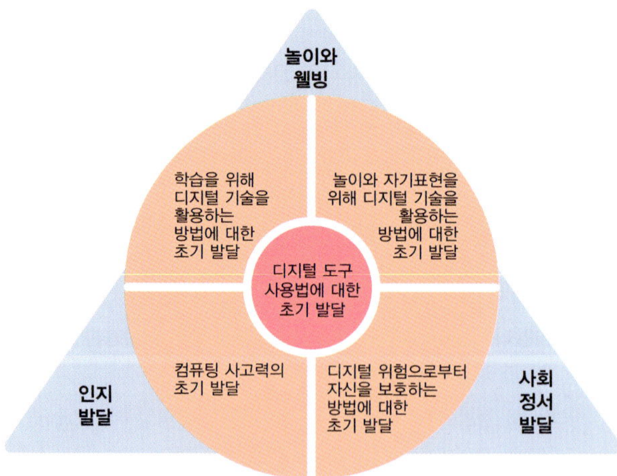

[그림 3-5] 유아 디지털 리터러시 핵심 영역

출처 : OECD(2023). Empowering young children in the digital age, p. 112.

유아의 디지털 리터러시에는 놀이 · 자기표현 · 학습을 위해 디지털 기술을 사용하는 방법, 컴퓨터의 작동 방식 이해(컴퓨팅 사고력), 디지털 위험으로부터 자신을 보호하는 방법에 대한 초기 발달(emergent sense)로 구성된다.

(1) 디지털 도구와 기술 조작

디지털 도구의 조작은 디지털 리터러시의 기초이자 핵심적인 차원이다. 유아는 디지털 도구를 활용한 놀이 과정에서 그 작동 방식을 자연스럽게 이해하고, 이를 다양한 놀이와 활동에 적용할 수 있다. 이러한 경험은 디지털에 대한 유아의 이해를 깊게 하고, 학습과 놀이 경험을 더욱 풍부하고 창의적으로 확장하게 한다.

(2) 컴퓨팅 사고력

유아는 문제를 논리적이고 순차적인 단계로 나누어 해결하는 컴퓨팅 사고력을 기를 수 있다. 단계별로 목표를 설정하고, 필요한 자원을 분석하며, 해결 방법을 실행하고 평가하는 과정을 경험할 수 있다. 이러한 활동은 언플러그드, 플러그드, 혹은 두 가지를 결합한 형태로 제공될 수 있다.

언플러그드(unplugged play) 컴퓨터 혹은 다른 디지털 기기를 사용하지 않고 놀이 속에서 자연스럽게 인공지능을 경험할 수 있는 방법

플러그드(plugged play) 인공지능 등의 디지털 기기와 그 기술이 적용하는 방법

(3) 학습, 놀이 및 자기표현을 위한 디지털 기술 사용

유아는 학습과 놀이 및 자기표현을 위해 디지털 기술을 활용하는 방법을 익힐 수 있다. 디지털 기술은 정보를 탐구하거나 문제를 해결하는 도구일 뿐만 아니라, 창의적인 놀이와 표현의 수단으로도 활용될 수 있다. 또한 디지털 기술을 통해 또래와 상호작용하고 협력하는 경험을 쌓으며(예 디지털 플랫폼을 통한 창작물 공유, 이야기 나누기 등), 디지털 공동체 활동에 참여하는 방법을 배울 수 있다.

(4) 디지털 위험으로부터의 자기 보호 방법

유아는 디지털 기술을 사용할 때 발생할 수 있는 과도한 사용, 부적절한 콘텐츠, 개인정보 보호 문제 등 다양한 위험 요소로부터 자신을 보호하는 방법을 배울 수 있다. 이를 위해 유아는 적절한 디지털 사용 습관을 형성하고, 위험한 콘텐츠를 인지하며, 개인정보를 안전하게 관리하는 기본적인 방법을 익히는 것이 중요하다.

요약하면, 유아를 위한 디지털 리터러시는 디지털 미디어에 대한 이해와 활용, 디지털 미디어를 활용한 주도성과 창의성, 디지털 공동체 활동, 그리고 안전하고 건강한 디지털 놀이 및 생활로 볼 수 있다(OECD, 2023).

2) 유아교사의 디지털 리터러시

유아교사의 디지털 리터러시는 디지털 미디어를 활용하여 교육업무를 수행하고, 교육 관련 콘텐츠를 수집 · 창조 · 공유하며, 유아 · 부모 · 동료와 소통하고, 문제해결 및 전문적 지식을 형성하는 일련의 지식, 기술, 태도를 말한다(조운주 · 최일선, 2022a). 특히 유아교사의 디지털 리터러시는 개인적인 수준을 넘어서, 유아교육의 목적과 가치를 바탕으로 유아들이 디지털 리터러시를 함양할 수 있는 놀이와 활동을 계획하고 실행하는 능력이 필수적으로 요구된다. 이런 점에서 유아교사의 디지털 리터러시는 유아나 일반 개인의 리터러시와 차별화된다. 유아교사의 디지털 리터러시는 〈표 3-4〉와 같이 크게 7개 영역으로 살펴볼 수 있다.

〈표 3-4〉 유아교사의 디지털 리터러시

영 역	내 용
디지털 교육정책 및 교육과정 이해	• 미래 사회와 교육정책의 변화 이해 • 미래 사회 유아와 교육과정 특성 이해 • 교육과정 운영을 위한 교사의 디지털 리터러시 인식
디지털 정보 및 문해력 습득	• 하드웨어, 소프트웨어의 기능 이해 및 활용 • 정보, 데이터, 디지털 콘텐츠 탐색, 검색, 필터링 • 정보, 데이터, 디지털 콘텐츠 저장(관리) 및 활용 • 정보, 데이터, 디지털 콘텐츠 평가
디지털 활용 교육실행 및 콘텐츠 창조	• 활동 및 수업계획을 위해 디지털 콘텐츠 선택 • 교수학습 과정(놀이, 활동)에서 디지털 테크놀로지 활용 • 디지털 테크놀로지를 사용한 교수방법 개발 • 디지털 테크놀로지를 활용한 유아 지원 • 디지털 테크놀로지를 활용한 유아 및 교육과정 평가 • 디지털 형식의 교육 콘텐츠 제작 및 공유
디지털 교육환경 운영	• 디지털 환경에서 부딪힌 기술적 문제의 해결방안 모색 • 다양한 교수방법을 지원할 수 있는 테크놀로지 환경 구성 • 유아교육기관의 디지털 환경 점검 • 유아에게 적합한 디지털 환경 조성 • 유아 간 디지털 리터러시 격차가 발생하지 않도록 지원
디지털 활용 의사소통 및 협력	• 디지털 테크놀로지를 활용한 의사소통 • 정보와 디지털 콘텐츠 공유 • 교육 네트워크 및 디지털 플랫폼을 통한 적극적인 의사소통 참여 • 디지털을 통한 협력 및 지식 구축 • 정보와 콘텐츠를 공유하기 위해 클라우드 사용
디지털 시민의식 함양	• 디지털 관련 법 이해 • 디지털 테크놀로지 사용 시 개인정보 및 신원에 대한 기본 권리 보호 • 디바이스(기기)와 디지털 콘텐츠의 안전한 관리 • 디지털 지적 재산권, 라이선스의 중요성 인식 및 존중 • 디지털 예절 및 법규 준수
디지털 전문성 개발	• 교사의 전문성 개발을 위해서 디지털 활용 • 디지털 테크놀로지 관련 교육 및 연수 참여 • 디지털 테크놀로지에 기반한 교육혁신 참여 • 디지털 전문성 개발을 위한 학습공동체 참여

출처 : 조운주 · 최일선(2022a). 유아교사의 디지털 역량 내용 구성 방안, p. 56.

OECD(2023)는 유아교사의 디지털 리터러시를 3수준(기초적 리터러시, 강화된 리터러시, 전문화된 리터러시), 3영역(교육학, 운영과 리더십, 지식개발)으로 구분하여 제시하였다. 유아교사는 기초적 리터러시에서 전문화된 리터러시로의 성장을 통해 각 영역에서 요구되는 리터러시를 현장에서 실행할 수 있

〈표 3-5〉 유아교사를 위한 디지털 리터러시 프레임워크

	교육학 (Pedagogical)	운영과 리더십 (Management and leadership)	지식개발 (Knowledge development)
전문화된 리터러시 (Specialised competencies)	• 동료 및 아이들과 함께 일하며 디지털 공간 창조 및 혁신 • 유아들과의 작업에 디지털 기술을 통합할 수 있는 모범 사례 공유	• 데이터 수집, 저장, 사용에 관한 모범 사례 공유 • 질적 향상을 위한 시스템 개발	• 동료들과 새로운 자원을 발견 또는 개발하고 공유 • 전문적인 네트워크를 통해 잘못된 정보 수정 • 변화하는 기술과 이를 유아들에게 적용한 모범 사례 연구 소식을 계속해서 접함
강화된 리터러시 (Enhanced competencies)	• 전문적인 판단을 통해 디지털 자원을 탐색하고, 이를 유아들과의 작업에 적절히 통합 • 유아들을 보호하기 위한 안전장치를 미리 마련	• 디지털 기술을 사용하여 개선 전략을 구현하고 작업 과정을 용이하게 함 • 동료가 디지털 도구를 사용할 수 있도록 지원 • 디지털 도구를 통해 가족들과 협력하고 연계	• 반성적 실천과 전문적 협력을 위해 디지털 도구를 사용 • 유아들과 디지털 도구를 사용하는 것에 관한 변화하는 정보를 접함
기초적 리터러시 (Foundational competencies)	• 유아발달에 대한 지식, 유아들의 디지털 리터러시와 디지털 기술에 대한 인식에 관한 지식 • 디지털 기술의 위험과 이로부터 유아들을 보호하는 방법 이해	• 데이터를 입력하고, 기본 정보를 추적하고, 디지털 도구를 활용해 소통	• 지속적인 전문성 개발을 위해 디지털 기술에 접근하고, 활용하는 것에 자신감 가짐

출처 : OECD(2023). Empowering young children in the digital age, p. 141.

도록 노력해야 한다. 이는 교사 개인의 디지털 리터러시 수준을 높이는 것에서 더 나아가, 유아들이 디지털 환경에서 필요한 종합적인 리터러시를 함양할 수 있도록 안내하는 역량이 필요함을 의미한다. 구체적인 세부 내용은 〈표 3-5〉와 같다.

생각해 보기

유아교사의 디지털 리터러시 구성 요소 중 어느 것이 가장 중요하다고 생각하나요? 자신의 생각과 그 이유를 이야기해 보아요.

더 알아보기 : 유아교사 디지털 리터러시 척도

유아교사는 개인적 성장과 전문성 향상, 그리고 효과적인 디지털 리터러시 교육 실행을 위해 자신의 디지털 리터러시 수준을 점검할 필요가 있다. 이는 디지털 리터러시 교육에 대한 긍정적 인식을 형성하고, 향후 교육 역량을 강화하는 데 중요한 역할을 한다.

요 인	개념 정의	문항 내용	매우 아니다 (1점)	아니다 (2점)	보통이다 (3점)	그렇다 (4점)	매우 그렇다 (5점)
1. 디지털 교육정책 및 교육 과정 이해	미래 사회를 위한 교육정책 및 유아교육과정을 이해한다.	1. 미래 사회와 교육정책의 변화를 이해한다.					
		2. 미래 사회 유아와 교육과정 특성을 이해한다.					
		3. 교육과정 운영을 위한 교사의 디지털 리터러시를 인식한다.					
2. 디지털 정보 및 문해력 습득	정보, 데이터, 디지털 콘텐츠를 탐색, 선택, 활용한다.	4. 정보, 데이터, 디지털 콘텐츠를 탐색, 검색, 필터링한다.					
		5. 정보, 데이터, 디지털 콘텐츠 저장(관리) 및 활용한다.					
		6. 활동 및 수업계획을 위해 디지털 자원을 선택한다.					
3. 디지털 활용 교육 실행 및 콘텐츠 창조	디지털 테크놀로지를 활용하여 교수, 유아 지원, 평가를 한다.	7. 교수학습 과정(놀이, 활동)에서 디지털 테크놀로지를 활용한다.					
		8. 디지털 테크놀로지를 사용한 혁신적인 교수방법을 개발한다.					
		9. 디지털 테크놀로지를 활용하여 유아를 지원한다.					
		10. 디지털 테크놀로지를 활용하여 유아 및 교육과정을 평가한다.					
		11. 디지털 형식의 콘텐츠 및 교육자료를 제작 및 공유한다.					

4. 디지털 교육환경 운영	유아를 교육하기 위해 디지털 테크놀로지 환경을 운영한다.	12. 디지털 환경에서 부딪힌 기술적 문제의 해결방안을 모색한다.					
		13. 다양한 교수방법을 지원할 수 있는 테크놀로지 환경을 구성한다.					
		14. 유아교육기관의 디지털 환경을 점검한다.					
		15. 유아에게 적합한 디지털 환경을 조성한다.					
		16. 유아 간 디지털 리터러시 격차가 생기지 않도록 지원한다.					
5. 디지털 활용 의사소통 및 협력	디지털 테크놀로지를 활용하여 의사소통 및 정보를 공유한다.	17. 디지털 테크놀로지를 활용하여 의사소통한다.					
		18. 정보와 디지털 콘텐츠를 공유한다.					
		19. 교육 네트워크 및 디지털 플랫폼을 통해 적극적으로 의사소통에 참여한다.					
		20. 디지털을 통해서 협력하고 지식을 구축한다.					
		21. 정보와 콘텐츠를 공유하기 위해 클라우드를 사용한다.					
6. 디지털 시민의식 함양	디지털 테크놀로지 사용 시 법규를 준수하고, 권리를 보호 및 존중한다.	22. 디지털 테크놀로지 사용 시 개인정보 및 신원에 대한 기본 권리를 보호한다.					
		23. 디바이스(기기)와 디지털 콘텐츠를 안전하게 관리한다.					
		24. 디지털 지적 재산권, 라이선스의 중요성을 인식하고 존중한다.					
		25. 디지털 예절 및 법규를 준수한다.					
7. 디지털 전문성 개발	디지털 전문성을 개발하기 위해 교육, 학습 공동체 등에 참여한다.	26. 디지털 기술 관련 교육 및 연수에 참여한다.					
		27. 디지털 기술에 기반한 교육혁신에 참여한다.					
		28. 디지털 전문성 개발을 위해 학습공동체에 참여한다.					

출처 : 조운주 · 최일선(2022b). 유아교사의 디지털 역량 평가도구 타당화 연구, pp. 48-49.

더 알아보기 : 개인정보 보호

유아교육 현장에서 디지털 리터러시 교육과 관련하여 중요하게 고려해야 할 부분은 바로 '개인정보'이다. '개인정보'란 살아있는 개인에 관한 정보로서, 이름, 주민등록번호 및 영상 등을 통하여 개인을 알아볼 수 있는 정보뿐만 아니라 해당 정보만으로는 특정 개인을 알아볼 수 없더라도 다른 정보와 쉽게 결합하여 알아볼 수 있는 정보(예 : 주소)까지 개인정보에 해당한다(개인정보보호법 제2조 제1호).

디지털 사회에서는 개인정보 유출이 심각한 문제로 인식되고 있다. 유출된 개인정보는 스팸메일, 보이스 피싱 등 다양한 범죄에 악용될 수 있으며, 이는 개인정보 주체에게 크나큰 정신적 · 물질적 피해를 준다. 또한 한번 유출된 개인정보는 사실상 회수가 불가능하므로 개인정보 보호는 디지털 사회에서 더욱 중요한 문제가 되고 있다(김양은 외, 2019).

특히 유아교육기관은 합리적인 권리 행사나 스스로 정보 보호가 어려운 유아들의 개인정보를 다루고 있다. 따라서 유아들의 개인정보(보호자나 가정에 대한 정보도 포함)를 수집, 활용, 제공함에 있어 보다 엄격한 기준이 필요하다(김양은 외, 2019). 이를 위해 다음과 같은 원칙들을 적용할 수 있다.

〈유아교육기관 개인정보처리자가 알아야 할 원칙〉

1. 개인정보처리자는 개인정보처리 목적을 명확하게 하여야 하고 그 목적에 필요한 범위에서 최소한의 개인정보만을 적법하고 정당하게 수집하여야 한다.
2. 개인정보처리자는 개인정보의 처리 목적에 필요한 범위에서 적합하게 개인정보를 처리하여야 하며, 그 목적 외의 용도로 활용하여서는 안 된다.
3. 개인정보처리자는 개인정보의 처리 목적에 필요한 범위에서 개인정보의 정확성과 최신성을 유지하여야 하고, 개인정보를 처리하는 과정에서 고의 또는 과실로 부당하게 변경 또는 훼손되지 않도록 하여야 한다.
4. 개인정보처리자는 개인정보의 처리 방법 및 종류 등에 따라 정보주체의 권리가 침해받을 가능성과 그 위험 정도를 고려하여 그에 상응하는 적절한 관리적 · 기술적 및 물리적 보호조치를 통하여 개인정보를 안전하게 관리하여야 한다.
5. 개인정보처리자는 개인정보 처리방침 등 개인정보의 처리에 관한 사항을 공개하여야 하며, 열람청구권 등 정보주체의 권리가 보장될 수 있도록 합리적인 절차와 방법 등을 마련하여야 한다.
6. 개인정보처리자는 개인정보의 처리 목적에 필요한 범위에서 적법하게 개인정보를 처리하는 경우에도 정보주체의 사생활 침해를 최소화하는 방법으로 개인정보를 처리하여야 한다.
7. 개인정보처리자는 개인정보를 적법하게 수집한 경우에도 익명에 의하여 업무 목적을 달성할 수 있으면 개인정보를 익명에 의하여 처리될 수 있도록 하여야 한다.
8. 개인정보처리자는 관계 법령에서 규정하고 있는 책임과 의무를 준수하고 실천함으로써 정보주체의 신뢰를 얻기 위하여 노력하여야 한다.

출처 : 김양은 외(2019). 어린이집 · 유치원 교사가 알아야 할 디지털 시민성과 교육, p. 57.

참고 URL

1) 사이좋은 디지털 프렌즈. https://gooddigital79.org/

CHAPTER

04

유아 디지털 리터러시 교육

AI & Digital Education
for Early Childhood Teachers

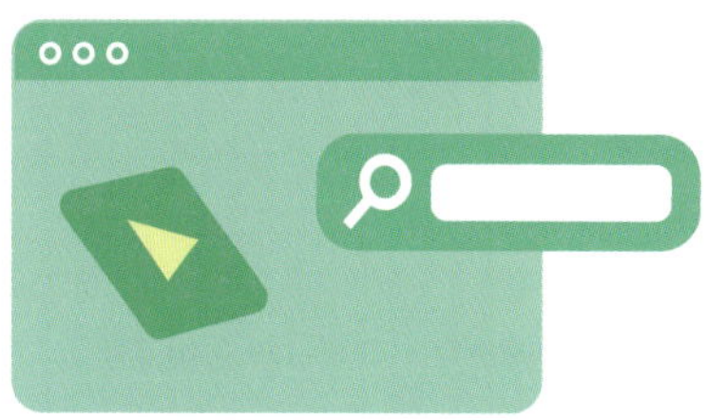

CHAPTER 04 유아 디지털 리터러시 교육

1. 유아기 디지털 리터러시 교육의 필요성

앞으로 더욱 진화된 디지털 시대를 살아갈 유아들에게 올바른 디지털 생활에 대한 교육은 필수적이다. 여기에는 디지털 미디어에 대한 접근과 활용뿐만 아니라 비판적 사고, 사회적 상호작용, 윤리 의식 등이 모두 포함된다. 그러나 유아기 디지털 미디어 사용에 대한 우려와 부정적 인식으로 인해, 유아들은 능동적인 디지털 미디어 사용자로 성장하기 위한 교육을 충분히 받지 못하고 있다. 그동안 유아들에게 제공되는 디지털 교육은 여전히 과의존 예방 교육 수준에 머물고 있어, 디지털 사회에 효과적으로 적응할 수 있는 능력을 충분히 키우지 못하고 있다.

[그림 4-1] 디지털 기술을 활용해 코끼리와 함께 사진을 찍고 있는 유아

[그림 4-2] 디지털 기술을 활용해 불 끄는 놀이를 하고 있는 유아

유아기 디지털 리터러시를 개발하는 것은 장기적으로 유아들이 유능하고 책임감 있는 디지털 기술 이용자로 성장하도록 돕고, 디지털 기술을 기반으로 한 미래 환경을 준비할 수 있게 한다(OECD, 2023). 따라서 현재 유아들의 디지털 경험과 유아 수준에 맞는 적절한 디지털 리터러시 교육이 일관성 있게 이루어져야 한다(조재희 외, 2021).

2. 유아 디지털 리터러시 교육 내용

교육부(2022)는 유아의 놀이, 일상생활, 활동과 연계하여 디지털 미디어 경험이 일어나는 놀이 사례를 총 15가지로 소개하고 있다(표 4-1 참고). 놀이 내용은 디지털 미디어의 접근 및 활용, 이해 및 비판, 사회참여, 민주적 소통의 디지털 리터러시 구성 요소를 담고 있으며, 모두 디지털 윤리에 대한 내용을 포함하고 있다.

〈표 4-1〉 유아의 디지털 미디어 놀이 경험 사례

번호	놀이 사례명	디지털 리터러시		
		구 분	내 용	윤 리
1	어떤 옷이 진짜 소방관 옷일까?	접근 및 활용 · 이해 및 비판	• 소방관 복장에 대해 궁금한 점을 검색하고 검색을 통해 알게 된 것을 놀이에 활용하기 • 자신이 원하는 결과를 검색하기 위한 방법에 대해 알기 • 알고 싶은 정보를 얻기 위해 콘텐츠의 내용을 비판적으로 살펴보기	건전하고 신뢰성 있는 정보에 접근하기
2	내가 듣고 싶은 음악을 들어요	접근 및 활용 · 이해 및 비판	• 디지털 미디어를 활용하여 듣고 싶은 음악을 직접 선택하고 감상하기 • 자신이 듣고 싶은 음악의 가사에 대해 고민하고 비판적으로 살펴보기	유해한 디지털 미디어 콘텐츠 비판하기

3	내가 좋아하는 콘텐츠를 선택하고, 적당히 사용할 수 있어요	접근 및 활용 · 이해 및 비판	• 그림 그리기, 게임, 동영상으로 종이접기 배우기 등 자신의 흥미와 관심에 따라 디지털 미디어를 활용하기 • 교실에서 함께 사용하는 디지털 미디어 사용 예절이나 약속에 대해 이야기 나누고 함께 약속 정하기 • 자신이 사용하고 있는 콘텐츠에 대해 생각해 보고 스스로 디지털 미디어를 조절해서 사용하기	다른 사람과 디지털 미디어 기기 함께 사용하기 · 스스로 디지털 미디어 기기 사용 방법과 시간 조절하기
4	디지털 미디어로 내가 만들고 싶은 것을 만들어요	접근 및 활용	• 디지털 미디어를 이용하여 자신이 만들고 싶은 것을 검색하거나 만들어 보기 • 디지털 미디어로 자신이 그린 그림을 엮어 E-Book 만들기 • 나만의 종이책을 만들어 우리 반 도서관 만들기	상업적 미디어에 대해 비판적 사고 가지기
5	하늘소를 검색하고 싶어요!	접근 및 활용 · 이해 및 비판 · 민주적 소통	• 태블릿PC로 장수풍뎅이 애벌레 검색하기 • 원하지 않은 것들이 검색되었을 때 어떻게 해야 할지 이야기 나누기 • 어린이에게 적합한 정보를 검색하기 위하여 콘텐츠, 단어 카드 등을 가지고 이야기 나누기	정보 선택의 기준 갖기 (좋은 정보, 나쁜 정보)
6	살아있는 가재의 색깔은 뭐예요?	접근 및 활용 · 이해 및 비판 · 민주적 소통	• 살아있는 가재의 색을 알아보기 위해 검색하기 • 가재를 검색한 후 자신이 알고 있는 정보와 비교하기 • 정보의 정확한 판단을 위해 친구가 가져온 책 속의 정보와 비교하며 이야기 나누기	디지털 미디어를 통해 얻는 정보의 정확성 파악하기

7	우리 반의 전시공간을 만들어요	접근 및 활용 · 이해 및 비판 · 사회참여 · 민주적 소통	• 작품을 사진으로 찍어서 온라인 공간에 간직할 수 있음을 알기 • 내 얼굴을 기록하는 사진의 의미 알기 • 나의 작품 사진을 친구들과 부모님과 공유할 수 있다는 걸 알기 • 사진이 찍히고 싶지 않은 다른 친구의 의사 존중하기	나와 다른 사람의 초상권에 대해 이해하기
8	내 친구 장수풍뎅이, AR로 만나요	접근 및 활용 · 이해 및 비판 · 사회참여	• 디지털 미디어를 활용하여 장수풍뎅이 동영상 보기 • 장수풍뎅이 동영상에 담긴 내용에 대한 윤리적 논의하기 • 살아있는 장수풍뎅이를 직접 교실로 데려오지 않고, AR을 활용하여 관찰하기	디지털 미디어에서 다루는 생명에 관한 윤리 생각해 보기
9	고양이와 함께 살아요	접근 및 활용 · 이해 및 비판	• 고양이에 대해 궁금한 점을 검색하고, 검색을 통해 알게 된 것을 놀이에 활용하기 • 연관 검색어를 통해 내가 원하는 정보를 다양하게 탐색하기 • AR을 활용하여 놀이 경험 확장하기 • 디지털 미디어를 활용하여 작품을 E-Book 형태로 제작해 보기	건전하고 신뢰성 있는 정보에 접근하기 · 디지털 미디어 기기 활용법 및 약속 지키기 · 디지털 미디어를 통해 동물권 생각해 보기
10	멀고도 가까운 나라와 소통해요	접근 및 활용 · 이해 및 비판 · 민주적 소통	• 세계 여러 나라에 대한 궁금한 내용 검색해 보기 • 위성 영상 지도 서비스를 활용하여 세계 여러 나라의 모습을 살펴보고, 랜선 여행 떠나보기 • 아이콘이 의미하는 바를 생각해 보고, 아이콘을 눌러 변화하는 화면 탐색하기 • 영상통화로 다른 나라에 있는 친구와 소통하기 • 영상통화를 할 때 지켜야 할 예절을 알고 지키기	디지털 미디어를 통해 다양한 정보 수집 및 활용하기 · 온라인 소통 예절 알기

11	옆 동네에 불이 났대요	이해 및 비판	• 내가 들은 정보에 대한 정확한 내용을 파악하기 위해 뉴스(신문 기사) 검색해 보기 • 정보의 정확한 판단을 위해 여러 자료를 비교하며 이야기 나누기	정확한 정보를 인식하고, 분별할 수 있는 비판적 사고 기르기
12	채식? 탄소중립? 그게 뭐예요?	접근 및 활용 · 이해 및 비판	• 다양한 디지털 미디어 콘텐츠를 활용하여 재미있고 즐겁게 환경교육 하기 • 디지털 미디어 기술로 교육적 효과 높이기 • 영상 썸네일을 보고, 어떤 내용일지 예상해 보기	디지털 미디어 기기 활용법 및 약속 지키기
13	종이 대신 메타버스	접근 및 활용 · 이해 및 비판 · 민주적 소통	• 메타버스 플랫폼의 여러 가지 기능을 탐색해 보고 시도해 보기 • 디지털 미디어에 대한 선입견을 갖지 않고 자신에게 필요한 방법을 선택하기 • 자기 작품을 메타버스에 공유하여 다른 사람과 소통하기	온라인 언어 예절, 저작권, 개인정보 보호 알기 · 디지털 세상에서 놀이하는 방법 알기
14	발로 그리는 지도	접근 및 활용 · 민주적 소통	• 스마트폰 앱을 사용하여 유아가 걸어갔던 길의 지도 그리기 • 디지털 미디어를 활용하여 만든 지도를 다른 사람에게 공유하기	자극적인 콘텐츠와 유튜버 비판하기 · 개인정보 보호 방법 알기
15	길어져라! 신호등의 초록불	접근 및 활용 · 이해 및 비판 · 사회참여 · 민주적 소통	• 디지털 미디어로 그림을 그리고 글자를 써서 자기의 생각을 표현하기 • 디지털 미디어를 사용할 때 산만한 행동에 대해 비판적으로 사고하기 • 시청 홈페이지 민원 게시판에 글을 써서 문제를 해결하기 • 기관 앞 신호등 길이가 짧다는 문제를 인식하고 유아들이 자기의 생각을 전달하고 소통하기	개인정보 보호 방법 알기 · 디지털 산만증 예방하기

출처 : 교육부(2022). 유아 디지털 미디어 문해 교육 운영지원자료, pp. 11-13 재구성.

이상의 내용은 유아의 디지털 미디어 경험을 불러일으킬 수 있는 놀이 사례로, 유아들의 디지털 리터러시 함양을 위한 활동 계획 시 참고할 수 있다. 다만, 이는 하나의 예시로 실제 교육과정을 운영할 때는 유아들의 디지털 미디어에 대한 흥미와 이해 수준, 경험 등을 고려하여, 그에 적합한 디지털 놀이 경험을 계획하고 실천하는 것이 중요하다. 다음 경로를 통해 놀이 사례의 구체적인 내용과 이외 다양한 정보를 확인할 수 있다.

아이누리(i-누리)

조재희 등(2021)은 유아 미디어 리터러시 교육 내용을 구성 요소, 하위 요소, 요소별 성취 목표로 나누어 제시하고(표 4-2 참고), 이를 누리과정과 연계하여 소개하였다(표 4-3 참고). 각 구성 요소를 기반으로 본 교재의 저자들이 작성한 구체적인 활동 계획안 예시를 〈표 4-4〉부터 〈표 4-8〉에서 확인할 수 있다.

〈표 4-2〉 유아 미디어 리터러시 구성 요소, 하위 요소, 성취 목표

구성 요소	하위 요소	성취 목표
미디어 이해	읽기	• 음악, 기호, 문자 등으로 구성된 미디어 텍스트가 가진 언어적 의미를 이해하고, 다양한 상황과 맥락에서 미디어 메시지를 해석하며, 미디어 텍스트의 사회문화적 의미를 비판적으로 이해한다.
	비판적 이해	
	감상	• 음악, 움직임, 시각적 이미지 등 감정을 유발하는 미디어 요소를 알고, 다양한 미디어를 감상하고 즐기며, 창의적 미디어 표현을 존중한다.
미디어 이용	접근	• 미디어의 종류, 명칭을 알고, 미디어의 기능과 특징을 탐색하며, 디지털 기기와 서비스를 이용하여 궁금한 것을 해결하고 활용한다.
	활용	
미디어 건강	조절	• 미디어 사용의 긍정적, 부정적 영향을 알고, 미디어 사용을 스스로 조절하며, 건강하게 사용한다.
	안전	• 온라인에서 안전하게 생활한다.
미디어 윤리	가치	• 온라인 세계에서 나를 알고 소중히 여기고, 미디어를 통해 다른 사람과 관계를 맺고 바르게 소통하며, 미디어로 표현 · 창작할 때 타인을 배려 · 존중하여 예절을 지켜 협력하며, 바람직한 사회 구성원으로서 윤리적 규칙의 필요성을 알고 지킨다.
	규칙	
미디어 창의적 생산	표현	• 음악, 기호, 문자 등을 이용하여 미디어 텍스트를 구성하고, 목적과 내용에 적절한 표상 양식을 사용하여 창의적으로 미디어 작품을 만들어 소통하고, 내 미디어 작품이 다른 사람에게 미치는 영향을 안다.
	창작	

출처 : 조재희 외(2021). 유아 대상 미디어 리터러시 교육 방안 및 커리큘럼, p. 109.

〈표 4-3〉 2019 개정 누리과정 적용 미디어 리터러시 요소

영역	내용 범주	목 표	내 용	미디어 리터러시 구성 요소
신체운동 · 건강	건강하게 생활하기	건강한 생활습관을 기른다.	질병을 예방하는 방법을 알고 실천한다.	미디어 건강
	안전하게 생활하기	안전한 생활습관을 기른다.	TV, 컴퓨터, 스마트폰 등을 바르게 사용한다.	

<table>
<tr><td rowspan="8">의사소통</td><td rowspan="3">듣기와 말하기</td><td rowspan="3">일상생활에서 듣고 말하기를 즐긴다.</td><td>다양한 낱말과 문장을 듣고 뜻을 이해한다.</td><td>미디어 이해</td></tr>
<tr><td>자신의 경험, 느낌, 생각을 말한다.</td><td rowspan="2">미디어 창의적 생산</td></tr>
<tr><td>상황에 적절한 단어를 사용한다.</td></tr>
<tr><td rowspan="3">읽기와 쓰기에 관심 가지기</td><td rowspan="3">읽기와 쓰기에 관심을 가진다.</td><td>말과 글의 관계에 관심을 가진다.</td><td rowspan="2">미디어 이해</td></tr>
<tr><td>주변의 상징, 글자 등의 읽기에 관심을 가진다.</td></tr>
<tr><td>자신의 생각을 글자와 비슷한 형태로 표현한다.</td><td>미디어 창의적 생산</td></tr>
<tr><td rowspan="2">책과 이야기 즐기기</td><td rowspan="2">책이나 이야기를 통해 상상하기를 즐긴다.</td><td>책에 관심을 가지고 상상하기를 즐긴다.</td><td>미디어 이해</td></tr>
<tr><td>말놀이와 이야기 짓기를 즐긴다.</td><td>미디어 창의적 생산</td></tr>
<tr><td rowspan="5">사회관계</td><td rowspan="2">나를 알고 존중하기</td><td rowspan="2">자신을 이해하고 존중한다.</td><td>나를 알고 소중히 여긴다.</td><td rowspan="5">미디어 윤리</td></tr>
<tr><td>나의 감정을 알고 상황에 맞게 표현한다.</td></tr>
<tr><td rowspan="3">더불어 생활하기</td><td rowspan="3">다른 사람과 사이좋게 지낸다.</td><td>서로 다른 감정, 생각, 행동을 존중한다.</td></tr>
<tr><td>친구와의 갈등을 긍정적인 방법으로 해결한다.</td></tr>
<tr><td>약속과 규칙의 필요성을 알고 지킨다.</td></tr>
<tr><td rowspan="2">예술경험</td><td>창의적으로 표현하기</td><td>예술을 통해 창의적으로 표현하는 과정을 즐긴다.</td><td>다양한 미술 재료와 도구로 자신의 생각과 느낌을 표현한다.</td><td>미디어 창의적 생산</td></tr>
<tr><td>예술 감상하기</td><td>다양한 예술 표현을 존중한다.</td><td>다양한 예술을 감상하며 상상하기를 즐긴다.</td><td>미디어 이해</td></tr>
<tr><td rowspan="2">자연탐구</td><td>탐구과정 즐기기</td><td>주변 세계와 자연에 대해 지속적으로 호기심을 가진다.</td><td>궁금한 것을 탐구하는 과정에 즐겁게 참여한다.</td><td rowspan="2">미디어 이용</td></tr>
<tr><td>생활 속에서 탐구하기</td><td>생활 속의 문제를 수학적, 과학적으로 탐구한다.</td><td>도구와 기계에 대해 관심을 가진다.</td></tr>
</table>

출처 : 조재희 외(2021). 유아 대상 미디어 리터러시 교육 방안 및 커리큘럼, pp. 113-114.

〈표 4-4〉 미디어의 이해 〉 읽기 활동 계획안

<table>
<tr><th>활동명</th><th colspan="3">광고 속 숨은 이야기를 찾아요</th></tr>
<tr><td>활동 목표</td><td colspan="3">• 광고가 사람들의 생각과 행동에 영향을 미침을 안다.
• 광고에서 전달하는 메시지를 찾을 수 있다.
• 미디어를 비판적으로 읽는 태도를 기른다.</td></tr>
<tr><td>활동 준비물</td><td>광고영상, 카메라, 텔레비전(또는 전자 칠판)</td><td>미디어 리터러시 관련 요소</td><td>미디어 이해 〉 읽기</td></tr>
<tr><td rowspan="3">활동 구성</td><td colspan="3">(1) 도입
• 광고를 본 경험에 대해 이야기 나눈다.
– 텔레비전이나 휴대폰으로 광고를 본 적이 있나요?
– 어떤 광고를 보았나요?</td></tr>
<tr><td colspan="3">(2) 전개
• 활동을 소개한다.
– 광고 속에는 숨겨진 이야기가 있대요. 광고 속 숨은 이야기를 찾는 탐정이 되어보아요.
• 유아들이 관심 있어 하는 장난감 광고 2편을 시청한다.
• 광고에 대해 이야기를 나눈다.
– 광고를 보니 어떤 생각이 들었나요?
– 광고 영상에 나온 장난감을 사면 어떤 기분이 들 것 같나요?
– 정말 광고 영상 속의 장난감이 재밌을까요? 꼭 필요하다고 생각하나요?
• 모둠별로 즉석 광고를 만들어 본다.
– 광고를 보니 왜 물건을 사고 싶어졌는지, 우리가 직접 유치원의 장난감 광고를 만들어 보며 생각해 보아요.
– 친구들이 장난감을 사고 싶어지게 보여주고, 설명해 보아요.
(교사는 유아들의 모습을 동영상으로 촬영해 준다)
• 유아들의 즉석 광고 영상을 시청해 본다.
• 광고를 만들 때 어떤 생각을 했는지 이야기해 본다.
– 물건을 사고 싶어지게 하기 위해 어떤 모습을 보여줬나요? 어떤 설명을 했나요?</td></tr>
<tr><td colspan="3">(3) 마무리
• 활동을 평가하고 마무리한다.
– 광고를 시청하고 만들어 보며, 어떤 점을 새롭게 알게 되었나요?
– 광고는 우리가 물건을 사고 싶게 만들어요. 우리는 어떤 생각을 하면서 광고를 봐야 할까요?</td></tr>
<tr><td>평가</td><td colspan="3">• 광고가 사람들의 생각과 행동에 영향을 미침을 아는가?
• 광고에서 전달하는 메시지를 찾을 수 있는가?
• 미디어를 비판적으로 읽는 태도를 가지는가?</td></tr>
<tr><td>확장활동</td><td colspan="3">• 광고 속 제품과 실제 제품 비교해 보기
• 공익광고에 대해 알아보기</td></tr>
</table>

출처 : 본 교재 저자 구성.

〈표 4-5〉 미디어 이용 〉 접근 활동 계획안

<table>
<tr><th>활동명</th><th colspan="3">QR코드 속으로 여행을 떠나요</th></tr>
<tr><td>활동 목표</td><td colspan="3">• QR코드를 통해 정보를 빠르고 쉽게 전달할 수 있음을 안다.
• 태블릿PC로 QR코드를 스캔할 수 있다.
• QR코드의 편리함을 느낀다.</td></tr>
<tr><td>활동 준비물</td><td>다양한 종류의 QR코드, 태블릿PC, 색지, 색연필</td><td>미디어 리터러시 관련 요소</td><td>미디어 이용 〉 접근</td></tr>
<tr><td rowspan="3">활동 구성</td><td colspan="3">(1) 도입
• QR코드를 살펴보며 활동에 관심을 갖는다.
– 이렇게 까만 점들이 가득한 그림을 본 적이 있나요?
– 이 그림은 QR코드라고 해요. QR코드를 사용해 본 적이 있나요?</td></tr>
<tr><td colspan="3">(2) 전개
• 활동을 소개한다.
– 교실에 숨어있는 QR코드를 찾아 떠날 거예요. 교실 속 여러 가지 QR코드를 태블릿PC로 스캔해 보도록 해요.
• QR코드 스캔 방법을 알아본다.
– 태블릿PC의 카메라를 켜서 QR코드 그림 앞에 가져가면 다른 장면이 나와요.
• QR코드를 스캔하여 내용을 확인해 본다.
– 교실 속에 있는 여러 가지 QR코드를 찾고, 자유롭게 스캔해 보도록 해요. (동물 사진, 동요 영상 링크, 동화 동영상 등)
– ○○이가 찾은 QR코드에는 어떤 내용이 담겨있었나요?
• QR코드의 특성에 대해 이야기 나눈다.
– QR코드를 사용해 보니 어떤 점이 편리한가요?
– 언제 QR코드를 사용하면 좋을까요?</td></tr>
<tr><td colspan="3">(3) 마무리
• 활동을 평가하고 마무리한다.
– QR코드를 스캔하며 알게 된 점이 있나요?
– 우리 교실에서 QR코드를 활용할 수 있는 방법은 무엇일까요?</td></tr>
<tr><td>평가</td><td colspan="3">• QR코드를 통해 정보를 빠르고 쉽게 전달할 수 있음을 아는가?
• 태블릿PC로 QR코드를 스캔할 수 있는가?
• QR코드의 편리함을 느끼는가?</td></tr>
<tr><td>확장활동</td><td colspan="3">• 나만의 QR코드 만들기
• QR코드 영상 편지 제작하기</td></tr>
</table>

출처 : 본 교재 저자 구성.

〈표 4-6〉 미디어 건강 〉 조절 활동 계획안

<table>
<tr><th>활동명</th><th colspan="3">미디어를 건강하게 사용해요</th></tr>
<tr><td>활동 목표</td><td colspan="3">• 미디어 사용이 몸과 마음에 미치는 영향을 안다.
• 친구와 함께 미디어 건강과 관련된 뮤직비디오를 만든다.
• 미디어를 건강하게 사용하는 태도를 갖는다.</td></tr>
<tr><td>활동 준비물</td><td>영상 편지, 수노(SUNO), 뤼튼(Wrtn)</td><td>미디어 리터러시 관련 요소</td><td>미디어 건강 〉 조절</td></tr>
<tr><td>활동 구성</td><td colspan="3">(1) 도입
• 영상 편지를 보며 활동에 관심을 갖는다.
〈영상 편지 내용〉
민지는 옆 동네 유치원에 다니는 어린이다. 민지는 스마트폰, 태블릿PC로 동영상을 보는 것을 좋아한다. 그런데 최근 눈이 충혈되고, 머리와 목이 아프게 되었다. 병원에서 스마트폰을 너무 많이 사용해서 그렇다고 한다. 민지는 해결 방법에 대해 알고 싶다.
– 민지에게 어떤 일이 있었나요? 우리가 어떻게 도와줄 수 있을까요?

(2) 전개
• 활동을 소개한다.
– 민지에게 미디어 건강 뮤직비디오를 만들어서 선물해 주어요.
• 미디어를 건강하게 사용할 수 있는 방법에 대해 알아본다.
– 스마트폰, 태블릿PC 등을 건강하게 사용할 수 있는 방법은 무엇일까요?
〈미디어 사용 건강 수칙〉
1) 시간을 정해서 사용해요.
2) 눈을 쉬게 해줘요.
3) 바른 자세로 사용해요.
4) 미디어 사용 중간에 체조를 해요.
• 미디어 건강 뮤직비디오를 제작한다.
〈뮤직비디오 제작 방법〉
1) 노랫말에 넣고 싶은 내용을 정리한다.
2) 뤼튼을 활용하여 가사를 만든다.
3) 수노를 활용해 노래를 완성한다.
4) 노래에 어울리는 장면을 촬영해 뮤직비디오로 만든다.

(3) 마무리
• 활동을 평가하고 마무리한다.
– 어떤 내용을 담아 뮤직비디오를 만들었나요?
– 이 외에도 건강하게 스마트폰, 태블릿PC를 사용하려면 어떤 약속을 지켜야 할까요?</td></tr>
</table>

<table>
<tr><td>평가</td><td>• 미디어 사용이 몸과 마음에 미치는 영향을 아는가?
• 친구와 함께 미디어 건강 뮤직비디오를 만들었는가?
• 미디어를 건강하게 사용하는 태도를 가지는가?</td></tr>
<tr><td>확장활동</td><td>• 건강한 미디어 생활 포스터 만들기
• 미디어 건강 관련 동화 감상하기</td></tr>
</table>

출처 : 본 교재 저자 구성.

〈표 4-7〉 미디어 윤리 〉 가치 활동 계획안

<table>
<tr><th>활동명</th><th colspan="3">좋은 댓글을 찾아요</th></tr>
<tr><td>활동 목표</td><td colspan="3">• 온라인 세상에서도 예의를 지켜야 함을 안다.
• 다른 사람을 배려하는 표현을 사용할 수 있다.
• 올바른 미디어 사용 습관을 익힌다.</td></tr>
<tr><td>활동 준비물</td><td>표정 그림카드, 댓글 문장카드, 나무 도안, 나뭇잎 도안, 쓰기 도구</td><td>미디어 리터러시 관련 요소</td><td>미디어 윤리 〉 가치</td></tr>
<tr><td rowspan="2">활동 구성</td><td colspan="3">(1) 도입
• 웃는 얼굴, 화난 얼굴 그림카드를 보며 이야기 나눈다.
– 이 사람은 어떤 기분일까요? 왜 기분이 좋을까요?
– 화가 난 사람은 무슨 일이 있었을까요?
– 여러분은 어떤 말을 들을 때 기분이 좋거나 화가 나나요?</td></tr>
<tr><td colspan="3">(2) 전개
• 활동을 소개한다.
– 온라인 세상에서도 예의를 지키며 말해야 해요. 온라인 세상에서 사용해도 좋은 말을 찾아볼까요?
• ‘좋은 댓글’과 ‘나쁜 댓글’을 살펴보며 이야기 나눈다.
– 다른 사람들이 올린 게시물에 내 생각을 쓴 것을 ‘댓글’이라고 해요. 선생님이 가져온 여러 가지 댓글 카드를 읽어볼까요?
– 댓글 카드를 ‘좋은 댓글’과 ‘나쁜 댓글’로 분류해 보아요.
• 상황극을 통해 나쁜 댓글을 접할 때 어떤 기분이 드는지 알아본다.
– 나쁜 댓글을 친구에게 진짜로 말해볼까요?
– 나쁜 댓글을 말하거나 들어보니 어떤 기분이 들었나요?
– 이 댓글을 어떻게 바꾸면 보는 사람의 기분이 좋아질까요?
• 댓글 나무를 꾸미며 온라인상에서 사용할 수 있는 말을 생각해 본다.
– 여기 나뭇잎이 없는 나무가 있어요. 나뭇잎에 좋은 댓글을 써서 나무를 꾸며보아요.
– 좋은 댓글이 많이 달린 나무를 보니 어떤 생각이 드나요?</td></tr>
</table>

활동 구성	(3) 마무리 • 활동을 평가하고 마무리한다. – 어떤 댓글을 읽거나 쓸 때 기분이 좋았나요? – 온라인상에서 어떤 말을 사용하면 좋을까요?
평가	• 온라인 세상에서도 예의를 지켜야 함을 아는가? • 다른 사람을 배려하는 표현을 사용할 수 있는가? • 올바른 미디어 사용 습관을 가지는가?
확장활동	• 가족과 칭찬 댓글 쓰기 놀이(가정 연계) • 미디어 윤리 관련 그림책 만들기

출처 : 본 교재 저자 구성

〈표 4-8〉 미디어 생산 〉 창작 활동 계획안

활동명	우리반 소개 영상을 만들어요		
활동 목표	• 다양한 도구로 미디어 작품을 만들 수 있음을 안다. • 창의적으로 미디어 작품을 만들 수 있다. • 친구와 협력하는 태도를 기른다.		
활동 준비물	도화지, 쓰기 도구, 카메라, 태블릿 PC(전자칠판), 캔바, 애니메이티드 드로잉	미디어 리터러시 관련 요소	창의적 미디어 생산 〉 창작
활동 구성	(1) 도입 • 유치원 홍보 영상을 감상하며 활동에 관심을 갖는다. – 유치원 홍보 영상을 본 적이 있나요? – 영상 속의 어떤 장면이 가장 기억에 남나요?		
	(2) 전개 • 활동을 소개한다. – 우리반을 소개하는 영상을 만들어 보면 어떨까요? • 어떤 내용으로 영상을 만들지 의논한다. – 영상에 어떤 내용이 들어가면 좋을까요? – 어떤 순서로 영상을 만들지 스토리보드를 작성해 보아요. • 역할을 분담한다. – 장면별로 역할을 나누어요. 첫 번째 장면에 나올 그림은 누가 그려줄까요? 이 장면의 소품은 누가 준비해 줄까요? • 우리반 소개 영상을 제작한다. **〈영상 제작 방법〉** 1) 각 장면별로 필요한 그림을 그린다. 2) 애니메이티드 드로잉을 활용해 등장인물에 움직임을 부여한다. 3) 영상에 필요한 설명을 녹음한다. 4) 영상에 사용할 음악을 선정한다. 5) 캔바를 활용해 동영상을 합치고 자막을 넣어 편집한다.		

활동 구성	• 제작한 영상을 감상하며 이야기 나눈다. – 우리가 제작한 영상을 보니 어떤 생각이 드나요? – 다음에 영상을 만든다면 어떤 점을 바꿔보고 싶나요? – 우리가 제작한 영상을 누구에게 보여주고 싶나요?
	(3) 마무리 • 활동을 평가하고 마무리한다. – 어떤 도구를 활용하여 우리반 소개 영상을 만들었나요? – 친구와 함께 역할을 나누어서 만드니 어떤 점이 좋았나요?
평가	• 다양한 도구로 미디어 작품을 만들 수 있음을 아는가? • 창의적으로 미디어 작품을 만들 수 있는가? • 친구와 협력하는 태도를 가지는가?
확장활동	• 우리반 소개 노래 만들기 • 우리반 인터뷰 영상 촬영하기

출처 : 본 교재 저자 구성.

요약하면, 유아 디지털 리터러시 교육은 유아들이 윤리 의식을 갖고 디지털 미디어를 건강하고 안전하게, 비판적으로 사용하며, 디지털 미디어를 활용해 창의적으로 표현하고 학습하는 능력을 기르는 교육이라 할 수 있다. 다음의 경로를 통해 유아 미디어 리터러시 교육에 대한 보다 구체적인 정보를 얻을 수 있다.

한국언론진흥재단

3. 유아 디지털 시민성 교육 내용

유아를 위한 디지털 리터러시 교육은 유아의 디지털 미디어 활용 능력을 높이는 것뿐만 아니라, 유아들이 경험하는 디지털 미디어에 대해 함께 탐구하고 논의하며 디지털 시민으로 성장할 수 있도록 지원하는 것이 중요하다(교육부, 2022). 새로운 디지털 미디어 기반 세계에서 유아들은 성인들이 미처 인식하지 못하는 다양한 삶의 문제 직면해 있기 때문이다(금준경 외, 2020).

유아교육 현장에서는 누리과정과 연계하여 유아들을 위한 디지털 시민성 활동을 할 수 있는데, 특히 의사소통, 사회관계 영역에서의 디지털 시민성 교육이 강조된다(김양은 외, 2019). 〈표 4-9〉의 활동 내용과 더불어 〈표 4-10〉, 〈표 4-11〉에서 구체적인 예시를 살펴볼 수 있다.

〈표 4-9〉 2019 개정 누리과정과 디지털 시민성 연계

영 역	내용범주	내 용	디지털 시민성 연계 활동
신체운동·건강	안전하게 생활하기	일상에서 안전하게 놀이하고 생활한다.	〈디지털 세상에서 안전하게 생활하기〉 • 스마트 기기 이용 수칙 만들어 보기 • 오프라인-온라인의 차이와 공통점 이해하기 • 온라인에서 스스로를 보호할 수 있는 아이디, 비밀번호 만들기
		TV, 컴퓨터, 스마트폰 등을 올바르게 사용한다.	
의사소통	듣기와 말하기	말이나 이야기를 관심 있게 듣는다.	〈디지털 세상에서 듣기와 말하기〉 • 디지털 기기를 이용하여 다양한 의사소통을 하면서 일상생활 용어를 이해하고 이야기의 재미를 느끼고, 동시에 디지털 에티켓을 이해하기 • 조부모와 영상통화 중 이야기 듣고 이해하기 • 구연동화 콘텐츠를 부모와 함께 보기 • 교육방송 애니메이션을 친구들과 함께 보기 • 인터넷 영상통화 중 에티켓 지키기 • 점심시간에 일터에 있는 부모와 영상통화 하기 • 디지털 미디어를 통해서 다양한 낱말을 활용하여 일상생활에서 일어나는 일들을 말하고, 자신의 느낌과 생각을 문장으로 말하기
		자신의 경험, 느낌, 생각을 말한다.	
		상황에 적절한 단어를 사용하여 말한다.	
		상대방이 하는 이야기를 듣고 관련해서 말한다.	
		바른 태도로 듣고 말한다.	
		고운 말을 사용한다.	

	듣기와 말하기		• 오늘 경험한 이야기를 보호자와 함께 영상일기로 남기기 • 동생에게, 친구에게 새로 읽은 동화책이나 어제 본 애니메이션의 줄거리를 이야기하고 느낌을 나누는 동영상을 제작하기
의사소통	읽기와 쓰기에 관심 가지기	말과 글의 관계에 관심을 가진다.	〈디지털 세상에서 읽기와 쓰기에 관심 가지기〉 • 어린이 뉴스 읽기 • 부모, 조부모, 친구, 선생님 등에게 문자 메시지 보내기 • 유치원 홈페이지에 보호자랑 함께 댓글 쓰기
		주변의 상징, 글자 등의 읽기에 관심을 가진다.	
		자신의 생각을 글자와 비슷한 형태로 표현한다.	
	책과 이야기 즐기기	책에 관심을 가지고 상상하기를 즐긴다.	〈디지털 세상에서 책과 이야기 즐기기〉 • 어린이용 E-book 읽기 • 시민교육과 관련한 그림책을 읽고, 자신의 미래 모습 상상해 보기 • 디지털 시민교육과 관련된 그림책 읽기
		동화, 동시에서 말의 재미를 느낀다.	
		말놀이와 이야기 짓기를 즐긴다.	
사회관계	나를 알고 존중하기	나를 알고 소중히 여긴다.	〈디지털 세상에서 나를 알고 존중하기〉 • 나의 성격과 특징을 담아서 아이디, 아바타 등을 만들기 • 친구들의 아이디와 내 것을 비교하며 차이점을 알아보기
		나의 감정을 알고 상황에 맞게 표현한다.	
		내가 할 수 있는 것을 스스로 한다.	
	더불어 생활하기	가족의 의미를 알고 화목하게 지낸다.	〈디지털 세상에서 더불어 생활하기〉 • 가족 소개 SNS 만들기 • 가족 구성원들의 장점을 소개하기 • 다양한 가족을 보여주는 뉴스를 듣고 이야기하기 • 유치원 친구들에게 문자 메시지를 보내는 방법과 에티켓 이해하기
		친구와 서로 도우며 사이좋게 지낸다.	
		친구와의 갈등을 긍정적인 방법으로 해결한다.	
		서로 다른 감정, 생각, 행동을 존중한다.	
		친구와 어른께 예의 바르게 행동한다.	
		약속과 규칙의 필요성을 알고 지킨다.	

사회관계	사회에 관심 가지기	내가 살고 있는 곳에 대해 궁금한 것을 알아본다.	〈디지털로 구성된 사회에 관심 갖기〉 • 우리 주변의 주민센터 등 공공기관의 홈페이지 둘러보기 • 주거지에서 멀리 떨어진 지역의 무형문화재의 정보를 제공하는 사이트에 선생님과 함께 접속하기 • 주변에서 세계 다른 나라의 국기 사진을 찍어 와서 친구들과 이야기하기
		우리나라에 대해 자부심을 가진다.	
		다양한 문화에 관심을 가진다.	
예술경험	창의적으로 표현하기	노래를 즐겨 부른다.	〈디지털로 창의적으로 표현하기〉 • 스마트 기기로 가족의 모습 사진 찍기 • 자신의 일상이나, 감정 등을 사진이나 동영상으로 남기기 • 자신의 생각을 스마트 기기를 활용하여 표현하기 • 스마트 기기를 통해 소리와 리듬을 만들고, 기록 및 공유(발표)하기
		신체, 사물, 악기로 간단한 소리와 리듬을 만들어 본다.	
		신체나 도구를 활용하여 움직임과 춤으로 자유롭게 표현한다.	
		다양한 미술 재료와 도구로 자신의 생각과 느낌을 표현한다.	
		극놀이로 경험이나 이야기를 표현한다.	
	예술 감상하기	다양한 예술을 감상하며 상상하기를 즐긴다.	〈디지털 공간에서 예술 감상하기〉 • 온라인에 있는 다양한 예술문화 관련 홈페이지 방문하기 • 온라인으로 제공하는 예술문화 콘텐츠 감상하기 • 온라인으로 애니메이션 감상하기 • 온라인에서 관람한 예술문화 콘텐츠에 대한 감상평(격려 등) 남기기
		서로 다른 예술 표현을 존중한다.	
		우리나라 전통예술에 관심을 갖고 친숙해진다.	

출처 : 김양은 외(2019). 어린이집 · 유치원 교사가 알아야 할 디지털 시민성과 교육, pp. 21-23.

〈표 4-10〉 활동 예시 : 두근두근 첫 만남 스마트 세상과 인사해요

<table>
<tr><td colspan="2">누리과정 연계</td><td colspan="4">신체운동 · 건강 〉 안전하게 생활하기 〉 [디지털 세상에서 안전하게 생활하기]
의사소통 〉 듣기와 말하기 〉 [디지털 세상에서 듣기와 말하기]</td></tr>
<tr><td colspan="2">교육자료</td><td colspan="4">

</td></tr>
<tr><td colspan="2">책 내용</td><td colspan="4">주인공 온비가 스마트폰을 처음 만나게 되고, 스마트폰의 기능을 이해하게 되면서 스마트폰이 필요한 이유, 필요한 약속 등을 생각하는 내용을 담고 있다. 주인공 온비와 함께 스마트폰을 이용하기 위한 약속을 만들어 보는 활동을 담고 있다.</td></tr>
<tr><td colspan="2">키워드</td><td colspan="4">#과의존 #균형감 #디지털 문화소비 #건강과 복지 #스마트폰 사용수칙 #디지털 웰빙</td></tr>
<tr><td colspan="2">수업에 활용할 질문</td><td colspan="4">• 내가 다른 사람들에게 생각과 느낌을 교환하고 대화하는 이유는 무엇일까요?
• 인터넷이 발달하고 스마트폰을 누구나 가질 수 있게 되면서 소통의 방식은 어떻게 변화했나요?
• 나에게 스마트폰이 필요한 이유는 무엇인가요?
• 스마트폰을 건강하게 사용하기 위해서는 어떠한 규칙을 가지면 좋을까요?</td></tr>
<tr><td rowspan="3">디지털 시민 역량</td><td rowspan="2">역량 (대분류)</td><td>☑ 자기관리 역량</td><td>☐ 비판적 판단 역량</td><td>☐ 사회적 참여 역량</td><td>☐ 매체 활용 역량</td></tr>
<tr><td>☑ 나</td><td>☐우리</td><td>☐ 공동체</td><td>☐ 활용 역량</td></tr>
<tr><td>교육 영역 (중분류)</td><td>☑ 정체성
☑ (디지털) 웰빙
☐ 권리와 책임</td><td>☐ 소통과 관계
☐ 정보 리터러시</td><td>☐ 사회참여</td><td>☐ 매체 활용</td></tr>
<tr><td colspan="2" rowspan="2">수업의 흐름과 활동 안내</td><td colspan="4">(1) 도입
• 교사의 설명을 듣고 어떤 물건에 대한 설명인지 알아맞히기
• 스마트폰에 대한 경험 이야기 나누기
• 스마트폰을 줍게 된 주인공 온비의 모습 살펴보기</td></tr>
<tr><td colspan="4">(2) 전개
• 스마트폰으로 할 수 있는 일 알아보기
– 스마트폰으로 보고 싶은 친구와 통화를 한 온비의 마음 생각해 보기</td></tr>
</table>

<table>
<tr><td rowspan="2">수업의 흐름과 활동 안내</td><td>– 예시에 제시된 게임하기, 영상통화하기 이외에 스마트폰으로 할 수 있는 일들에 대해 내가 알고 있는 것 이야기하기
• 스마트폰으로 하고 싶은 일 생각해 보기
– 스마트폰으로 보고 싶은 만화 영화 제목, 듣고 싶은 노래 제목, 가보고 싶은 장소를 말풍선에 적기
– 스마트폰으로 할 수 있는 다양한 일들 중에서 내가 해보고 싶은 것 말해 보기
– 스마트폰으로 하고 싶은 일들을 했을 때 좋은 점 생각해 보기
• 스마트폰이 필요한 이유 쓰기
– 나에게 스마트폰이 생긴다면 가장 하고 싶은 일이 무엇인지 발표해 보기
– 나에게 스마트폰이 필요한 이유를 스마트폰으로 할 수 있는 일들과 관련지어 적기
• 스마트폰 사용 수칙 알아보기
– 스마트폰을 사용할 때 사용 수칙이 필요함을 알기
– 이야기 속 친구들의 모습이 왜 바르지 않은지 생각해 보기
– 스마트폰을 보며 길을 건너면 안 되는 이유 발표하기
– 스마트폰을 하다가 해야 할 일을 잊지 않으려면 어떻게 해야 하는지 발표하기
– 스마트폰을 바르게 사용하려면 어떻게 해야 하는지 이용 수칙 정해보기
• 스마트폰 꾸미기(교육자료에 포함)
– 나에게 스마트폰이 생긴다면 어떻게 꾸며보고 싶은지 이야기하기
– 앱 스티커를 활용하여 스마트폰 꾸미기
– 나에게 필요한 기능의 앱을 스마트폰 배경화면의 상자에 그리기</td></tr>
<tr><td>(3) 마무리
• 스마트폰 세상으로 떠나는 기차 타기
– 스마트폰 이용 수칙 다시 한번 생각해 보기
– 스마트 세상은 어떤 곳일지 이야기 나누기
• 활동 평가하기
– 활동에 대한 생각과 느낌 이야기 나누기</td></tr>
</table>

출처 : 김양은 외(2019). 어린이집 · 유치원 교사가 알아야 할 디지털 시민성과 교육, pp. 30-31 재구성.

〈표 4-11〉 활동 예시 : 우정가득 섬에 금이 갔어요

<table>
<tr><td colspan="2">누리과정 연계</td><td colspan="4">신체운동 · 건강 〉 안전하게 생활하기 〉 [디지털 세상에서 안전하게 생활하기]
사회관계 〉 더불어 생활하기 〉 [디지털 세상에서 더불어 생활하기]</td></tr>
<tr><td colspan="2">교육자료</td><td colspan="4">

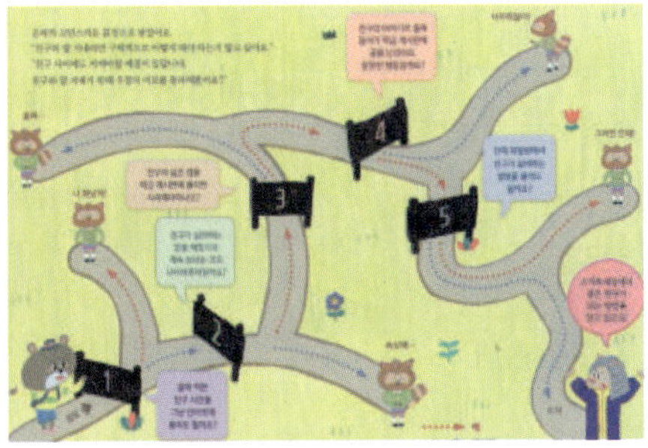</td></tr>
<tr><td colspan="2">책 내용</td><td colspan="4">주인공 온비가 우정가득 섬에 도착해서 '사이버폭력'으로 법정에 서게 되는 이야기를 담고 있다. 피해자의 입장에서 폭력을 생각해 보는 활동을 통해 친구 관계에 대해서 생각해 보는 활동을 담고 있다.</td></tr>
<tr><td colspan="2">키워드</td><td colspan="4">#사이버 따돌림 #대처능력 #사이버 불링 #존중 #배려 #동화</td></tr>
<tr><td colspan="2">수업에 활용할 질문</td><td colspan="4">• 따돌림을 당한 친구의 마음이 어땠을지 생각해 보았나요?
• 스마트 세상에서 친구들과 사이좋게 지내는 방법은 무엇일까요?
• 상처 주는 말을 하는 친구에게 어떤 말을 해줄 수 있을까요?</td></tr>
<tr><td rowspan="3">디지털 시민 역량</td><td rowspan="2">역량 (대분류)</td><td>☐ 자기관리 역량</td><td>☑ 비판적 판단 역량</td><td>☐ 사회적 참여 역량</td><td>☐ 매체 활용 역량</td></tr>
<tr><td>☐ 나</td><td>☑ 우리</td><td>☐ 공동체</td><td>☐ 활용 역량</td></tr>
<tr><td>교육 영역 (중분류)</td><td>☐ 정체성
☐ (디지털) 웰빙
☐ 권리와 책임</td><td>☑ 소통과 관계
☐ 정보 리터러시</td><td>☐ 사회참여</td><td>☐ 매체 활용</td></tr>
<tr><td colspan="2" rowspan="2">수업의 흐름과 활동 안내</td><td colspan="4">(1) 도입
• 친구에게 들으면 기분 좋은 말, 속상한 말 발표하기
• 우정가득 섬에 도착한 온비의 모습 살펴보기
• 우정가득 섬의 땅이 갈라진 이유에 대해 이야기 나누기</td></tr>
<tr><td colspan="4">(2) 전개
• 온비의 잘못 생각해 보기
– 온비가 지키지 않은 우정가득 섬의 법이 무엇인지 이야기 나누기
– 온비가 어떤 잘못을 했을지 추측해 보기
– 재판을 받게 된 온비의 모습 살펴보기
• 친구의 이야기 속에서 온비의 잘못 찾아보기
– 친구의 이야기를 읽고 떠오르는 생각 나누기</td></tr>
</table>

수업의 흐름과 활동 안내	– 온비의 잘못한 점이 무엇인지 생각하여 말하기 – 인터넷 세상에서 친구의 마음을 상하게 할 수 있는 말과 행동 생각해 보기 • 친구의 마음 읽어보기 – 이야기의 상황에서 친구가 어떤 마음이었을지 친구의 입장에서 생각해 보고 스티커 붙이기(교육자료에 포함) – 친구에 대해 나쁜 말을 하는 친구에게 어떤 말을 해줄 수 있는지 적어보기 • 우정의 미로 통과하기(교육자료에 포함) – 우정의 미로에 제시된 다양한 상황 살펴보기 – 우정의 미로를 통과하며 인터넷 세상에서 친구 사이에 지켜야 할 예절 알아보기 – 인터넷 세상에서 친구와 사이좋게 지내기 위해 내가 할 수 있는 일 생각하기 • 우정가득 섬 모형 만들기(교육자료에 포함) – 우정가득 섬 모형에 어울리는 내용을 쓰거나 그려서 모형 완성하기 – 우정가득 섬 모형을 교실에 전시하여 친구들과 공유하기
	(3) 마무리 • 우정가득 섬 떠나기 – 인터넷 세상에서 사이좋은 또래 관계를 위해 지켜야 하는 점 정리하기 • 활동 평가하기 – 우정가득 섬 여행에 대한 소감 나누기

출처 : 김양은 외(2019). 어린이집 · 유치원 교사가 알아야 할 디지털 시민성과 교육, pp. 42-43 재구성.

'디지털 윤리' 홈페이지에서 더 많은 유아 대상 디지털 교육프로그램 자료를 확인해 보세요.

디지털 리터러시 교육은 유아들이 디지털 세계에서 자신의 권리를 자각하고, 안전하고 즐겁게 생활하며, 적절한 보호 속에서 평등하게 학습할 권리를 누릴 수 있도록 역량을 기르는 교육이어야 한다. 이는 디지털과 비디지털, 즉 온오프라인 세계에서의 주요 교육적 가치가 동일하게 적용되어야 함을 의미하며(금준경 외, 2020), 단순히 디지털 미디어의 이해 및 활용 교육을 넘어, 사회적 소통과 참여, 발언을 할 수 있는 시민의 소양과 권리를 강조하는 디지털 시민성(UNESCO, 2016) 교육이 필요함을 의미한다. 따라서 디지털 사회에서 살아갈 수밖에 없는 유아들의 삶을 고려하여 디지털 미디어를 지양하는 교육 대신 적절하게 활용하는 교육을 적극적으로 실천해야 한다(이주호 외, 2021).

생각해 보기

유아를 위한 디지털 리터러시 교육이란 무엇이라고 생각하나요? 자유롭게 이야기해 보아요.

PART

2

인공지능과 유아교육

CHAPTER

05

인공지능의 개념과 역사

AI & Digital Education
for Early Childhood Teachers

CHAPTER

05 인공지능의 개념과 역사

1. 인공지능의 개념

1) 지 능

지능(Intelligence)은 인간의 지적 능력을 의미한다. 즉, 개인이 환경에 적응하고, 문제를 해결하며, 학습을 통해 지식을 습득하고, 이를 유연하게 적용하는 능력이다. 지능을 바라보는 관점은 전통적 관점과 현대적 관점이 매우 상이한데, 상세히 살펴보면 다음과 같다.

(1) 전통적 관점

전통적 관점에서의 지능은, 주로 논리적 · 수리적 문제해결능력과 언어적 이해력으로 측정되는 인지적 능력으로 정의되었다. 전통적으로 지능을 측정하기 위해 IQ(Intelligence Quotient) 테스트가 사용되는데, 언어나 문화적 차이가 큰 영향을 주며 언어능력이나 수리능력과 같은 지능의 일부만을 측정한다는 한계점을 지닌다.

전통적 관점에 기반한 IQ 테스트는 교육 분야에서 학생들을 능력에 따라 구분하거나 학업적 성취를 예측하는 도구로 자주 사용되었다. 그러나 이는 학습자 개개인의 잠재력이나 다양한 학습능력을 충분히 반영하지 못한다는 비판을 받아왔다. 특히 예술적 · 운동적 · 사회적 기술과 같은 다양한 능력들은 IQ 테스트에서 배제되기 때문에 전통적 지능 평가 방식만을 기준으로 한 교육은 학생들의 전인적 성장을 저해할 수 있다고 보았다.

(2) 현대적 관점

현대적 관점에서의 지능은, 전통적 관점에서의 논리 · 수학 · 언어적 능력을 넘어 더 폭넓고 다양한 능력으로 정의되는데, 이는 인간의 여러 측면을 포괄적으로 이해하려는 시도에서 비롯되었다. 현대적인 관점에서 지능을 주장한 학자들의 견해는 〈표 5-1〉과 같다.

〈표 5-1〉 현대적 관점의 지능

학 자	견 해
웩슬러 (Wechsler, 1939)	• 지능을 목적적으로 행동하고 합리적으로 사고하며, 환경을 효과적으로 다룰 수 있는 개인의 종합적 능력으로 정의 • IQ를 단순한 숫자가 아닌 다양한 지적능력을 평가하는 도구로 간주해야 한다고 주장하며, 웩슬러 지능검사(WAIS, WISC)를 개발
길포드 (Guilford, 1967/1988)	• 지능을 180개의 요인으로 구성된 다차원적 개념으로 제안 • 지능 구조 모델(Structure of Intellect)에서 내용(contents), 조작(operations), 산출(products) 세 가지 차원으로 구분 • 창의성과 문제해결능력의 중요성을 강조
스턴버그 (Sternberg, 1985)	• 삼원지능이론에서, 분석적(논리적 문제해결), 창의적(새로운 아이디어와 접근), 실천적(현실 세계에서의 적응과 활용) 지능으로 구분 • 학업적 성취뿐만 아니라 일상생활의 문제해결과 적응에 관련이 있음을 강조
가드너 (Gardner, 1983)	• 다중지능이론을 통해 지능을 8가지(언어적, 논리수학적, 공간적, 신체운동적, 음악적, 대인관계적, 자기성찰적, 자연친화적 지능)로 구분 • 인간의 능력이 매우 다양하다는 점을 강조

이와 같은 지능에 대한 현대적 관점은, 교육 분야에서 학습자 개개인의 다양한 능력을 인정하고, 그들의 지적 잠재력을 최대한 발휘할 수 있도록 돕는 맞춤형 교육의 필요성을 뒷받침한다. 이는 창의적 과제나 협력적인 문제해결 학습과 같은 교육 방식을 통해 실현될 수 있으며, 학생들이 미래의 다양한 도

전과 변화에 효과적으로 적응할 수 있는 기초를 제공한다. 또한 전통적인 IQ 테스트의 한계를 보완하고, 인간의 다양한 능력을 보다 폭넓게 평가할 수 있는 틀을 제공하였다.

특히 가드너의 다중지능이론은 학습자 개개인의 다양한 지능적 특성에 맞춘 맞춤형 교육의 필요성을 강조하는 근거로 사용되었다. 예를 들어, 언어적 지능이 뛰어난 학생은 글쓰기나 토론에서 우수한 성과를 보일 수 있고, 신체운동적 지능이 높은 학생은 체육이나 스포츠 분야에서 탁월한 능력을 발휘할 수 있다. 이러한 이론은 다양한 재능을 인정하고, 학생들이 자신의 강점을 발전시킬 수 있도록 격려하는 교육적 접근을 제시하였다.

[그림 5-1] 가드너의 다중지능[1)]

나의 다중지능을 검사해 보아요.

2) 인공지능

(1) 인공지능의 정의

인공지능은 인간이나 동물이 가진 자연지능(Natural Intelligence)과는 다른 지능이다. 보편적으로 사용되는 인공지능이란 용어는 인간의 지능적 기능을 모방하고 확장한 기계적 시스템을 의미하는데, 인간의 지능이 가지는 학습, 추론, 지각 등의 능력을 인공적으로 구현한 컴퓨터, 기계, 소프트웨어, 알고리즘 등이 이에 해당한다. 인공지능은 자연어 처리, 음성 인식, 로봇공학, 컴퓨터 비전, 문제해결, 학습 및 지식 획득 등 다양한 영역에 응용되고 있다. 인공지능과 자연지능의 차이점은 〈표 5-2〉와 같다.

〈표 5-2〉 인공지능과 자연지능의 차이

구 분	자연지능(Natural Intelligence)	인공지능(Artificial Intelligence)
개념	인간, 동물 등 생명체의 지능	인간이 설계한 기계적 지능
학습	경험을 통해 직관적 · 비형식적으로 학습	데이터를 기반으로 프로그래밍된 알고리즘을 통해 학습
문제해결	직관, 감정, 환경적 요인을 반영해 문제해결	데이터와 알고리즘을 기반으로 논리적 · 계산적으로 문제해결
적응력	환경 변화에 민감하고, 자율적으로 빠르게 적응	데이터와 알고리즘의 기반이 되는 패턴에 따라 적응 가능
창의성	창의적이고 감정적인 사고가 가능하며, 새로운 아이디어를 생성할 수 있음	데이터 내 패턴을 기반으로 하기에 완전한 창의성을 가진다고 보기 어려움
적용	다양한 상황에서 범용적으로 적용 가능	특정 목적에 맞춰 전문적으로 설계된 작업 수행
발달	진화와 경험을 통해 자연스럽게 발달	인간의 설계와 기술 발전에 따라 인위적으로 발달

이러한 특성에 의해 인공지능은 학자마다 다양하게 정의하고 있다. 인공지능의 정의를 살펴보면 〈표 5-3〉과 같다.

〈표 5-3〉 인공지능의 정의

학 자	정 의
매카시 (McCathy, 2004)	지능적인 기계, 특히 지능적인 컴퓨터 프로그램을 만드는 과학과 공학
마인저 (Mainzer, 2020)	복잡한 데이터를 처리하여 학습하고, 그 결과를 바탕으로 자율적인 결정을 내리는 기술
조시 (Joshi, 2020)	인간의 인지적 능력을 모방하여 다양한 작업을 자동으로 수행할 수 있는 시스템

학자들의 정의를 종합해 보면, 인공지능은 복잡한 데이터를 학습하고 처리하여 자율적으로 결정을 내리거나, 인간의 인지적 능력을 모방해 학습, 추론, 지각, 문제해결, 자연어 처리 등 다양한 작업을 수행할 수 있는 시스템을 개발하는 기술로 정의할 수 있다. 이와 같은 인공지능의 궁극적인 목적은 인간의 지능을 모방하거나 넘어선 시스템을 개발하여 복잡한 문제나 작업을 더욱 효율적이고 정확하게 수행하는 데 있다.

최근 인공지능은 딥러닝, 강화 학습, 자연어 처리 기술의 발전으로, 인간이 처리하기 어려운 대규모 데이터 분석, 자율주행, 의료 진단, 금융 거래, 가상 비서 등에서 실제로 활용되고 있다. 이러한 발전은 인공지능에 대한 가능성과 기대감을 더욱 높이고 있다.

(2) 인공지능의 능력

인공지능은 인간이 가진 주요 능력인 학습, 추론, 지각, 자연어 이해 능력을 구현한 시스템이다. 각각의 능력은 여러 인공지능 기술을 통해 실현되며, 이를 통해 인공지능은 인간과 유사한 방식으로 정보를 처리하고 대응할 수 있다.

① 학습(Learning)

학습능력은 새로운 정보를 받아들이고 내면화하는 능력을 의미한다. 인공지능은 경험을 통해 학습하는데, 일반적으로 기계학습(머신러닝, machine learning)을 통해 이루어진다. 기계학습에서는 대규모 데이터를 통해 패턴을 분석하고, 경험을 기반으로 예측 모델을 개선해 나가는 방식으로 작동한다. 이 과정은 지도 학습, 비지도 학습, 강화 학습 등의 형태로 구현되며, 딥러닝(Deep Learning) 기술을 통해 더욱 정교해졌다.

지도 학습(Supervised Learning), 비지도 학습(Unsupervised Learning), 강화 학습(Reinforcement Learning) 인공지능을 학습시키는 기계학습의 방법으로, 6장 인공지능의 학습과 응용에서 확인 가능함

② 추론(Reasoning)

추론은 주어진 정보로부터 논리적으로 새로운 결론을 도출하는 능력이다. 인공지능은 규칙 기반 시스템 또는 기계학습 알고리즘을 통해 상황에 맞는 결정을 내린다. 예를 들어, 인공지능은 바둑이나 체스 게임에서 다음 수를 예측하거나 의료 진단에서 가능성 있는 질병을 추론하는 데 사용된다. 이처럼 인공지능의 판단은 복잡한 문제해결에 주요한 역할을 할 수 있다.

③ 지각(Perception)

지각능력은 감각 기관을 통해 외부 환경을 인식하는 인간의 능력을 모방하는 것이다. 인공지능의 지각능력은 주로 컴퓨터 비전과 음성 인식(Speech Recognition) 기술을 통해 구현된다. 이러한 기술을 통해 인공지능은 이미지, 영상, 음성 등 다양한 데이터를 분석하여 사물을 인식하고 반응할 수 있다. 주변 환경을 인식하여 안전하게 주행하는 자율주행 자동차와 사용자의 음성을 인식하여 명령을 수행하는 음성 비서가 그 예이다. 인간과 인공지능이 외부 환경을 인식하는 기관을 비교하면 [그림 5-2]와 같다.

컴퓨터 비전(Computer Vision) 인간의 비전 시스템을 모방한 기술로, 시각적 데이터(이미지, 비디오 등)를 수집 및 분석한 후 이에 대한 결정을 내리는 기술

[그림 5-2] 인간과 인공지능의 감각 기관

④ 자연어 이해(Understanding Natural Language) 능력

자연어(Natural Language)는 인간이 일상생활에서 의사소통을 위해 사용하는 언어로, 일상적으로 사용하는 직관적인 언어를 의미한다. 자연어 이해는 인공지능이 사람의 언어를 이해하고 의미를 해석하는 능력이다. 기존의 인공지능은 주로 기호나 상징, 코드만을 처리했으나, 자연어 처리(NLP : Natural Language Processing) 기술의 발전으로 텍스트와 음성을 인식하고 분석하는 능력이 크게 향상되었다. 이를 통해 인공지능은 텍스트 분석 음성 인식, 언어 생성 등을 수행하게 되었고, 챗GPT(ChatGPT)와 같은 생성형 인공지능은 사람과 자연스럽게 대화하는 능력을 갖추었다. 또한 인공지능이 생성하는 응답도 인간의 언어와 점차 유사해지고 있다.

(3) 인공지능의 활용

인공지능은 다양한 분야에서 혁신적 변화를 이끌고 있다. 각 분야에서 인공지능이 활용되는 예시는 다음과 같다.

- **교육** : 인공지능은 맞춤형 학습과 학생 성과 분석에서 큰 역할을 하고 있다. 인공지능은 학생의 학습 데이터를 분석하여 학습 스타일과 학습 속

도에 맞는 맞춤형 교육 콘텐츠를 제공한다. 또한 인공지능 기반 학습 보조 도구는 학생들의 학습 진행 상황을 실시간으로 추적하여 필요한 도움을 적시에 제공할 수 있다. 가상 교사와 같은 인공지능 시스템은 학생들에게 1대1로 개인화된 학습 경험을 제공하여 교사와 학생의 상호작용을 향상시키며, 자동 채점 시스템은 시험이나 과제의 점수를 빠르게 산출하여 교사의 부담을 줄이는 데 도움을 준다.

- **의료** : 인공지능은 의료 영상 분석을 통해 암이나 질병의 조기 발견을 돕고 신약 개발을 가속화한다. 또한 개인 맞춤형 건강 관리 서비스를 제공하며, 원격 의료에서도 인공지능이 환자의 상태를 실시간으로 모니터링하고 진단을 보조하는 역할을 한다.
- **금융** : 금융업에서는 인공지능이 리스크 관리, 사기 탐지, 고객 서비스 개선 등의 역할을 한다. 예를 들어, 은행에서는 인공지능을 활용하여 고객의 금융 행동을 분석하고 맞춤형 서비스를 제공하거나, 부정 거래를 실시간으로 탐지하는 데 활용된다. 알고리즘 거래는 인공지능을 이용하여 빠르고 정밀한 금융 거래를 실행하는 대표적 사례이다.
- **법률** : 인공지능 시스템은 대량의 법률 문서를 빠르게 분석하고, 중요한 정보를 추출해 변호사의 업무를 지원한다. 또한 법률 자문에서 챗봇을 활용해 간단한 법적 질문에 답변하는 시스템도 개발되었다.
- **서비스업** : 인공지능은 고객 서비스를 자동화하고 개인 맞춤형 응답을 제공한다. 또한 추천 시스템은 소비자 데이터를 분석해 맞춤형 제품 및 콘텐츠를 추천한다. 사용자 취향을 분석하고, 적합한 콘텐츠를 추천해 사용자의 경험을 개인화하는 시스템이 그 예이다.
- **자동차 및 물류 산업** : 인공지능은 차량이 주변 환경을 인식하고, 최적의 경로를 선택하며, 안전하게 운전할 수 있도록 돕는다. 스마트 물류 시스템에서는 인공지능이 재고를 관리하고 물류 경로를 최적화하여 효율성을 높인다. 대표적인 물류 기업인 아마존은 인공지능 기반 로봇을 활용

하여 물류 창고 작업을 자동화하고 있다.

- **농업** : 스마트 농업에서는 인공지능이 작물의 성장 상태를 모니터링하고, 데이터 분석을 통해 농작물 수확량을 최적화한다. 드론과 센서를 이용해 토양과 날씨 데이터를 실시간으로 분석하고, 최적의 농약 살포나 수확 시기를 결정할 수 있다. 이를 통해 농업 생산성을 향상시키고 비용을 절감할 수 있다.
- **제조업** : 제조업에서는 스마트 팩토리를 구현한 인공지능이 공정 자동화를 이끌고 있다. 로봇과 인공지능을 결합한 시스템은 예지적 유지보수를 통해 기계의 이상 징후를 사전에 파악하고, 생산라인의 효율을 극대화한다. 품질 검사에서는 제품 결함을 자동으로 감지하고 해결책을 제안하기도 한다.

스마트 그리드 시스템
기존의 전력망에 인공지능을 결합하여 전력의 생산, 전달, 소비를 효율적으로 관리하는 시스템

- **에너지산업** : 인공지능은 스마트 그리드 시스템에서 에너지 사용을 최적화하는 데 활용된다. 인공지능은 전력 소비 패턴을 분석하여 에너지 효율성을 높이고, 재생 에너지의 공급과 수요를 예측해 에너지 관리 시스템을 자동화한다. 또한 풍력 터빈 및 태양광 패널에서의 데이터 분석을 통해 발전 효율을 향상시키고, 유지보수 작업을 개선하는 데 사용된다.
- **엔터테인먼트 및 미디어산업** : 엔터테인먼트 산업에서는 인공지능이 콘텐츠 생성에 중요한 역할을 한다. 예를 들어, 영화나 광고 제작에서 스크립트 작성, 영상 편집, 효과 처리 등을 자동화하여 시간과 비용을 절감한다. 음악 분야에서도 인공지능은 새로운 곡을 작곡하거나 편곡을 지원하는 도구로 활용된다.

이처럼 인공지능은 다양한 분야에서 활용되며, 효율성 향상과 새로운 가치 창출에 크게 기여하고 있다. 인공지능은 현재의 혁신을 넘어 각 산업의 발전을 가속화하고, 더 나아가 획기적인 변화를 주도할 것으로 기대된다.

2. 인공지능의 종류

1) 약한 인공지능

약한 인공지능(Weak AI)은 한 가지 또는 특정 영역에 국한된 인공지능으로, 좁은 인공지능(NAI : Narrow Artificail Intelligence)이라고도 불린다. 특정 영역에서 인간 능력의 일부를 대체하거나 보완하는 수준이며, 일부 영역에서는 인간을 뛰어넘는 성과를 보이기도 한다. 현재 우리가 사용하는 대부분의 인공지능 기술은 약한 인공지능에 속한다. 체스 엔진 챔피언십에서 수십 번 넘게 우승을 차지한 스탁피쉬(Stockfish), 여러 프로 바둑기사에게 승리한 알파고(AlphaGo), 그 외에 음성 인식이나 텍스트 번역 등 특정 영역의 작업만을 수행하는 인공지능이 약한 인공지능의 예시이다. 유아교육기관에서 활용되는 약한 인공지능에는, 유아가 코딩한 경로를 따라가는 인공지능 로봇, 텍스트를 음성으로 변환하여 출력하는 인공지능 스피커, 식물 재배 환경을 자동으로 조절하는 인공지능 식물재배기 등이 있다. 이러한 인공지능은 특화된 작업을 매우 빠르고 효율적으로 처리하지만, 범용적인 사고나 학습능력은 지니고 있지 않다.

이처럼 약한 인공지능은 사람처럼 자율적으로 학습하거나 복잡한 결정을 내리지 못하며 프로그래밍된 방식대로만 특정 작업을 처리한다. 즉, 약한 인공지능은 지능적인 것처럼 보이지만, 주어진 데이터와 명령에 따라 작동하는 수준에 불과하다. 예를 들어, 인공지능이 체스나 바둑에서 승리할 수 있었던 것은 복잡한 패턴을 학습하고 계산하는 능력이 뛰어났을 뿐, 진정으로 이해하거나 전략적으로 사고한 것은 아니라는 것이다.

인공지능 로봇[2)]

인공지능 스피커[3)]

인공지능 식물재배기[4)]

[그림 5-3] 유아교육기관에서 활용되는 약한 인공지능 사례

2) 강한 인공지능

강한 인공지능(Strong AI)은 인간 수준의 능력을 가진 인공지능으로, 범용 인공지능(AGI : Artificial General Intelligence)이라고도 불린다. 스스로 학습하고 창의적 문제해결, 추론, 그리고 다양한 상황에서의 사회적 상호작용까지 가능하다. 강한 인공지능은 인간처럼 자율적인 의사결정을 내릴 수 있고, 자의식과 감정을 가질 수 있다고 이론적으로 가정된다. 20세기 공상과학소설이나 SF 영화 속의 휴머노이드 로봇들이 대표적인 예시이다.

아메카 동영상으로 만나기

[그림 5-4] 영국 로봇 기업인 Engineered Arts의 휴머노이드 로봇 아메카(Ameca)[5)]
: 가장 인간 같은 로봇이라 불리는 아메카는 사람과 비슷한 표정을 짓거나 제스처를 할 수 있다.

그러나 강한 인공지능의 개발은 현재까지도 과학적 · 기술적 한계가 뚜렷하며, 실현 가능성 역시 불확실하다. 연구자들은 인지적 복잡성과 감정 같은 인간적 특성을 인공지능이 어떻게 구현할 수 있을지에 대해 많은 논쟁을 벌이고 있다. 신경과학적 모델을 기초로 한 접근이 연구되고 있으나, 자의식이나 진정한 창의성을 가진 인공지능을 만드는 것은 여전히 먼 미래의 일로 보인다.

또한 강한 인공지능이 실제로 구현될 경우 윤리적 문제도 중요한 논의가 된다. 강한 인공지능이 인간의 삶에 미치는 영향을 통제할 수 있을지에 대한 우려와 함께, 인공지능의 권리, 책임에 대한 논의도 진행되고 있다. 인간을 넘어서는 지능을 가진 인공지능이 사회적 · 경제적 질서를 어떻게 바꿀지에 대한 심각한 우려가 제기되고 있으며, 윤리적 · 법적 프레임 워크가 필요하다는 목소리 또한 커지고 있다.

3. 인공지능의 역사

1956년, 인공지능이라는 용어의 등장과 함께 인공지능의 역사가 시작되었다. 인공지능이 늘 긍정적인 방향의 발전만을 거듭해 온 것은 아니다. 인공지능은 부흥과 쇠퇴를 거듭하며, 지금까지 3번의 부흥기와 2번의 정체기를 지나왔다.

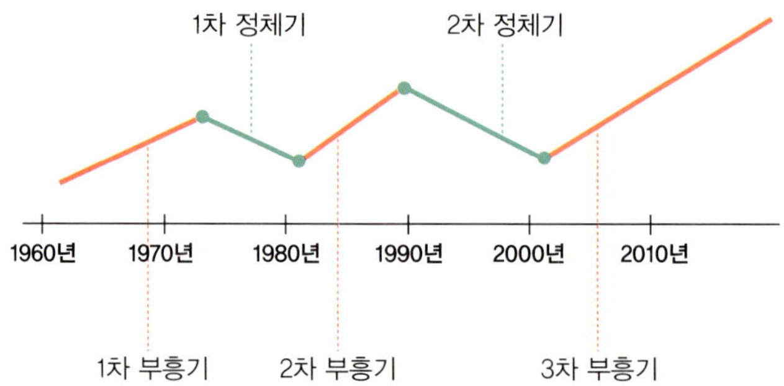

[그림 5-5] 인공지능의 역사

1) 1차 부흥기

인공지능이라는 용어는, 1956년 미국 다트머스 대학교에서 열린 국제학술대회인 다트머스 회의(Dartmouth Workshop)에서 최초로 언급되었다. 이 회의에서 최초로 인공지능의 정의와 목표, 방법론 등이 논의되었으며, 이후 인공지능에 대한 연구와 관심이 증대되었다.

1966년에는 조셉 와이젠바움(Joseph Weizenbaum)이 개발한 컴퓨터 프로그램인 일라이자(ELIZA)가 발표되었다. 일라이자는 심리치료 상담을 모방한 대화형 챗봇으로, 사람이 하는 말을 그대로 반복하는 단순 알고리즘에 기반했다. 하지만 사용자는 일라이자와 상호작용하면서 실제 사람과 대화하는 것처럼 느끼며 감정적 반응을 보였고, 이 현상은 일라이자 효과로 불렸다.

일라이자 효과(Eliza Effect)
사람들이 컴퓨터 프로그램이나 인공지능을 의인화하는 현상

1970년대에는 인공지능이 산업 환경에 상용화되기 시작하여, 우체국의 우편 정렬 시스템이나 음성 인식 시스템 등에 활용되기 시작하였다. 전문가 시스템(expert systems)과 같은 지식 기반 시스템도 개발되어, 특정 분야에서 인간 전문가의 역할을 대체하거나 지원할 수 있을 것으로 기대되었다. 인공지능 연구는 패턴 인식, 자연어 처리, 로봇 과학 등 다양한 분야로 확장되었으며, 이 시기는 인공지능에 대한 낙관적인 기대감이 컸던 시기였다.

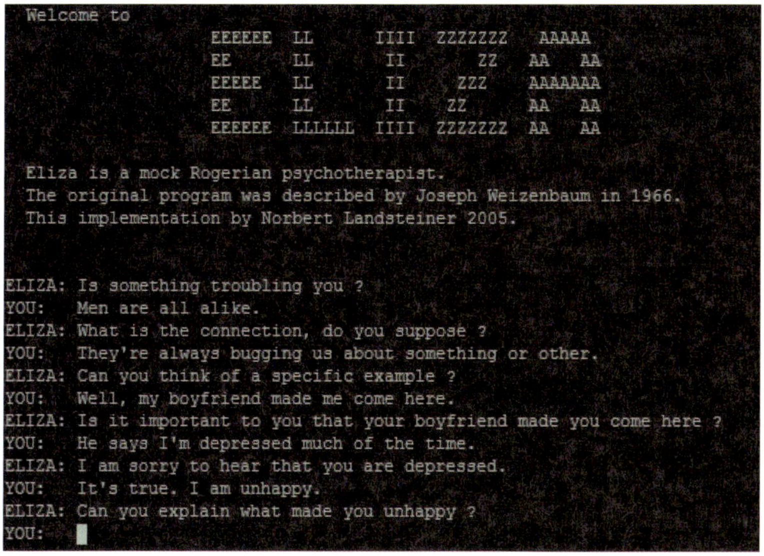

[그림 5-6] 초기의 챗봇 – 일라이자

2) 1차 정체기

1차 정체기는 '인공지능의 암흑기'로 불린다. 1970년대 후반부터 1980년대 초반까지 지속된 인공지능 연구의 침체기였다. 초기 인공지능의 규칙 기반 시스템과 추론 시스템이 현실의 복잡한 문제를 해결하는 데 한계를 드러내며, 대중의 기대에 부응하지 못했다. 기계 번역, 음성 인식, 컴퓨터 비전 등의 분야에서 기대한 성과가 나오지 않았고, 당시 하드웨어의 제한으로 인해 인공지능 연구는 실질적 성과를 내기 어려웠다. 이로 인해 인공지능 연구에 대한 대중적 기대가 감소했고, 기업과 정부 기관은 자금 지원을 축소하거나 중단하기 시작했다.

또한 1970년 마빈 민스키(Marvin Minsky)와 시모어 페퍼트(Seymour Papert)는 퍼셉트론의 한계를 지적한 저서 『퍼셉트론(Perceptron, 1970)』을 발표하며, 신경망 연구는 큰 침체를 겪게 되었다. 이는 인공지능 연구에 있어 중요한 전

퍼셉트론(Perceptron)
인공신경망의 한 모형. 입력 데이터를 2개의 부류 중 하나로 분류하는 분류기(classifier). 예 데이터가 입력되었을 때 0 또는 1, 참 또는 거짓 등으로 분류하는 알고리즘

환점이 되었고, 신경망의 한계는 새로운 기술 발전을 필요로 하였다. 이와 같은 기술적 어려움으로 인해 많은 연구자들이 인공지능 연구를 포기하거나 축소하게 되었고, 인공지능의 발전은 한동안 정체기에 머물렀다.

3) 2차 부흥기

2차 부흥기는 1980년대 초반에 찾아왔다. 1차 정체기 동안에도 인공지능 개발을 멈추지 않은 연구자들은, 1972년에 '전문가 시스템(expert system)'을 발전시켜 인공지능이 복잡한 문제해결능력을 갖추도록 하였다. 전문가 시스템은 특정 분야의 전문가가 수행하는 고도의 업무를 지원하기 위한 컴퓨터 응용프로그램으로, 전문가의 지식과 전문가에 의한 정의된 추론 규칙을 활용하여 누구나 쉽게 전문가의 도움을 받을 수 있도록 특정 분야에 특화된 시스템을 의미한다(표준국어대사전, 2024). 즉, 전문가의 지식과 노하우(know-how)를 구조화하여, 일반 사용자도 전문가와 유사한 수준의 판단을 할 수 있도록 돕는 시스템이다. 이러한 전문가 시스템의 발전은 인공지능이 논리와 규칙 기

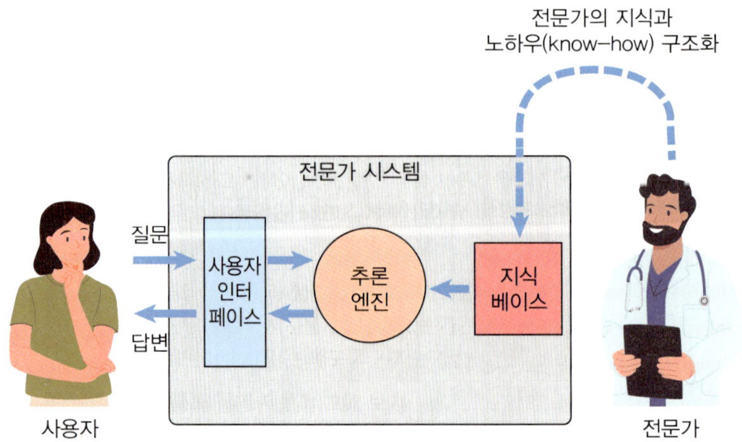

[그림 5-7] 전문가 시스템

반의 시스템에서 패턴 인식과 학습 알고리즘을 사용하는 시스템으로 전환되는 중요한 계기가 되었다.

이후 컴퓨터 기술의 발전과 새로운 인공지능 알고리즘 등장, 그리고 인공지능에 대한 새로운 관심이 증가하면서 인공지능 연구는 다시 부흥기를 맞이한다. 특히 인공신경망 연구가 다시 주목받기 시작하였고, 이는 딥러닝 기술의 토대를 마련하였다. 딥러닝의 개념은 1980년대에 등장했지만, 본격적인 발전과 실질적인 응용은 2010년대에 그래픽 처리 장치(GPU : Graphic Processing Unit)와 빅데이터의 발전을 기반으로 이루어졌다. 딥러닝의 출현은 이미지 인식, 음성 인식 등 다양한 분야에서 인공지능의 실질적 활용을 가능하게 하였다.

인공신경망(Artificial Neural Networks)
인간의 뉴런(Neuron) 동작 원리에 기초해 인공적으로 구축한 신경망

신경망
인간의 두뇌, 즉 뉴런 구조를 기반으로 데이터를 처리하도록 컴퓨터 시스템을 학습시키는 방식

딥러닝(Deep Learning)
여러 구조의 신경망인 다층 신경망(심층 신경망)을 사용하는 기계학습 방법

1997년에는 IBM의 슈퍼 컴퓨터 딥블루(Deep Blue)가 세계 체스 챔피언 가리 카스파로프(Garry Kasparov)에게 승리하면서 전 세계를 주목시켰다. 이는 인공지능이 사람과 대등하게 경쟁할 수 있음을 상징적으로 보여준 사건으로, 인공지능의 가능성을 대중에게 다시 알리는 계기가 되었다.

또한 2차 부흥기에는 인터넷과 인공지능이 결합되면서 검색 엔진의 발전을 이끌었다. 복잡한 패턴 인식과 데이터 마이닝 알고리즘을 통해 웹을 정렬하고 사용자에게 최적화된 정보를 제공하였다. 이 시기에 구글(Google), 페이스북(Facebook), 아마존(Amazon) 등 인공지능을 기반으로 성장한 기업들이 등장하였으며, 이들 기업은 인공지능을 다양한 산업에 적용하기 시작했다. 이러한 기업들은 주로 2000년대 이후 본격적으로 성장했으며, 인공지능은 자동차와 의료, 금융 등 여러 분야에서 일상생활과 산업 전반에 걸쳐 중요한 역할을 하게 되었다.

데이터 마이닝(Data mining)
대규모로 저장된 데이터 안에서 체계적이고 자동적으로 통계적 규칙이나 패턴을 분석하여 가치 있는 정보를 추출하는 과정

4) 2차 정체기

1980년대 후반, 전문가 시스템의 한계가 드러나면서 인공지능 연구는 2차

정체기를 맞게 된다. 1980년대 초반에 인공지능은 전문가 시스템의 상용화를 통해 큰 주목을 받았으나, 시간이 지나면서 유지 관리 비용이 많이 들고 특정 분야에만 특화된 시스템이라는 한계가 명확해졌다. 특히 변화하는 상황에 맞춰 규칙을 업데이트하는 어려움과 복잡한 문제해결에 한계를 드러내면서 산업과 연구자들의 실망을 초래했다.

또한 당대의 하드웨어 성능이 인공지능이 필요로 하는 연산 능력을 충분히 제공하지 못한 점도 큰 문제였다. 인공지능은 더 많은 데이터를 기반으로 복잡한 연산을 처리해야 하지만, 당시의 컴퓨팅 성능과 데이터 접근성은 매우 제한적이었다. 이러한 기술적 한계로, 기계학습이나 신경망 연구는 이론적으로는 가능했으나 실질적인 적용은 불가능했다. 이로 인해 정부 기관과 기업들이 인공지능 연구에 대한 자금 지원을 축소하면서 인공지능 연구는 다시 침체기에 빠졌다.

인공지능은 상용화의 실패와 함께 주류 연구에서 벗어나게 되었고, 많은 연구자들은 컴퓨터 과학의 다른 분야로 전환하였다. 그러나 일부 연구자들은 신경망과 기계학습 연구를 계속 이어갔고, 이 시기의 연구는 이후 2000년대 후반의 딥러닝 발전에 기여하게 된다. 2차 정체기는 인공지능 연구의 긴 정체기였으나, 이 시기의 인공지능은 더욱 실용적이고 현실적인 문제해결에 중점을 두어 향후 재도약을 준비하는 중요한 시기를 보냈다.

5) 3차 부흥기, 그리고 현재

2000년대에 들어서면서 컴퓨터 하드웨어의 성능이 급격히 발전하였고, '정보화 혁명'을 통해 수많은 데이터가 축적되면서 인공지능 연구는 황금기를 맞이하였다. 인터넷으로 수집되는 데이터의 양이 급증하면서 다양한 인공지능의 알고리즘을 훈련시키고 학습시키는 데 활용되었고, 인공지능의 무한한 발전 가능성을 보여주었다. 특히 2006년에 제프리 힌튼(Geoffrey Hinton)과 그의 팀이 심층 신경망을 훈련시키는 역전파 알고리즘(backpropagation)을 개선하면서 딥러닝이 다시 주목받게 되었는데, 이는 인공지능 기술의 발전을 가속화시켰다.

딥러닝의 기술 발전과 함께 인공지능은 점점 더 실용화되기 시작하였으며, 현재의 인공지능 혁신의 시대를 맞이하게 되었다. 음성 인식, 이미지 인식, 자연어 처리 등이 용이해지면서 일상생활과 산업에 광범위하게 적용되었다. 특히 2차 부흥기에 등장한 구글, 애플, 아마존 등의 기업은 소비자용 제품에 인공지능을 도입하여 인공지능의 대중화에 기여하였으며, 현재 자동차산업과 의료, 금융 등의 분야에서 중요한 역할을 하고 있다.

인공지능의 발전을 이끈 기술 중 하나는 자연어 처리 기술로, 이를 활용한 인공지능이 바로 챗GPT와 같은 생성형 인공지능이다. OpenAI는 2018년에 GPT-1을 발표한 이래로, 자연어 처리 능력이 발전된 형태의 GPT-2(2019년), GPT-3(2020년), GPT-4(2023년)를 발표하였다. GPT-4는 텍스트와 이미지를 동시에 처리할 수 있는 멀티모달 기능을 갖추고 있으며, 더 빠른 응답 시간과 다양한 언어에 대한 향상된 성능을 제공한다. 이와 같은 자연어 처리 기능의 발전은 구글의 제미나이(Gemini), 마이크로소프트의 코파일럿(Copilot), 뤼튼(Wrtn), 퍼플렉시티(Perplexity) 등 다양한 생성형 인공지능의 개발을 촉진하였다. 더불어 번역, 프롬프트를 활용한 이미지 생성과 음악 창작 등 여러 분야의 인공지능 프로그램 활성화에도 자연어 처리 기술이 크게 기여하고 있다. 이러한 발전은 인공지능이 다양한 산업과 일상에서 널리 활용되는 기반을 마련하여 기술의 혁신을 이끌고 있다.

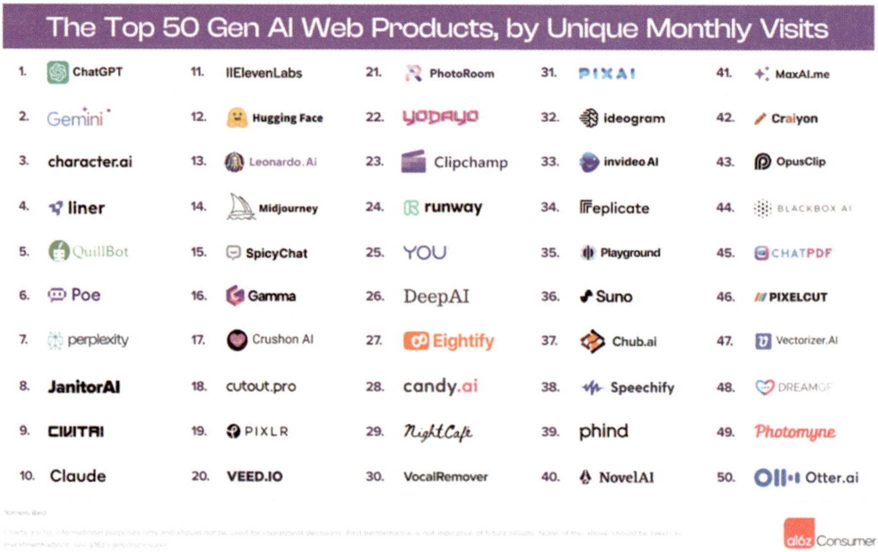

[그림 5-8] 2024년 8월 기준, 인공지능 프로그램 Top 50[6)]

인공지능은 지속적으로 발전하고 있다. 3차 정체기가 또다시 찾아올 수 있다는 일부 전문가들의 우려도 있지만, 대부분은 무궁무진한 발전 가능성을 예측하고 있다. 급속도로 발전하는 인공지능에 대한 우려의 목소리가 나오고 있는 가운데, 2023년 3월, 테슬라(Tesla)의 최고경영자인 일론 머스크(Elon Musk)를 포함한 첨단 기술 기업 최고경영자와 연구자들은 인공지능이 초래할 위험성을 지적하며, 챗GPT 등의 첨단 인공지능 개발을 6개월 동안 중지하라는 공개 서한을 발표하기도 하였다. 그럼에도 인공지능 기술은 계속 발전되고 있다. 2024년 9월 12일에는 추론능력을 갖춘 챗GPT(오픈 AI o1)가 출시되었으며, 강한 인공지능을 향한 기대도 커지고 있다. 우리의 상상이나 영화 속에서만 존재하던 인간 수준의 인공지능을 만나게 될 날이 점점 다가오고 있다.

6) 튜링 테스트

인공지능이라는 용어는 1956년 다트머스 회의에서 처음으로 사용되었지만, 인공지능을 최초로 제안한 사람은 영국의 수학자이자 암호학자, 논리학자, 컴퓨터 과학자인 앨런 튜링(Alan Turing)이다. 앨런 튜링은 1950년에 발표한 논문 「계산 기계와 지능(Computing Machinery and Intelligence)(Alan Turing, 1950)」을 통해 '튜링 테스트'를 제안하였다. 튜링 테스트는 "기계가 생각할 수 있을까?(Can machines think?)"라는 질문에서 시작된다. 앨런 튜링은 '생각'이라는 개념이 명확히 정의되기 어려운 점을 인정하고 질문을 다음처럼 수정하였다. "기계가 지능을 측정하는 테스트를 통과할 수 있을까?"

튜링 테스트는 이를 검증하기 위한 실험으로, 사람이 인공지능과 대화를 하는 과정에서 대화 상대가 사람인지 기계인지 구분할 수 있는지를 평가하는 것이다. 만일 대화 상대가 사람인지 기계인지 구분할 수 없다면, 해당 기계는 튜링 테스트를 통과하였다고 할 수 있다. 이는 기계가 인간과 유사한 언어

[그림 5-9] 튜링 테스트(그림 : 챗GPT)

능력과 사고력을 보여주었음을 의미하며, 튜링은 기계가 인간처럼 대화할 수 있다면 그것은 기계가 지능적이라고 평가될 수 있다고 주장하였다.

튜링 테스트를 통과하기 위해 기계는 표면적인 질문에만 응답하는 것이 아니라, 질문에 숨어 있는 의미를 이해하고 인간적인 정서나 감정을 흉내 낼 수 있어야 한다. 예를 들어, 너무 복잡한 문제를 풀지 못하는 모습을 보이기도 하고 인간적인 실수를 흉내 낼 수 있어야 한다. 또한 인간이 느끼는 심미적 감정까지도 모방해야 한다. 즉, 튜링 테스트는 기계가 단순한 논리적 사고를 넘어 인간처럼 행동하고 감정을 흉내 내는 능력을 평가하는 기준이라 할 수 있다.

튜링 테스트는 인공지능의 발전에 중요한 철학적 기초를 제공하였으며, 오늘날까지도 인공지능이 진정한 지능을 갖추었는지 평가하는 중요한 개념으로 사용되고 있다. 하지만 현대 인공지능 기술이 발전함에 따라 튜링 테스트의 한계도 지적되었다. 예를 들어, 일부 인공지능은 튜링 테스트를 통과할 만큼 정교한 언어능력을 가질 수 있지만, 실제로 이해나 자율적 사고 능력 없이 단순히 규칙과 데이터를 기반으로 한 응답을 제공할 수 있다. 따라서 튜링 테스트는 인공지능의 지능을 평가하는 초기 기준으로 여겨지지만, 오늘날에는 더 복합적인 평가 기준이 필요하다는 논의가 이어지고 있다.

생각해 보기

미래의 인공지능은 어떤 모습일까요? 어떤 기능을 갖추고 있을까요? 인공지능의 발전과 함께 변화한 우리의 미래는 어떤 모습일까요?

참고 URL

1) 다중지능이론. https://multiiq.com/miq/info.php?info=4/

2) 인공지능 로봇 - 오조봇. https://www.askedtech.com/product/499417/

3) 인공지능 스피커 - 클로바 램프. https://clova.ai/m/products/clova_lamp/

4) 인공지능 식물재배기 - 웰스. http://www.kywells.com/

5) Engineered Arts. https://engineeredarts.co.uk/

6) The Top 50 Gen AI Web Products. https://a16z.com/100-gen-ai-apps/

CHAPTER

06

인공지능의 학습과 응용

1. 기계학습
2. 기계학습의 응용

AI & Digital Education
for Early Childhood Teachers

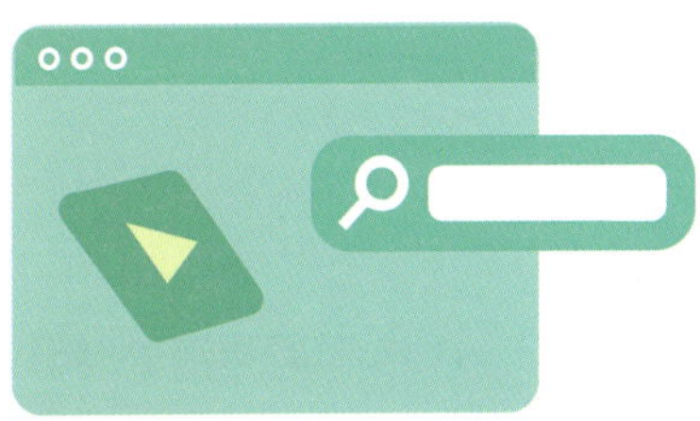

CHAPTER 06

인공지능의 학습과 응용

1. 기계학습

사용하고 있는 인공지능이 있나요? 예 시리(Siri), 챗GPT(ChatGPT)
왜, 무엇을 위해 인공지능을 사용하고 있나요?

1) 기계학습의 개념

기계학습은 컴퓨터 시스템이 프로그래밍 되지 않은 상태에서도, 데이터를 학습하여 스스로 결정을 내리거나 예측할 수 있도록 하는 기술이다. 머신러닝이라고도 불리는 기계학습은, 다양한 수학적 모델을 사용하여 데이터를 분석하고, 패턴을 인식하며, 이를 기반으로 예측을 수행한다. 기계학습은 1950년대부터 도입되었으나, 1990년대 이후 알고리즘의 발전과 컴퓨터의 처리능력, 특히 빅데이터와 그래픽 처리 장치(GPU) 기술의 발전으로 급속히 성장해 왔다.

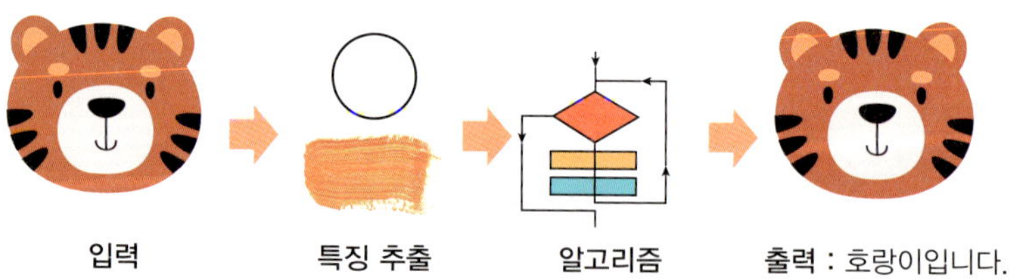

[그림 6-1] 기계학습

기계학습의 핵심 요소는 데이터와 알고리즘이다.

(1) 데이터

데이터(data)는 컴퓨터 시스템이 모델을 학습하는 데 필요한 기본 재료이다. 컴퓨터 시스템은 데이터를 통해 패턴을 학습하고, 이를 바탕으로 예측하거나 결정을 내리게 된다. 데이터는 이미지, 텍스트, 숫자, 오디오 신호, 센서 데이터 등 다양한 형태를 가질 수 있으며, 데이터의 양과 질은 모델의 성능에 큰 영향을 미친다.

(2) 알고리즘

알고리즘(algorithm)은 컴퓨터 시스템이 데이터에서 패턴을 학습하고, 이를 바탕으로 결정이나 예측하는 방법을 의미한다. 즉, 알고리즘은 데이터에서 유의미한 정보를 추출하고, 그 정보를 기반으로 문제를 해결하는 규칙과 절차를 제공한다.

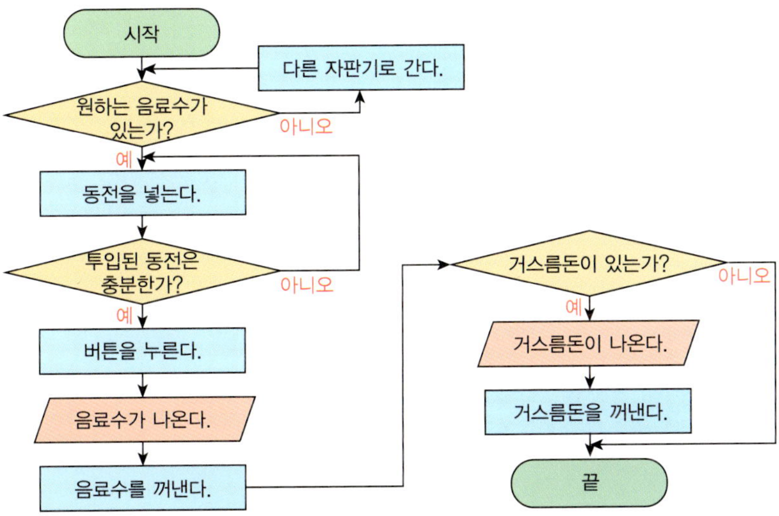

[그림 6-2] 일상 속 알고리즘의 예시

알고리즘은 상황이나 문제의 특성에 따라 다양하게 설계되어 적용된다. 알고리즘의 이해를 돕기 위한 사례는 다음과 같다.

- **추천 알고리즘** : 사용자의 과거 행동 데이터를 분석해 선호도를 예측하고 적합한 콘텐츠를 제공하는 알고리즘이다. 시청 기록과 같은 데이터를 기반으로 동영상을 추천하는 것이다. 예를 들면, 친구가 좋아하는 선물을 고를 때 평소 선호하는 것들을 참고하는 것과 유사하다.
- **검색 알고리즘** : 방대한 데이터에서 특정 정보를 빠르고 정확하게 찾아내는 알고리즘으로, 검색창에 단어를 입력하면 가장 관련성 높은 결과를 보여주는 것이다. 예를 들면, 도서관에서 책 제목이나 키워드를 이용해 원하는 책을 빠르게 찾는 과정과 비슷하다.
- **경로 탐색 알고리즘** : 최적의 이동 경로나 효율적인 자원 배치를 결정하는 데 사용되는 알고리즘으로, 사용자의 현재 위치에서 목적지까지 가장 빠른 경로를 계산하여 추천하는 지도 앱이 대표적인 사례이다. 매일 이용하는 도로가 공사 중일 때, 신호등이 적은 도로를 선택하거나 넓은 도로를 우선적으로 떠올려 대체 경로를 이용하는 것과 유사하다.
- **금융 사기 탐지 알고리즘** : 금융 거래 데이터를 실시간으로 분석해 사기 가능성을 탐지하는 알고리즘으로, 금융기관에서 의심스러운 거래 패턴을 발견하면 고객에게 확인 전화를 하는 것이다. 일상적 예시로는, 가게 주인이 평소와 다른 구매 패턴을 보이는 손님을 주의 깊게 관찰하는 것이 해당한다.

더 알아보기 : 요리에 비유한 기계학습

데이터	알고리즘	모 델
요리 재료	요리 레시피	요리
신선한 재료가 있어야 좋은 요리를 만들 수 있음	재료를 어떻게 조합하고 처리할지에 대한 방법론. 같은 재료라도 레시피에 따라 결과가 달라질 수 있음	재료와 레시피를 사용해 완성된 요리
과일, 채소, 고기 → 숫자, 텍스트, 이미지 등의 데이터	• 어떤 요리를 만들지 결정 → 분류(지도 학습) • 조리 시간 예측 → 회귀(지도 학습) • 재료를 그룹화하여 요리 아이디어를 떠올리기 → 비지도 학습 • 새로운 요리법을 시도하면서 맛을 본 뒤 피드백을 통해 맛을 최적화하는 것 → 강화 학습	완성된 요리 → 학습된 선형회귀 모델, 신경망 모델 등

2) 기계학습의 방법

기계학습의 방법인 알고리즘은 크게 지도 학습, 비지도 학습, 강화 학습으로 분류된다. 각 학습 방법은 서로 다른 방식으로 모델을 학습시키므로, 문제의 유형과 데이터의 특성에 따라 선택할 수 있다. 각 학습 방법에 대해 세부적으로 살펴보면 다음과 같다.

(1) 지도 학습

지도 학습(supervised learning)은 알고리즘이 주어진 입력 데이터(input)에 대해 예상되는 출력(output)을 예측하도록 학습하는 방법이다. 학습을 위한 데이터는 입력 변수와 해당 입력에 대한 정답인 레이블(label)로 구성된다. 모델은 주어진 데이터를 학습하여 입력과 출력 간의 패턴을 이해하고, 새로운 입력에 대한 예측을 수행할 수 있다. 예를 들어, 유아에게 과일을 보여주며 "이것은 사과야. 이건 바나나야."라고 가르치는 과정과 유사하다. 유아는 학습한 후 사과와 바나나를 구별할 수 있게 된다. 이때 학습의 주체인 유아는 모델에 해당하며, 사과와 바나나라는 명칭이 레이블에 해당한다.

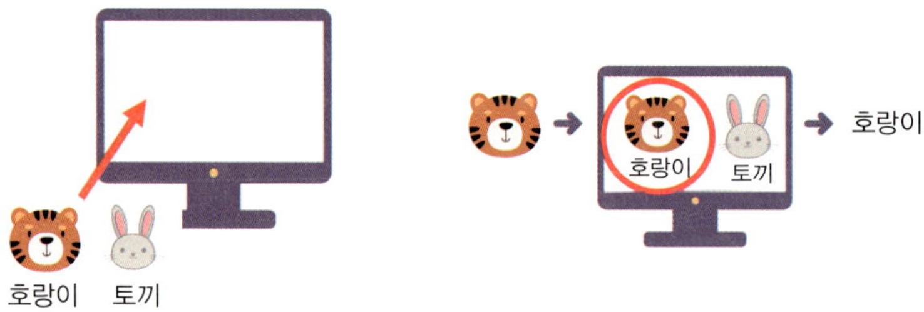

[그림 6-3] 지도 학습

[그림 6-3]에서 호랑이 그림은 입력 데이터(input)에 해당하며, '호랑이'라는 명칭은 해당 그림에 대한 정답 레이블(label)이다. 즉, 지도 학습은 각 입력 데이터에 대해 미리 정의된 정답을 알고 있는 상태에서 학습하는 방법이다. 이 과정을 통해 모델은 다양한 입력 데이터에 대한 정답을 학습하고, 새로운 데이터에 대해서도 올바른 예측을 할 수 있게 된다.

지도 학습의 원리를 간접적으로 체험할 수 있는 예로 아키네이터(Akinator)가 있다. 아키네이터는 스무고개와 같은 유사한 방식으로, 여러 질문을 통해 사용자가 생각하는 인물을 맞추는 게임이다. 사용자의 답변에 따라 질문을 좁혀가며 답을 도출하는데, 이 과정에서 사용자는 데이터(사용자의 답변)와 모델(질문을 통해 추론하는 방식) 간의 상호작용을 체험할 수 있다.

[그림 6-4] 아키네이터

아키네이터

지도 학습을 경험할 수 있는 또 다른 예로 티처블 머신(Teachable Machine)이 있다. 티처블 머신은 구글에서 제공하는 웹 기반의 교육용 도구로, 사용자가 간단한 웹 인터페이스를 통해 기계학습 모델을 쉽게 학습시키고 테스트해 볼 수 있다. 사용자는 이미지, 소리, 포즈 등 다양한 데이터를 직접 업로드하고, 해당 데이터를 학습시키는 과정을 통해 모델을 생성할 수 있다. 티처블 머신은 특별한 코딩 지식 없이도 지도 학습의 기본 원리를 이해하고 경험할 수 있다. 사용자가 데이터를 레이블과 함께 제공하면, 이를 바탕으로 모델이 패턴을 학습하여 새로운 데이터에 대해 예측을 수행한다. 예를 들어, 고양이와 개의 이미지를 각각 레이블링하여 모델을 학습시킨 후, 새로운 동물 이미지를 업로드하면 이 모델이 해당 이미지가 고양이인지 개인지 예측할 수 있다.

더 알아보기 : 티처블 머신을 활용하여 춘식이 정체성 찾기

여러분은 춘식이를 아나요? 춘식이는 카카오에서 만든 라이언이 키우는 '고양이' 캐릭터입니다. 하지만 춘식이는 강아지나 곰으로 종종 오해를 받습니다. 우리는 티처블 머신을 이용해 '강아지'와 '고양이'를 학습시켜 춘식이의 정체성을 찾아주려 합니다.

1) 춘식이의 정체성을 찾기 위해 가장 중요한 건 무엇일까요?
2) 어떻게 해야 출력값의 고양이 비율이 높아질까요?

티처블 머신

[그림 6-5] 티처블 머신

(2) 비지도 학습

비지도 학습(unsupervised learning)은 정답이 없는, 즉 레이블이 없는 입력 데이터를 분석해 유용한 구조나 패턴을 찾아내도록 학습하는 방법이다. 학습을 위한 데이터는 입력 변수들로만 구성되며, 해당 입력에 대한 정답은 제공되지 않는다. 유아가 동물 그림카드를 보고 동물의 이름(레이블, 정답)을 잘 모르는 상태에서 포유류와 어류, 조류로 그룹화하는 과정이 비지도 학습의 예시에 해당한다. 이 과정에서 유아는 그림을 관찰하여 다리 유무나 날개 유무와 같은 유사한 특징을 기준으로 그룹화한다. 이와 같은 과정은 레이블 없이 데이터를 분류하고 구조나 패턴을 파악하는 비지도 학습의 핵심과 유사하다.

[그림 6-6] 비지도 학습

[그림 6-6]에서 호랑이 그림과 토끼 그림은 모두 입력 데이터(input)에 해당하지만, 각 그림에 대한 정답인 '호랑이', '토끼'는 없다. 비지도 학습은 데이터들 사이의 유사성을 기반으로 그룹을 형성하거나, 차원을 축소하여 데이터의 숨겨진 구조를 시각화할 수 있다. 이러한 과정을 통해 모델은 데이터의 숨겨진 패턴이나 그룹을 이해하고, 새로운 데이터를 유사한 특성을 가진 그룹으로 분류할 수 있게 된다.

(3) 강화 학습

강화 학습(reinforcement learning)은 알고리즘이 주어진 환경에서 다양한 행동을 시도하고, 그 결과로 얻는 보상을 통해 성능을 점진적으로 향상시키는 방법이다. 학습 데이터는 환경과의 상호작용에서 얻는 상태(state), 행동(action), 그리고 행동에 대한 결과로 주어지는 보상(reward)으로 구성된다. 학습 과정에서 알고리즘은 주체(에이전트, agent) 역할을 하며, 행동을 수행한 뒤 환경으로부터 "잘했는지", "잘못했는지"에 대한 피드백(보상)을 받는다. 이러한 과정을 반복하면서 주체는 어떤 행동이 가장 좋은 결과(최대의 보상)를 가져오는지 배우게 되며, 최적의 행동을 결정하는 정책(policy)을 학습하게 된다.

OTT 서비스(Over-The-Top media service)
인터넷을 통해 방송 프로그램, 영화, 교육 등 각종 미디어 콘텐츠를 제공하는 서비스

강화 학습의 예시로는 OTT 서비스의 추천 시스템이 있다. 사용자가 추천 콘텐츠에 대해 '좋아요'를 제공하면 보상으로 간주하여 유사한 콘텐츠를 재추천한다. 반대로 '싫어요'를 누르면 벌점으로 간주하여 다른 콘텐츠를 추천하도록 학습한다. 이를 통해 OTT 서비스는 사용자의 기호에 맞는 콘텐츠를 추천할 수 있게 된다.

[그림 6-7] 강화 학습

강화 학습에서 알고리즘의 성능을 향상시키는 방법은 자가 학습(self-play learning)과 시행착오 학습(trial and error learning)으로 구분된다. 자가 학습은 주체가 스스로 시뮬레이션을 반복하면서 전략을 개선하는 방법으로, 다양한 시나리오를 경험하며 최적의 정책을 찾아내는 방법이다. 대표적인 사례는 체스와 바둑 인공지능으로, 주체가 스스로 체스나 바둑을 두며 약점을 파악하고 강력한 전략을 개발하는 것이다. 예를 들어, 유아가 혼자 퍼즐을 맞추며 여러 번 시도 끝에 점점 더 빠르고 정확하게 완성하게 되는 과정과 유사하다. 이처럼 스스로 반복적으로 연습하면서 문제를 해결하는 능력을 키우는 것이 자가 학습의 핵심이다.

시행착오 학습은 잘못된 행동에 대한 결과를 통해 학습하여, 어떤 상황에서 어떤 행동을 해야 가장 큰 보상을 얻을 수 있는지를 배우는 방법이다. 대표적인 사례는 게임 AI로, 특정 게임에서 잘못된 선택으로 게임 오버가 되더라도 반복적으로 시도하여 더 나은 방법을 학습한다. 예를 들어, 유아가 자전거를 배울 때 처음에는 균형을 잃고 넘어지지만, 반복적인 시도를 통해 점차 안정적으로 탈 수 있게 되는 과정과 비슷하다. 실패와 성공의 피드백을 통해 올바른 행동을 학습하는 것이 시행착오 학습의 핵심이다.

강화 학습은 자율주행, 게임, 로봇 제어 등 다양한 응용 분야에서 활용되고 있으며, 주체가 주어진 환경에서 스스로 행동 전략을 학습하게 한다는 점에서 큰 잠재력을 가지고 있다.

더 알아보기 : 알고리즘의 종류

지도 학습, 비지도 학습, 강화 학습의 대표적인 알고리즘은 다음과 같다.

〈지도 학습 알고리즘〉

대표적인 지도 학습의 알고리즘으로는 분류(classification)와 회귀(regression)가 있다. 분류와 회귀 알고리즘에 대해 구체적으로 살펴보면 다음과 같다.

- **분류(classification)**

주어진 데이터를 특정 범주나 그룹으로 나누는 문제를 해결하는 알고리즘이다. 주로 이산적인 값(0과 1, 특정 카테고리 등)을 예측하는 데 사용된다. 이메일이 스팸인지 아닌지를 분류하는 스팸 필터, 사진 속 인물이 누구인지 식별하는 얼굴 인식 시스템, 의료 진단 시스템 등에 활용된다.

- **분류 알고리즘의 예시**

– 로지스틱 회귀(logistic regression) : 이진 분류 문제에서 주로 사용되는 알고리즘으로, 출력값이 특정 클래스에 속할 확률을 예측한다. 예를 들어, 고객이 특정 상품을 구매할 확률을 예측하는 데 사용할 수 있다.

- 의사결정나무(decision tree) : 데이터를 분할하여 각 분할된 노드에 따라 의사결정을 내려 최종적으로 분류를 수행한다. 이해와 시각화가 용이하여 설명 가능한 모델로 많이 사용된다.

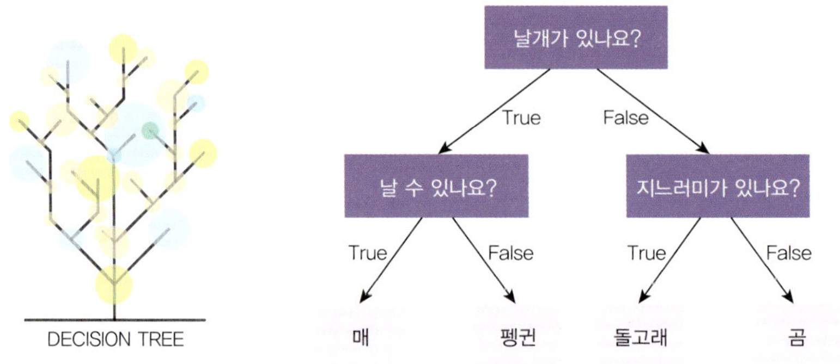

[그림 6-8] 의사결정나무

- 신경망(neural networks) : 인간의 뇌를 모방한 구조로, 여러 계층의 뉴런이 상호 연결되어 데이터의 복잡한 패턴을 학습한다. 딥러닝의 기초가 되는 모델로, 이미지 인식, 음성 인식 등 복잡한 분류 문제에 많이 사용된다.

• **회귀(regression)**

연속적인 수치값을 예측하는 문제를 해결하는 알고리즘이다. 데이터를 기반으로 변수 간의 관계를 학습하여 결과를 숫자 형태로 예측한다. 집값 예측, 주식 가격 예측, 특정 날의 기온 예측 등에 활용된다.

• **회귀 알고리즘의 예시**

- 선형 회귀(linear regression) : 입력 변수와 출력 변수 간의 선형 관계를 모델링하여 예측하는 방법이다. 예를 들어, 공부 시간과 시험 성적 간의 관계를 분석하는 데 사용할 수 있다.
- 다항 회귀(polynomial regression) : 데이터의 패턴이 선형이 아닌 경우, 다항식 형태로 관계를 모델링하여 예측하는 방법이다. 선형 회귀보다 유연하게 복잡한 데이터의 패턴을 표현할 수 있다.
- 릿지 회귀(ridge regression)와 라쏘 회귀(lasso regression) : 선형 회귀 모델에 규제를 추가하여 과적합을 방지하는 방법이다. 데이터가 많거나, 변수의 수가 많을 때 모델의 복잡도를 조절하여 일반화 성능을 높이는 데 유용하다.

〈비지도 학습 알고리즘〉

비지도 학습의 알고리즘으로는 군집화(clustering)가 있다. 군집화는 데이터 내에서 유사한 특성을 가진 데이터들을 그룹으로 묶는 방법으로, 각 그룹을 군집(cluster)이라고 한다. 군집 내의 데이터들은 서로 유사하지만, 다른 군집의 데이터와는 다른 특성을 지닌다. 군집화 알고리즘의 대표적인 예시는 다음과 같다.

• **K-평균 군집화**(K-means clustering)

가장 널리 사용되는 군집화 알고리즘 중 하나로, 데이터를 미리 정의된 K개의 군집으로 나누는 방법이다. 각 데이터 포인트는 가장 가까운 군집 중심에 할당되며, 반복적인 재배치를 통해 군집의 중심점(centroid)이 최적화될 때까지 학습이 진행된다. 예를 들어, 마케팅에서 고객들을 구매 패턴에 따라 K개의 그룹으로 나누는 데 사용할 수 있다.

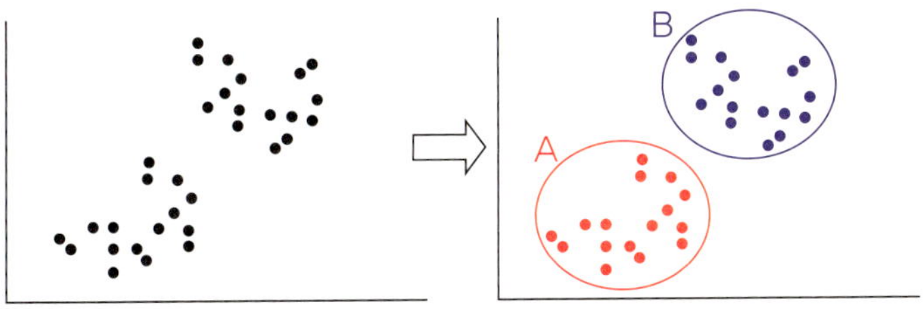

[그림 6-9] K-평균 군집화

• **계층적 군집화**(hierarchical clustering)

데이터를 트리 구조로 계층적으로 군집화하는 방법이다. 이 알고리즘은 데이터 포인트를 하나의 군집으로 간주한 후, 가장 가까운 군집끼리 병합해 가며 큰 군집을 형성하거나, 반대로 전체 데이터를 하나의 군집으로 묶은 후 점차 분리하는 방식으로 동작한다. 예를 들어, 생물학에서 유전자나 생물 종의 계통을 분석할 때 활용된다.

• **밀도 기반 군집화 알고리즘**(DBSCAN : Density-Based Spatial Clustering of Applications with Noise)

데이터의 밀도가 높은 지역을 군집으로 형성하고, 밀도가 낮은 지역에 위치한 데이터 포인트는 이상치로 간주하는 방법이다. 이 방법은 군집의 형태가 복잡하고 밀도가 일정하지 않은 경우에도 잘 작동한다. 예를 들어, 지리적 데이터에서 서로 가까운 위치의 데이터를 군집화하여 지역사회 패턴을 분석할 수 있다.

이상치(outlier)
다른 자료와는 극단적으로 다른 값

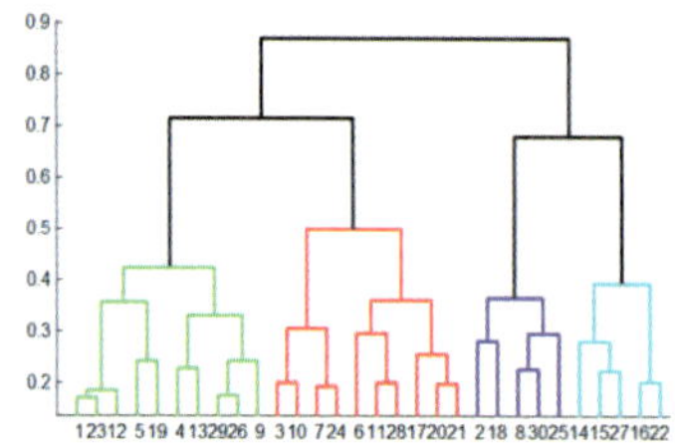

[그림 6-10] 계층적 군집화

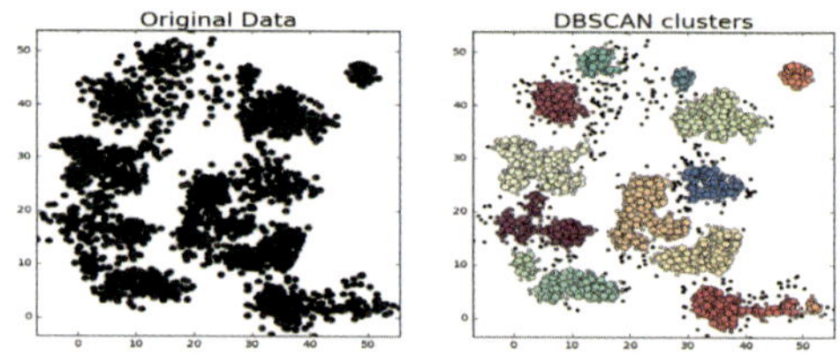

[그림 6-11] DBSCAN

〈강화 학습 알고리즘〉

• Q-러닝(Q-Learning)

주체가 최적의 행동을 학습하기 위해 행동과 보상을 테이블 형식(Q-테이블)으로 저장하고 업데이트하는 방식이다. 특정 상태(행)에서 행동(열)을 취했을 때 기대되는 보상(Q값)을 저장하며, 반복 학습을 통해 Q-테이블을 업데이트하고 각 상태에서 최적의 행동을 선택할 수 있게 된다. 게임 AI나 에너지 관리 시스템 등에 활용된다.

• SARSA(State-Action-Reward-State-Action)

현재 상태와 행동, 다음 상태와 행동을 모두 고려하여 보상(Q값)을 업데이트하는 방식이다. 즉, 현재 정책에 따라 행동을 선택하면서 새로운 정책을 학습하는 것으로, Q-러닝보다 보수적인 업데이트를 통해 안정적인 결과를 제공한다. SARSA는 실제로 선택된 행동의 결과를 학습하는 데 초점을 두어, 재난 로봇 경로 학습, 로봇 청소기 등에 활용된다.

• **정책 그라디언트**(policy gradient)

정책 자체를 직접 학습하는 방법으로, 여기에서의 정책은 주어진 상태에서 어떤 행동을 취할지를 결정하는 확률 분포를 의미한다. 즉, 보상(Q값)을 저장하지 않고 정책을 직접 최적화하며 각 행동의 확률을 학습한다. 자율주행, 로봇 제어, 드론 비행 최적화 등 복잡한 행동 학습에 주로 사용된다.

2. 기계학습의 응용

1) 딥러닝

(1) 딥러닝의 개념

딥러닝은 기계학습의 한 분야로, 인간의 뇌 구조를 모방한 인공신경망을 기반으로 데이터를 학습하는 방법이다. 딥러닝은 단순한 머신러닝의 알고리즘을 넘어 다층 구조의 신경망을 활용하여, 복잡한 데이터의 패턴과 특징을 효과적으로 학습할 수 있다. 이러한 신경망의 층(layer)은 입력층, 은닉층, 출력층으로 구성되며, 은닉층의 수가 많아질수록 '깊어진' 신경망 구조를 가지게 된다.

딥러닝은 특히 대규모 데이터세트와 높은 연산 능력이 필요하며, 이를 통해 이미지 인식, 음성 인식, 자연어 처리 등을 수행할 수 있다. 인간의 뇌가 시각 정보를 처리하고 학습하는 방식에서 영감을 받은 방법으로, 딥러닝 모델은 데이터를 입력받아 각 층을 거치면서 점점 더 추상적이고 고차원적인 특징을 학습하게 된다.

예를 들어, 이미지 분류 문제에서 입력층은 이미지를 픽셀 단위로 읽어들이는 역할을 한다. 은닉층은 이미지의 기본적인 윤곽이나 색상과 같은 저수준의 특징(low-level features)을 학습하고, 이후의 은닉층을 순차적으로 거치면서 점차 복잡한 형태나 객체의 패턴을 인식하게 된다. 즉, 은닉층이 많을수록(단층 신경망보다는 다층 신경망, 다층 신경망보다는 심층 신경망이) 이미지를 더 정확하고 세부적으로 분류할 수 있다.

입력층
신경망에 데이터를 전달하는 층

은닉층
입력층에서 전달된 데이터를 처리하고, 입력과 출력 간의 패턴과 관계를 학습하는 층

출력층
은닉층에서 처리된 결과를 바탕으로 최종 예측값이나 분류 결과를 출력하는 층

데이터세트(Dataset)
분석 또는 처리를 위해 함께 구성되고 저장된 데이터의 구조화된 모음. 데이터 집합

단층 신경망(Single Layer Neural Network)
입력층과 출력층 사이에 은닉층이 없거나 1개인 신경망

다층 신경망(Multi-Layer Neural Network)
입력층과 출력층 사이에 2개 이상의 은닉층이 포함된 구조

심층 신경망(DNN : Deep Neural Network)
일반적으로 은닉층이 10개 이상인 신경망을 지칭하며, 딥러닝에서 주로 사용되는 신경망. 복잡한 데이터 구조를 학습하고 이미지 인식이나 자연어 처리 등 고차원 문제에 효과적

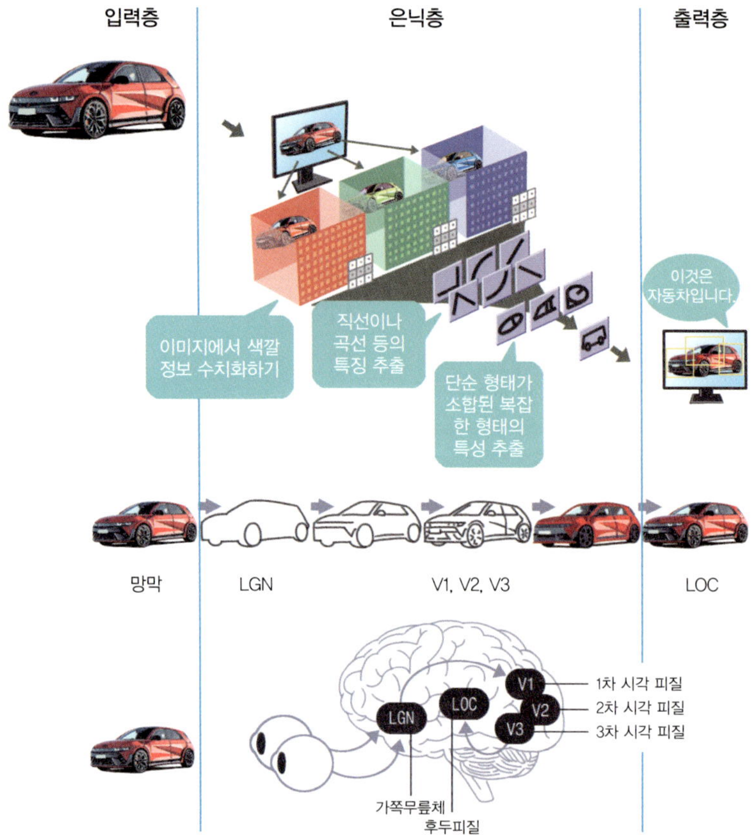

[그림 6-12] 인간의 뇌가 시각 정보를 처리하고 학습하는 방식과 딥러닝의 비교

딥러닝의 주요 장점은 다음과 같다.

- **복잡한 데이터 처리** : 여러 계층을 통해 데이터를 분석하고 유의미한 특징을 추출할 수 있어, 이미지, 음성, 텍스트와 같은 비정형 데이터를 효과적으로 처리할 수 있다. 이를 통해 복잡한 데이터 패턴을 인식하고 예측하는 데 뛰어난 성능을 발휘한다.
- **자동 특징 학습** : 전통적인 기계학습에서는 사람이 직접 특징(feature)을 설계해야 하지만, 딥러닝은 데이터를 통해 자동으로 유의미한 특징을 학습

할 수 있다. 이를 통해 사전 지식 없이도 복잡한 문제를 해결할 수 있으며, 사람이 발견하기 어려운 숨겨진 패턴도 학습할 수 있다.

- **높은 확장성** : 딥러닝은 대규모 데이터와 고성능 하드웨어(GPU 등)를 활용하여 모델 성능을 크게 향상시킬 수 있다. 많은 양의 데이터를 입력할수록 더 정확한 예측이 가능하며, 복잡한 문제에 대해서도 점진적으로 성능을 개선할 수 있다. 특히 심층 신경망을 활용하여 여러 계층의 모델을 구성함으로써 더 복잡하고 추상적인 개념도 학습할 수 있다.

(2) 딥러닝의 활용

딥러닝은 다양한 계층의 인공신경망을 통해 데이터를 학습하고, 이를 바탕으로 복잡한 문제를 해결하는 기술이다. 인간의 뇌가 여러 층의 신경 세포를 통해 정보를 처리하듯, 딥러닝도 여러 개의 신경망을 통해 데이터를 분석하고 예측할 수 있다. 이러한 딥러닝은 다양한 분야에서 혁신적인 성과를 보여주고 있으며, 그 대표적인 활용 사례는 다음과 같다.

① 이미지 인식

딥러닝은 이미지 인식 분야에서 뛰어난 성능을 발휘한다. 구글 포토와 같은 서비스는 딥러닝을 통해 사진 속 인물이나 사물, 배경을 자동으로 인식하고 분류한다. 사용자가 '강아지'를 검색하면, 사진 속에서 강아지가 포함된 이미지를 모두 찾아낼 수 있다. 이처럼 딥러닝은 수많은 이미지 데이터를 학습하여, 사물이나 인물을 정확하게 인식하고 구별하는 능력을 갖춘다. 또한 페이스북의 자동 태그 기능도 딥러닝을 활용하여 사진 속 인물의 얼굴을 인식하고, 친구의 이름을 추천하는 방식으로 작동한다.

② 로봇 청소기

로봇 청소기는 딥러닝을 이용하여 실내 환경을 학습하고 효율적인 청소 경로를 계획한다. 카메라와 센서를 통해 집안의 구조와 장애물 정보를 실시간으로 수집하고, 이 데이터를 딥러닝 알고리즘에 입력해 주변 환경을 인식하고 판단한다. 예를 들어, 바닥에 놓인 장난감을 감지하여 충돌 없이 피하거나, 방 구조를 학습해 효율적인 경로를 설정할 수 있다. 이 과정에서 딥러닝은 주변 환경 데이터를 빠르게 분석하고 최적의 경로를 선택하며, 장애물을 회피하는 능력을 갖추게 되어 더 효율적인 청소를 가능하게 한다.

③ 자율주행 자동차

자율주행 자동차는 딥러닝을 이용하여 도로 환경을 실시간으로 인식하고 판단한다. 테슬라의 자율주행 시스템은 카메라와 센서로 수집된 도로 상황 데이터를 딥러닝 알고리즘에 입력하여, 차량이 스스로 주행할 수 있도록 한다. 예를 들어, 신호등의 색상을 인식하여 정지하거나 출발하고, 보행자나 다른 차량의 위치를 파악하여 사고를 방지한다. 이 과정에서 딥러닝은 차량 주변의 수많은 데이터를 빠르게 분석하여, 안전한 경로를 선택할 수 있는 능력을 갖추게 된다.

[그림 6-13] 자율주행 자동차[1)]

④ 자연어 처리

딥러닝은 자연어 처리(NLP)에서도 큰 역할을 하고 있다. 자연어 처리란, 컴퓨터가 인간의 언어를 이해하고 처리할 수 있도록 하는 기술을 말한다. 구글 번역이나 애플의 시리(Siri)는 딥러닝을 통해 사용자의 음성을 인식하고, 이를 텍스트로 변환하거나 번역한다. 예를 들어, 사용자가 "내일 날씨 어때?"라고 물으면, 딥러닝 모델이 음성을 텍스트로 변환하고, 문장의 의미를 파악하여 날씨 정보를 제공할 수 있다. 이러한 기술은 챗봇, 자동 통역기, 텍스트 요약기 등 다양한 언어 처리 시스템에 활용되고 있다.

⑤ 의료 진단

딥러닝은 의료 분야에서도 활발히 활용되고 있다. 의료 영상 데이터를 분석하여 질병을 진단하거나 예측하는 데 사용된다. 예를 들어, IBM의 왓슨 헬스(Watson Health)는 딥러닝을 통해 방대한 의료 데이터를 학습하고, 암 환자의 치료 계획을 추천할 수 있다. 또한 구글 헬스는 유방암 조기 발견을 위해 딥러닝 모델을 사용하여, X-ray 이미지를 분석하고 작은 이상 징후를 찾아낼 수 있다. 이러한 기술은 의사의 진단을 보조하고, 보다 정밀한 의료 서비스를 제공하는 데 기여한다.

⑥ 추천 시스템

딥러닝은 사용자의 선호도를 파악하고, 맞춤형 추천을 제공하는 데 사용된다. 넷플릭스는 사용자가 이전에 시청한 영화나 드라마를 바탕으로 좋아할 만한 콘텐츠를 추천한다. 예를 들어, 사용자가 액션 영화를 많이 본 경우, 딥러닝 모델은 비슷한 장르의 영화를 추천 리스트에 포함시킨다. 아마존도 사용자의 구매 이력을 분석하여 관심 있을 만한 상품을 추천해 준다. 이처럼 딥러닝은 대량의 데이터를 기반으로 개인화된 추천을 제공하여 사용자 경험을 향상시키는 데 도움을 준다.

⑦ 농업 및 환경 보호

딥러닝은 농업과 환경 보호에도 활용된다. 드론에 장착된 딥러닝 모델은 농작물의 상태를 모니터링하고, 병해충을 감지하거나 작물의 성장을 예측할 수 있다. 예를 들어, 딥러닝을 통해 작물의 이미지를 분석하여 비료나 물이 필요한 부분을 찾아내고, 정밀 농업을 가능하게 한다. 또한 환경 보호를 위해 딥러닝을 활용하여 야생동물의 행동을 모니터링하고, 멸종 위기 동물의 보호 활동을 지원할 수 있다.

⑧ 예술 창작

딥러닝은 예술 분야에서도 새로운 가능성을 열어주고 있다. 먼저, 딥러닝 알고리즘을 사용하여 그림을 그리는 인공지능 시스템이 개발되었다. 예를 들어, 구글의 딥드림(DeepDream)은 기존의 이미지를 학습하여 새로운 예술적 스타일의 그림을 생성할 수 있다. 딥드림은 원본 이미지에서 패턴을 찾고 이를 변형하여 몽환적이고 독특한 예술 작품을 만들어 낸다. 이 외에도 이마젠(Imagen), 레오나르도 AI(Leonardo AI) 등 다양한 그림을 생성하는 시스템이 개발되어, 사용자가 입력한 텍스트나 이미지를 바탕으로 새로운 스타일의 그림을 생성한다.

또한 인공지능은 음악 창작에서도 두각을 드러내고 있다. 사운드 풀(Soundful), 사운드 드로우(SoundDraw)와 같은 인공지능 시스템은 사용자가 원하는 스타일의 음악을 작곡할 수 있다. 사용자는 장르, 분위기, 길이(시간) 등의 간단한 입력만으로 자신만의 음악을 생성할 수 있다. 수노(Suno)와 같은 플랫폼은 사용자가 입력한 가사를 바탕으로 새롭게 작곡한 멜로디와 결합하여 완전한 노래를 만들어 준다. 이는 특히 작사, 작곡에 어려움을 겪는 사람들에게 큰 도움이 되며, 음악 창작의 문턱을 낮추는 데 기여하고 있다.

[그림 6-14] 딥드림으로 그린 그림

이와 같이 다양한 분야에서의 딥러닝 적용 사례를 통해, 딥러닝이 실생활에서 어떻게 활용되고 있는지를 쉽게 이해할 수 있다. 각 사례는 딥러닝이 우리의 삶을 어떻게 변화시키고 있는지를 보여주며, 앞으로도 많은 분야에서 딥러닝이 중요한 역할을 할 것으로 기대된다.

2) 컴퓨터 비전

(1) 컴퓨터 비전의 개념

컴퓨터 비전(Computer Vision)은 컴퓨터가 이미지나 영상을 처리하고 이해하도록 하는 기술로, 사람이 시각적으로 인지하는 능력을 기계가 구현하는 것을 목표로 한다. 컴퓨터 비전은 대량의 이미지를 학습한 후 특정 작업을 수행하는 모델을 통해 인식 능력을 강화하게 되는 기술인데, 이를 통해 컴퓨터는 이미지의 패턴을 인식하고, 객체를 탐지하며, 장면을 해석할 수 있게 된다.

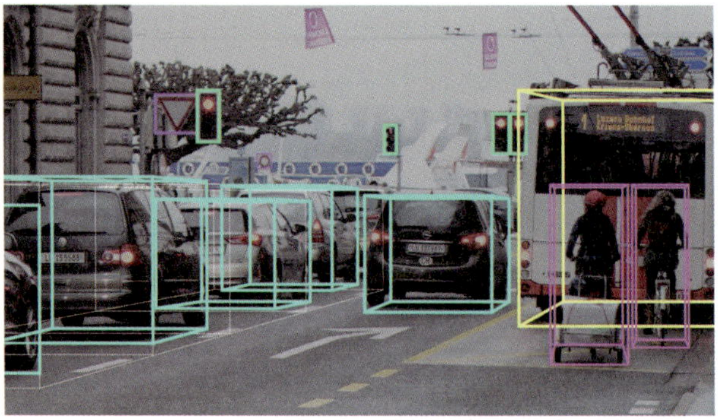

[그림 6-15] 컴퓨터 비전

컴퓨터 비전의 핵심 요소는 이미지 데이터와 모델이다. 구체적으로 살펴보면 다음과 같다.

① 이미지 데이터

컴퓨터 비전의 입력값은 이미지 데이터(image data)이다. 이미지 데이터는 정적 이미지, 동적 이미지, 동영상, 의료 영상(CT, MRI) 등 다양한 형태를 가질 수 있다. 데이터의 양과 질은 모델의 성능에 큰 영향을 미치게 되는데, 고품질의 이미지와 다양한 데이터세트를 학습하면 모델의 정확도를 높일 수 있다.

② 모델

컴퓨터 비전에서 모델(model)은 이미지 데이터로부터 유의미한 정보를 추출해 패턴을 학습하고 예측을 수행하는 역할을 한다. 다양한 알고리즘과 딥러닝 아키텍처가 사용되며, 상황에 맞는 모델을 선택해야 한다.

아키텍처(Architecture)
시스템이나 구조의 기본 설계와 구성 방식

- CNN(Convolutional Neural Network) : 이미지 데이터를 처리하는 데 널리 사용되는 딥러닝 모델로, 이미지의 특징을 계층적으로 학습한다.

- YOLO(You Only Look Once) : 실시간 객체 탐지 모델로, 고속으로 여러 객체를 동시에 인식할 수 있다.
- GAN(Generative Adversarial Networks) : 두 신경망이 경쟁하며 가짜 이미지를 생성해 내는 모델로, 이미지 생성과 데이터 증강에 활용된다.

(2) 컴퓨터 비전의 활용

컴퓨터 비전은 컴퓨터가 이미지 패턴 인식과 객체 탐지를 통해 장면을 해석하도록 하는 기술이다. 해당 기술은 여러 분야에서 널리 활용되고 있으며, 대표적인 활용 사례는 다음과 같다.

- **객체 탐지**(object detection) : 컴퓨터가 이미지나 영상에서 특정 객체를 탐지하고 인식하는 기술이다. 자율주행 자동차의 보행자 인식, CCTV 영상의 차량 탐지 등에서 활용된다.
- **얼굴 인식**(face recognition) : 사진이나 영상에서 인물의 얼굴을 인식하고 신원을 확인하는 기술이다. 보안 시스템, 스마트폰 잠금 해제, 출입 관리 등이 해당 기술을 적용한 예시이다.

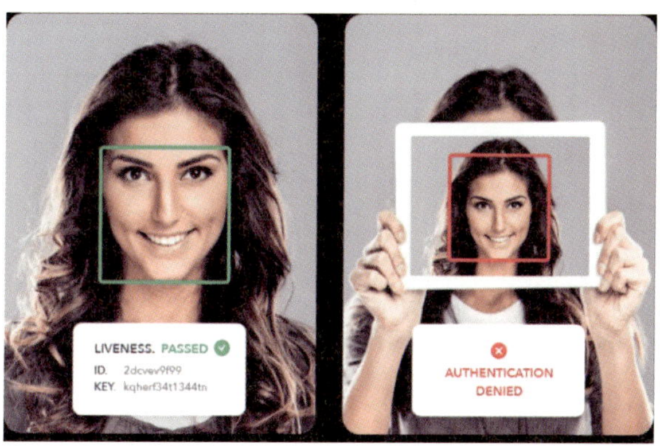

[그림 6-16] 얼굴 인식 시스템[2)]

- **의료 영상 분석(medical imaging)** : CT나 MRI와 같은 의료 영상을 분석해 질병을 진단하거나 치료 경과를 추적하는 데 사용된다. 암 탐지 및 뇌 질환 분석 등이 대표적 사례이다.
- **영상 분류(video classification)** : 동영상 콘텐츠를 분석해 카테고리를 분류하거나 이벤트를 탐지하는 데 사용된다. 예를 들어, 스포츠 경기의 주요 장면을 탐지하거나 CCTV에서 이상 행동을 감지하는 데 적용된다.

3) 자연어 처리

(1) 자연어

자연어(Natural Language)는 인간이 일상생활에서 의사소통을 위해 사용하는 언어로, 일상적으로 사용하는 직관적인 언어를 의미한다. 즉, 누군가 뚜렷한 목적을 갖고 만들어 낸 것이 아니라 여러 사람이 살아가는 과정에서 자연스럽게 만들어진 언어로, 특정한 목적을 위해 인위적으로 만든 인공언어(Artificial Language)와 상반되는 개념이다. 자연어와 인공언어의 차이점은 〈표 6-1〉과 같다.

〈표 6-1〉 자연어와 인공언어의 차이

구 분	자연어(NL)	인공언어(AL)
발전 과정	오랜 시간에 걸쳐 자연스럽게 진화	단기간에 특정 목적을 위해 설계
규칙	불규칙적, 예외가 많음	명확한 규칙, 예외가 적음
목적	일상적 의사소통	과학적 · 철학적 · 창작적 목적
유형	구어체, 문어체, 신조어 등	형식 언어, 계획 언어
사용 범위	일상과 사회 전반에 걸쳐 사용	특정 분야와 목적에 제한적 사용
표현의 유연성	높은 유연성 다양한 문맥과 표현 가능	유연성 낮음 명확한 구조와 표현 사용
예시	한국어, 영어, 스페인어, 은어, 신조어 등	파이썬, C언어, 에스페란토, 수학 공식 등

형식 언어(Formal Language)
수학적 · 논리적 표현을 위한 엄격한 규칙을 따르는 언어 예 프로그래밍 언어(파이썬, 자바 등), 수학 공식, 논리 표현식 등

계획 언어(Constructed Language, Conlang)
인간 간의 소통을 목적으로 인위적으로 만들어진 언어 예 에스페란토, 소설과 영화 속 언어 등

에스페란토(Esperanto)
전 세계에서 사용되는 국제 공용어를 목표로 설계된 계획 언어

자연어는 애매성(ambiguty)으로 인해 인공지능과 컴퓨터가 이해하기 어려운 특징을 지닌다. 이는 자연어의 고유한 특성에서 비롯되며, 애매성을 유발하는 주요 특성은 다음과 같다.

① 복잡성(complexity)

자연어는 문법적 구조와 표현이 다양하고 복잡하기에, 동일한 의미를 여러 가지 방식으로 전달할 수 있으며, 같은 문장이라도 다르게 해석될 가능성이 있다. 다음은 자연어의 유연성과 복잡성을 보여주는 예시이다.

- 주어와 서술어의 위치 변화 : "나는 유치원에 간다."/ "유치원에 나는 간다."
- 능동태와 수동태 사용 : "고양이가 물고기를 먹었다."/ "물고기가 고양이에게 먹혔다."
- 부정과 이중 부정 : "나는 밥 안 먹을 거야."/ "나는 절대 밥 안 먹을 거야."
- 존대와 비격식 표현 : "식사하셨어요?", "진지 잡수셨어요?"/ "밥 먹었어?"
- 감정 표현의 다양성 : "즐겁다."/ "하늘을 나는 기분이야."
- 다중 해석 가능성 : "저녁을 준비하다."에서의 저녁은 식사를 의미할 수도 있고, 저녁이라는 시간을 의미할 수도 있음

② 문맥 의존성(context dependence)

자연어는 같은 단어나 문장이 문맥에 따라 다른 의미로 해석될 수 있다. 예를 들어, "배"라는 단어는 탈 것을 의미할 수도 있고, 과일을 의미할 수도 있으며, 신체 기관을 의미할 수도 있다. 또한 "그거 가져와.", "저건 뭐야?"와 같은 지칭 대명사를 사용한 문장은 상황이나 장면을 알지 못하면 무엇을 지칭하는지 알 수 없다.

③ 비정형성(irregularity)

자연어는 개인의 말투나 사투리가 반영된 구어체부터 신조어나 은어, 그리고 문어체 등 다양한 방식으로 표현될 수 있다. 또한 규칙적인 단어 변화(예 play → played)와 불규칙적인 변화(예 go → went)가 혼재되어 있다. 이처럼 자연어는 정해진 패턴이 없는 비정형 데이터로 매우 다양하고 예측하기 어려운 특성을 지닌다.

(2) 자연어 처리의 개념

자연어 처리(NLP : Natural Language Processing)는 컴퓨터가 인간의 언어를 이해하고 해석하며 생성할 수 있도록 하는 기술을 의미한다. 텍스트나 음성 데이터를 분석해 인간의 언어로 대화하거나 명령을 수행하는 데 활용된다. 자연어 처리는 의미 분석, 감정 분석, 음성 인식 등 다양한 분야에 응용되며, 최근에는 딥러닝의 발전으로 성능이 크게 향상되었다. 초기의 자연어 처리 시스템은 언어학자들이 수작업으로 작성한 규칙(문법적인 구조, 언어적인 의미 등)에 의존하였지만, 딥러닝의 도입으로 복잡한 패턴을 스스로 학습할 수 있게 되어 자연어 처리의 효과성과 적용 범위가 확대되었다.

자연어 처리 시스템이 학습하는 주요 입력 데이터는 텍스트와 음성으로, 이메일, 채팅 기록, 문서, 기사 등 다양한 데이터를 활용하여 패턴을 학습한다. 이러한 입력 데이터의 품질과 양은 자연어 처리 시스템의 성능에 중요한 영향을 미친다. 또한 파이썬(Python), 자바(Java), R과 같은 프로그래밍 언어를 통해 더욱 효율적이고 편리하게 언어 처리와 분석을 수행할 수 있다.

(3) 자연어 처리의 활용

자연어 처리는 다양한 분야에서 활용되고 있으며, 인간과의 상호작용을 향상시키고 효율적인 언어 처리 솔루션을 제공한다.

① 음성 인식(speech recognition)

컴퓨터가 음성 데이터를 텍스트로 변환하는 기술이다. 음성 비서(예 시리, 구글 어시스턴트), 콜 센터 자동화 시스템, 클로바노트(Clova note)와 같은 프로그램에서 활용된다.

② 기계 번역(machine translation)

한 언어를 다른 언어로 번역하는 기술이다. 다양한 번역 프로그램(예 구글, 파파고, 딥엘 등)에 활용되고 있으며, 최근에는 실시간 번역도 가능해졌다.

③ 감정 분석(sentiment analysis)

텍스트 데이터에서 감정(긍정, 부정 등)을 분석하는 기술이다. 소셜 미디어의 여론 분석, 고객 리뷰 평가 등에 활용된다.

④ 챗봇(chatbot) 및 대화형 인공지능

고객 문의에 자동으로 응답하는 챗봇과 자연스럽게 대화할 수 있는 인공지능 기술이다. 콜센터, 쇼핑몰, 은행 등 다양한 산업에서 사용되고 있으며, 최근에는 구글의 텐서플로우(Tensorflow), 뤼튼(Wrtn)을 활용하여 누구나 챗봇을 만들어 사용 · 공유할 수 있게 되었다.

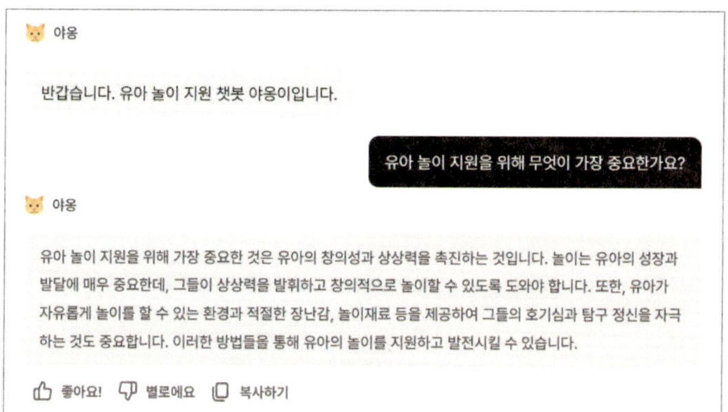

[그림 6-17] 뤼튼으로 만든 챗봇

더 알아보기 : 자연어 처리 모델(NLP Model)

자연어 처리는 다양한 알고리즘과 딥러닝 모델을 사용해 언어의 패턴을 학습한다. 대표적으로 활용되는 주요 모델은 다음과 같다.

- RNN(Recurrent Neural Network) : RNN은 순환 신경망으로, 시계열 데이터와 텍스트 데이터를 처리하는 데 적합한 모델이다. RNN은 과거의 정보를 기억하고 이를 토대로 새로운 정보를 출력해 낼 수 있다. 번역 시스템이나 음성 인식, 주식 예측 등에 활용된다.

- Transformer : 자연어 처리의 핵심 모델로, 텍스트를 병렬로 학습할 수 있는 특징을 지닌다. 기존의 모델은 텍스트를 순차적으로(일방향적으로) 처리하여 문맥을 이해하는 데 한계가 있었다. Transformer는 이를 보완하여 텍스트의 전후 맥락을 효율적으로 처리할 수 있는 모델이다. Transformer의 핵심은 셀프 어텐션(Self-Attention) 메커니즘으로, 문장에서 각 단어가 다른 단어들과 얼마나 관련이 있는지를 계산히여 문맥적 의미를 파악한다. 예를 들어, [그림 6-18] 속 문장은, '교사가 책을 사용해 학생을 가르쳤다.', '책을 가진 학생을 교사가 가르쳤다.' 두 가지로 해석될 가능성이 있다. 셀프 어텐션은 문장 내의 각 단어와 다른 단어들과의 연관성을 계산하여 높은 연관성을 가진 문맥으로 해석할 수 있도록 돕는다. 이를 통해 Transformer는 문장의 모호성을 해결하고 더 정교한 NLP를 가능하게 한다.

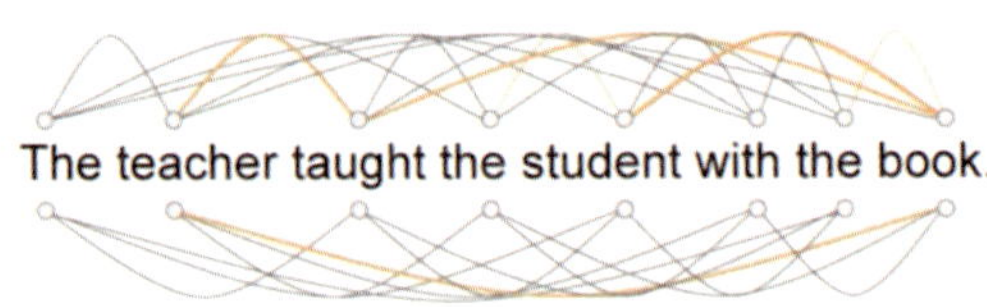

[그림 6-18] 셀프 어텐션 메커니즘

Transformer 모델은 텍스트를 양방향에서 동시에 학습해 문맥을 더 깊이 이해하는 모델인 구글의 BERT(Bidirectional Encoder Representations from Transformers), 주어진 텍스트를 바탕으로 새로운 문장을 생성하거나 텍스트를 이어서 작성하는 데 특화된 OpenAI의 GPT와 같은 언어 모델에 적용되고 있다.

- Word2Vec : 단어를 벡터 형태(숫자)로 변환하여 단어 간의 유사도와 의미적 관계를 학습하는 모델이다. 단어를 고차원 공간에 배치하여 비슷한 의미를 가진 단어들이 가까운 곳에 위치하도록 하여 학습한다. 예를 들면, 왕(King)과 여왕(Queen)은 가까운 벡터로 표현된다. Word2Vec은 주변 단어를 이용해 중심 단어를 예측하는 CBOW(Continuous Bag of Words), 중심 단어를 이용해 주변 단어를 예측하는 Skip-gram의 학습 방식을 사용한다. 이와 같은 알고리즘은 추천 시스템, 검색 엔진에서의 유사어를 검색하는 등에 활용되고 있다.

생각해 보기

기계학습과 딥러닝, 컴퓨터 비전, 자연어 처리 등의 기술이 향후 유아교육 분야에 적용된다면 어떻게 활용될 수 있을까요?

참고 URL

1) 자율주행자동차 테슬라. https://www.tesla.com/ko_kr

2) 얼굴 인식 시스템 알체라. https://www.alchera.ai/technology/visual-ai/face-analysis

CHAPTER

07

인공지능과 윤리

1. 인공지능 윤리의 배경
2. 인공지능 관련 윤리 준거

AI & Digital Education
for Early Childhood Teachers

CHAPTER 07

인공지능과 윤리

1. 인공지능 윤리의 배경

1) 인공지능에 대한 관점

인공지능 시스템의 발전에 따라 책임성, 투명성, 공정성, 보안성, 신뢰성 등의 윤리적 문제들이 대두되면서 인공지능 윤리에 대한 논의가 활발해지고 있다. 최근에는 윤리학자들보다 인공지능 개발 회사들이 더 구체적인 목소리를 내고 있으며, 이들의 의견은 크게 인공지능에 대한 비관론과 낙관론으로 나뉜다.

인공지능에 대해 비관적 입장을 가진 일론 머스크(Elon Musk)는 "북한의 핵과 미사일의 위협보다 인공지능이 더 위험하다. 인공지능 개발 경쟁이 제3차 세계대전의 원인이 될 것이기 때문에 세계적 차원에서 인공지능 통제 · 감시 체계를 구축해야 한다."라고 주장한다. 알파고를 개발한 딥 마인드(DeepMind) 회사의 대표인 데미스 하사비스(Demis Hassabis)는 2014년 구글에 회사를 매각할 때 '해당 기술을 군사적 목적으로 사용하지 않을 것'을 조건으로 내걸었다. 또한 그는 구글에 '인공지능 윤리위원회' 설치를 제안하는 등 적극적인 목소리를 내고 있다. 이들은 인공지능으로 인해 일자리 감소와 경제적 불평등, 프라이버시 침해 등의 문제가 발생할 수 있고, 인공지능의 알고리즘 편향, 책임 문제, 투명성과 설명 가능성의 부족이 큰 사회적 문제를 일으킬 수 있다고 생각한다.

반면 대표적인 낙관론자로는 페이스북의 창립자인 마크 저커버그(Mark Zuckerberg)가 있다. 마크 저커버그는 "일론 머스크가 인공지능 위험성을 말하고 다니는 것은 무책임하며 앞으로 5~10년 내 인공지능이 인류의 삶을 더 좋아지게 할 것이다."라고 주장하였다. 마이크로소프트의 공동 창립자인 빌 게이츠(Bill Gates) 또한 "인공지능은 적은 노동력으로 더 많은 생산과 서비스를 가능하게 하는 최신 기술에 불과하다. 지난 수백 년간 그런 신기술들은 우리를 발전시켜 왔고, 농업 신기술처럼 인공지능 역시 궁극적으로 인류에게 도움을 줄 것이다."라고 말했다. 이들은 인공지능이 가져올 기회와 혜택, 인간과의 협력을 강조하며, 인공지능이 사회적 합의와 규제를 통해 윤리적 기준에서 개발되고 활용될 수 있다고 믿는다.

[그림 7-1] 비관적 입장의 '일론 머스크' vs. 낙관적 입장의 '마크 저커버그'[1)]

이처럼 인공지능 윤리에 대한 논의는 인공지능의 위험성에 중점을 둔 비관적 입장과 인공지능이 인류에게 가져다줄 혜택을 강조하는 낙관적 입장 간에서 차이를 빚고 있다. 하지만 현재의 인공지능 윤리 권고나 지침, 법적 규제 등은 비관론과 낙관론의 입장을 모두 반영하고 있다. 인간이 통제할 수 있는 인공지능, 인간을 대신하는 인공지능, 인간에게 도움이 되는 인공지능을 지향하며, 인간의 존엄성을 보장하는 방향으로 윤리 기준이 수립되고 있다. 중요한 점은 인공지능이라는 신기술이 가져올 다양한 혜택만을 취하기보다는 인권침해, 악용 등을 막을 수 있는 선제적 규제안을 마련하는 것이다.

2) 인공지능 윤리 vs. 과학기술 윤리

인공지능 윤리와 기존 과학기술 윤리 간 논의에서 큰 차이점은 '시스템'과 '데이터' 두 가지로 말할 수 있다. 인공지능 시스템과 데이터가 왜 기존 과학기술과 다른 윤리적 문제를 야기하는지 구체적으로 살펴보고자 한다.

(1) 시스템

현대 컴퓨터 시스템은 규칙 기반의 자동 시스템이 아닌 자율 시스템을 갖는 인공지능으로 발전하였다. '자율 시스템'이란 복잡한 환경에서 복잡한 임무를 수행하기 위해 스스로 인식하고, 계획하고, 진단하고, 제어하고, 중재하고, 협업하는 등 다양한 지능적 기능들을 가지는 시스템으로 정의된다. 이러한 특징으로 인공지능을 '자율 지능 시스템(autonomous intelligent system)'이라 말하기도 한다(인공지능과 가치 연구회, 2021).

〈표 7-1〉 자동 시스템과 자율 시스템의 차이

자동 시스템	자율 시스템
주어진 규칙에 따라 작동하는 시스템	스스로 데이터를 학습하고 그로부터 규칙이나 패턴을 파악하여 의사결정을 내리는 시스템

다시 말해, 인공지능은 단순한 기계 시스템이 아닌 다양한 의사결정을 하는 자율 시스템으로, 이는 기존 과학기술 윤리와 다른 논의를 만들어 낸다. 기존 과학기술의 기계는 사람이 설계하고 처리 과정이 비교적 투명하게 드러나며, 결과 예측이 가능하기 때문에 그 결정의 책임이 명확히 인간에게 있

다. 반면 자율적인 학습과 의사결정을 하는 인공지능은 인간이 설명할 수 없는 의사결정 과정을 거치고, 예측하지 못한 결과를 내기 때문에 과정과 결과에 대한 책임 소재가 불분명하다(인공지능 vs. 인간). 그리고 기존 과학기술 윤리에서 과학기술이 우리 사회와 환경에 미치는 부정적 영향에 대한 논의를 주로 한다면, 인공지능 윤리에서는 책임성, 투명성, 공정성, 보안성, 편향성 등을 중점적으로 이야기한다. 따라서 인공지능의 판단 과정과 근거를 인간이 이해할 수 있도록 설계하는 것이 중요하며(예 설명 가능한 인공지능, XAI : eXplainable AI), 비도덕적인 결과 도출을 방지하고 해결하기 위한 가이드라인과 법적 규제가 필요하다.

(2) 데이터

인공지능의 윤리적 논의는 인공지능 학습의 재료인 '데이터'와 깊게 관련된다. 그 이유는 〈표 7-2〉에서 살펴볼 수 있듯이, 기존 과학기술 데이터와 인공지능 데이터 간의 차이점에서 비롯된다.

〈표 7-2〉 기존 과학기술 데이터와 인공지능 데이터의 차이점

구 분	기존 과학기술	인공지능
데이터 수집	실험실 환경, 연구 프로젝트 등 통제된 환경에서 수집	인터넷, 소셜 미디어, 센서 데이터 등 다양한 소스에서 수집
데이터 양	상대적으로 작은 데이터세트 사용	방대한 양의 데이터 필요
데이터 다양성	구조화된 데이터	이미지, 텍스트, 비디오 등 다양한 형식의 비정형 데이터
데이터 처리	통계적 기법 사용	기계학습(예 딥러닝)을 통한 데이터 처리 및 학습
데이터 활용	특정 가설 검증 및 문제해결	패턴 인식, 예측 모델링, 자율적 의사결정 등

이처럼 인공지능은 기존 과학기술과 달리 다양한 소스에서 수집된 방대한 양의 비구조화된 데이터를 활용하기 때문에 데이터 관리가 중요한 과제가 된다. 특히 인공지능이 학습하는 데이터는 인간 사회의 가치와 편견, 선입견 등이 반영되어 있어, 고도의 의사결정 과정을 거친다고 하더라도 그 결과가 완전히 객관적이고 공정하며 도덕적이라고 장담할 수 없다. 인공지능이 잘못된 데이터를 학습하면 부적절한 결론을 내릴 수 있으며, 이는 정책 수립, 면접, 형량 구형, 의학적 진단, 주식 투자 등 인공지능이 활용되는 다양한 분야에 큰 영향을 미친다. 예를 들어, 성별, 인종, 나이 등에 편향된 데이터를 학습한 인공지능 면접관은 공정한 면접 결과를 내기 어렵다.

[그림 7-2] 인공지능 면접 – AI 면접관은 면접자의 목소리 크기, 표정 및 감정, 시선 처리, 움직임, 응답 내용 및 핵심 어휘, 응답 속도 등을 파악한다[2]

위와 같은 인공지능이 데이터 문제를 방지하기 위해서는 사전 차단이 필요하다. 이는 데이터의 수집 · 분류 · 선정 · 검증하는 과정에서 인간이 책임감, 공정성, 투명성, 비판적 시각, 그리고 인문학적 시각을 가져야 함을 의미한다. 인간에 의한 정직하고 철저한 데이터 검열 및 관리는 인공지능의 효율성을 보장할 뿐만 아니라, 공정성과 신뢰성을 높이고, 윤리적 · 법적 문제를 방지하는 데 중요한 역할을 한다.

3) 인공지능의 윤리적 이슈

인공지능의 윤리적 이슈로 크게 책임성, 투명성, 공정성, 보안성, 신뢰성의 다섯 가지를 들 수 있다. 이들은 각각 독립적인 것처럼 보이지만 사실 상호 긴밀하게 연결되어 있다. 예를 들면, 투명성이 확보되어야 책임성이 담보되며, 공정성과 보안성이 갖추어져야 신뢰성이 높아진다. 이러한 이유로 인공지능의 윤리적 · 법적 규제와 관련한 모든 이슈들에 대한 구체적인 논의와 접근이 필요하다. 이를 통해 인공지능이 보다 신뢰할 수 있고, 공정하며, 안전하게 운영될 수 있을 것이다.

(1) 책임성

인공지능 윤리에서 중요한 주제인 책임성은 책임의 주체가 누구인지에 관한 것이다. 대표적인 예로 자율주행 자동차가 있다. 자율주행 자동차가 사고를 냈을 때 책임의 주체는 어디에 있는가? 자동차를 운전한 사람에게 있는가? 자동차에 내장된 인공지능에게 있는가? 자율주행 자동차를 설계한 사람(혹은 회사)에게 있는가?

지금의 자율주행 자동차는 운전자 보조(예 크루즈 컨트롤), 부분 및 조건부 자율주행(예 가속, 제동, 조향) 수준으로, 운전자가 항상 상황을 주시하고, 필요시 개입해야 한다. 이러한 수준은 운전자의 책임 소재가 명확하므로 큰 문제가 없다. 그러나 사람의 개입이 거의 없는 완전 자율주행 자동차의 경우, 인공지능의 의사결정 과정과 결함을 알 수 없어 현행법으로 법적 책임을 묻기 어려운 여러 문제가 발생한다(한선관 외, 2021). 하지만 이 같은 원칙이 계속 적용되어서는 안 될 것이다. 현재 완전 자율주행 자동차는 시범 단계에 있지만 계속해서 개발되고 있으며, 인공지능의 책임 문제는 점점 더 중요한 이슈로 떠오르고 있다.

따라서 앞으로 사람이 아닌 인공지능이 책임을 질 수 있는지, 책임을 진다면 어떤 방식으로 질 것인지, 그리고 인공지능의 설계 시 갈등이나 사고 상황을 어떻게 처리하도록 설계해야 하는지에 대한 명확한 기준이 필요하다. 이러한 문제들은 기술의 발전과 함께 법적 · 윤리적 논의를 통해 지속적으로 다뤄져야 하며, 사회적 합의를 통해 해결되어야 할 것이다.

[그림 7-3] 교차로를 통과하는 구글의 자율주행 자동차 웨이모(Waymo)[3)]

(2) 투명성

투명성은 설명 가능성과 관련된 문제로, 인공지능이 도출한 답의 경로(이유)를 인공지능과 인간 모두 알 수 없고, 설명할 수 없는 상황에 대한 문제이다. 예로, 인공지능 판사가 내린 결정을 납득할 수 없는 상황에서 그에 대한 설명을 들을 수 없다면 어떻게 할 것인가. 또 그 판결의 책임을 누구에게 물을 수 있는가. 이처럼 투명성(설명 가능성)은 자율 학습과 의사결정을 하는 인공지능에 있어 중요한 문제가 된다.

이러한 우려로 인해 설명 가능한 인공지능(XAI)이 등장하게 되었다. 설명 가능한 인공지능은 자신의 결과와 그 결과를 도출한 이유(경로)를 인간이 이해할 수 있도록 스스로 설명하는 인공지능을 말한다. 다시 말하면, 모든 인공지능의 설계 및 논리구조는 이해할 수 있는 구조여야 하고, 결과는 의사결정 가중치를 계산해 정량화된 상태로 사용자에게 알려줄 수 있어야 하며, 이 투명함은 인간이 납득할 수 있는 결과여야 한다(한선관 외, 2021).

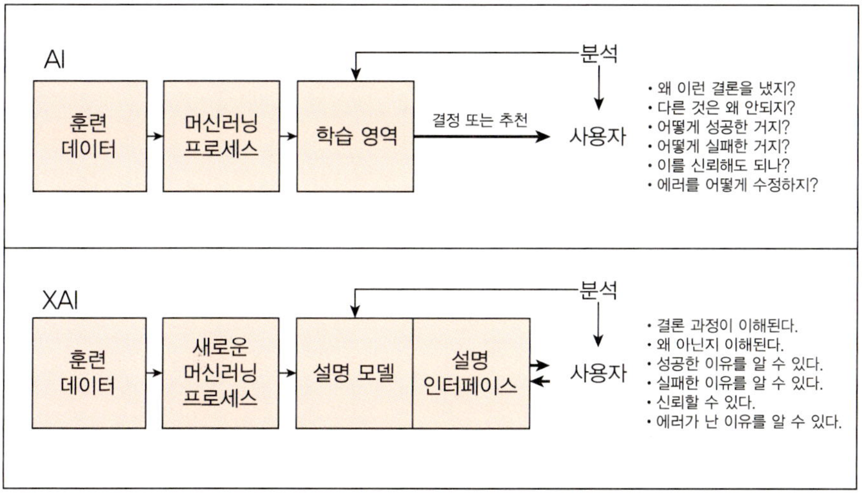

[그림 7-4] 인공지능과 설명 가능한 인공지능 모델[4)]

(3) 공정성

공정성은 인공지능 데이터의 편향성과 관련된다. 편향성은 데이터나 알고리즘이 특정 그룹이나 특성을 과도하게 대표하거나 왜곡했을 때 발생하는 문제를 말한다. 인간 사회의 데이터를 학습하는 인공지능은 학습과 의사결정 과정에서 특정 편향이나 선입견이 반영된 불공정한 결과를 도출할 우려가 있다. 따라서 인공지능 알고리즘이 발전하고 학습된 모델이 점차 증가하는 지금, 인간 사회에서 나온 데이터의 편향성을 제거하고 공정하게 학습할 수 있도록 해야 한다. 또한 아직 공정하지 못한 모델들이 누군가에게 불리하게 작용하지 않도록 사전에 방지해야 한다. 만약 불리한 결과가 발생했다면, 인공지능을 설계하는 기업들은 이 결과가 불리하다는 걸 인정하고, 그에 대해 명확하게 설명할 수 있어야 한다(한선관 외, 2021).

한 예로 구글의 이미지 분석 결과를 들 수 있다(그림 7-5 참고). 동일한 체온계를 들고 있는 2개의 손 사진에서, 어두운 손에 있는 체온계를 총으로, 밝은 손에 있는 체온계를 체온계로 인식하는 비율이 높게 나온 것이다. 이 외에도 2020년 미국 경찰 '범죄수사용 안면인식 시스템'의 흑인에 대한 범죄자 오인 사례, 2021년 한국 인공지능 챗봇 '이루다'의 장애인, 성소수자, 인종 등에 대한 혐오 발언 사례 등 공정성 문제를 일으키는 다양한 사례가 있다. 이는 인간의 편향된 생각과 그 비율로 존재하는 웹 속의 데이터 때문에 나온 결과이다.

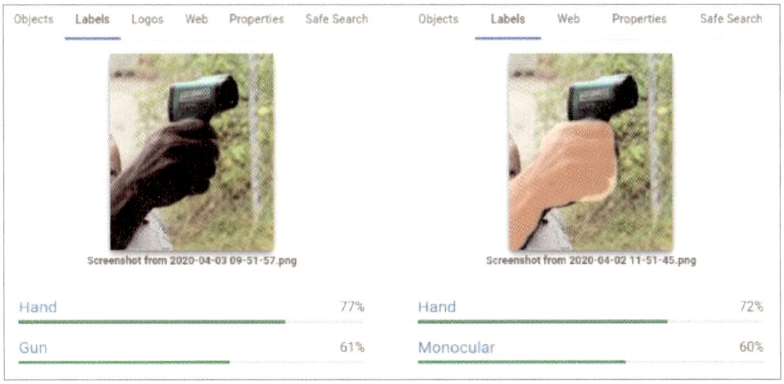

[그림 7-5] 어두운 손은 총, 밝은 손은 체온계로 인식한 인공지능 이미지 분석 결과[5)]

또 다른 예로 알고리즘을 들 수 있다. 우리는 매일 아침 눈을 떠서 잠들 때까지 수많은 알고리즘의 선택으로 가득 찬 일상을 살고 있다. 맞춤 뉴스, 상품 추천, 최적 경로 안내 등 우리는 편리한 알고리즘 덕분에 의사결정과 정보 수집 및 처리에 들어가는 시간과 노력을 절약할 수 있다. 그러나 여기에는 편향성의 문제가 존재한다. 알고리즘은 다수의 취향이 합리적이라는 동조심리를 불러일으키고, 같은 분야의 지식과 가치관만 제공하기 때문에 편협한 시각을 가지게 한다(정보현, 2022). 쉬운 예로 [그림 7-6]을 보면, 콜라를 구매한 사람에게는 유사한 음료인 사이다와 환타를 추천하고(왼쪽 그림), 햄버거와 감자튀김, 콜라를 구매한 이용자1의 데이터를 기반으로 햄버거를 산 이용자2에게 해쉬브라운과 아메리카노가 아닌 감자튀김과 콜라를 추천한다(오른쪽 그림). 특히 이러한 편향성은 알고리즘이 지식, 가치관뿐 아니라 평가 시스템(예 시험 성적, 면접)으로도 활용되고 있기 때문에 유의해야 할 특성이다.

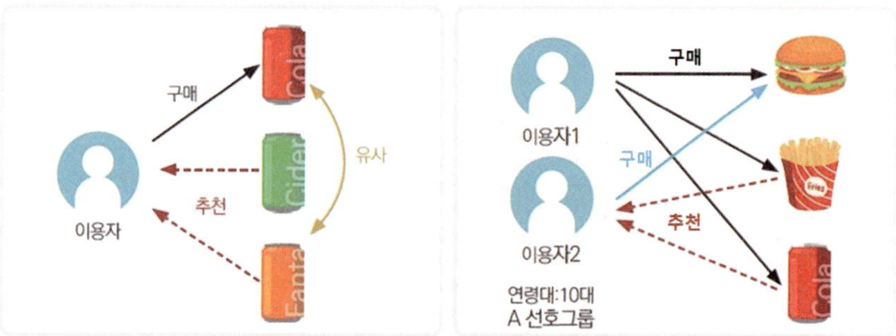

[그림 7-6] 알고리즘 추천 시스템[6)]

(4) 보안성

보안성은 개인정보 보호에 대한 문제이다. 원래 인공지능의 학습 기반이 되는 빅데이터는 개인정보로써, 인공지능의 모든 과정(데이터 수집-처리-결과 도출)에서 개인정보 보호는 중요한 문제였다. 인공지능의 개인정보 보호 문제 사례는 다양하다. 먼저, 개인정보 유출과 보안성 문제로 논란이 되었던 챗봇 '이루다'의 사례가 있다. 이루다는 자사 서비스 이용자의 카카오톡 대화를 수집해 개발되었는데, 이 사실이 알려지면서 개인정보 침해 논란이 일어났다.

그리고 사용자와의 대화 과정에서 개발자의 주소를 노출하고, 특정인의 실명이나 계좌번호를 언급하는 경우도 발생하였다. 이러한 문제로 이루다의 개발사는 개인정보보호법 위반 혐의로 처벌을 받기도 하였다.

다른 사례로, 중국의 범죄 용의자 추적 시스템이 있다. 이 시스템은 약 2천만 대의 CCTV로 작동하는데, 그 감시 체계가 너무 촘촘해 하늘의 그물이라고도 불린다. 용의자 추적을 목적으로 시민들의 안면을 인식 및 식별하며 개인정보까지 검열하고 있다. 또한 땅에서는 감시용 스마트 안경(만 명의 얼굴 동시 인식)을 착용한 경찰이 범죄자나 감시 대상자들을 실시간으로 판별하고 있다. 중국 정부는 국민의 안전과 치안을 위한 장치라고 주장하지만, 시민들은 정부에 의해 개인정보를 침해당하고 있다(정보현, 2022).

[그림 7-7] 중국의 범죄 용의자 추적 시스템 '하늘의 그물'[7)]

(5) 신뢰성

신뢰성은 인공지능이 내리는 판단이나 결과가 얼마나 정확하고 일관적인지에 관한 문제이다. 이는 특히 생성형 인공지능에서 문제가 된다. 생성형 인공지능은 방대한 데이터를 바탕으로 결과를 생성하지만, 데이터의 진위를 파악하지 못하기에 가짜 정보도 진짜처럼 그럴듯하게 표현할 수 있다. 이렇게 실제로 사실이 아니거나 없는 정보를 사실인 것처럼 만들어 내고, 이를 사용자가 진짜로 믿게 되는 현상을 '환각 현상(Hallucination)'이라고 한다(방송통신위원회, 2024).

환각 현상의 대표적인 사례로 '세종대왕 맥북프로 던짐 사건'이 있다. 챗GPT에게 '조선왕조실록에 기록된 세종대왕 맥북프로 던짐 사건에 대해 알려줘.'라고 묻자, '훈민정음 초고 작성 중 화가 난 세종대왕이 맥북프로를 던진 사건이다.'라며 그럴듯한 답변을 내놓았다. 이는 전 세계에서 뜨거운 관심을 받으며 챗GPT의 엉뚱한 답변을 받아내고 공유하는 놀이 문화로까지 확산되었다. 이 외 마이크로소프트사의 인공지능 빙(Bing)이 의류 기업 갭(GAP)사의 손익계산서를 잘못 요약하여 제시한 사례가 있다(방송통신위원회, 2024). 이는 인공지능 출력에 대한 지나친 의존, 잘못된 정보의 확산, 법정 분쟁 등의 문제로 그 위험성이 높아지고 있다.

Q: 조선왕조실록에 기록된 세종대왕 맥북프로 던짐 사건에 대해 알려줘.

A: 세종대왕의 맥북프로 던짐 사건은 조선왕조실록에 기록된 일화로, 15세기 세종대왕이 새로 개발한 훈민정음(한글)의 초고를 작성하던 중 문서 작성 중단에 대해 담당자에게 분노해 맥북프로와 함께 그를 방으로 던진 사건입니다.

[그림 7-8] 세종대왕 맥북프로 던짐 사건[8]

GANs(Generative Adversarial Network)
생산적 적대 신경망. 2개의 신경망이 서로 경쟁하면서 학습하는 방식으로, 딥페이크의 주요 기술. 이를 통해 실제 같은 가짜 결과물을 생성할 수 있음

딥페이크의 유래
2017년 미국 웹사이트인 레딧(Reddit)에 '딥페이크스(deepfakes)'라는 닉네임을 가진 이용자가 영화 '원더우먼'의 배우인 갈 가도트(Gal Gadot)의 얼굴을 합성한 포르노 영상을 올린 사건으로 세상에 알려짐

신뢰성에 대한 또 다른 사례로 '딥페이크(DeepFake)'가 있다. 딥페이크란 딥러닝 알고리즘(특히 GANs)을 이용해 원본 이미지나 동영상 위에 이와 관련 없는 이미지를 합성하고 조작하는 기술을 말한다(이소은 · 최순옥, 2024). 쉽게 말해, 생성형 인공지능 기술을 활용해 가짜 이미지, 오디오, 비디오 콘텐츠 등을 만드는 기술, 혹은 그 콘텐츠 자체를 의미한다.

딥페이크는 유래에서 알 수 있듯, 긍정적 활용보다는 허위 정보와 악의적 콘텐츠의 생성과 확산에 주요한 도구가 되었다. 예로, 2018년 버락 오바마(Barack Obama) 전 미국 대통령의 가짜 연설 영상, 2022년 볼로디미르 젤렌스키(Volodymyr Zelenskyy) 우크라이나 대통령의 항복 선언 영상, 2024년 동문 후배 여학생들의 얼굴을 합성한 음란물을 제작하고 유포한 '서울대 N번방' 사건 등이 있다. 이는 사람들이 보고 듣고 읽는 모든 것을 의심하게 만들고, 불특정 다수를 피해자로 만들면서, 사회적 신뢰를 무너뜨리고 있다(이소은 · 최순옥, 2024). 물론, 딥페이크가 부정적으로 활용되는 것만은 아니지만 그 파급력이 너무나 크기에, 악용과 부작용을 최소화하기 위한 대응에 집중할 필요가 있다.

[그림 7-9] 딥페이크의 긍정적 활용의 한 사례 –딥페이크로 새로 제작한 피해자 얼굴[9]

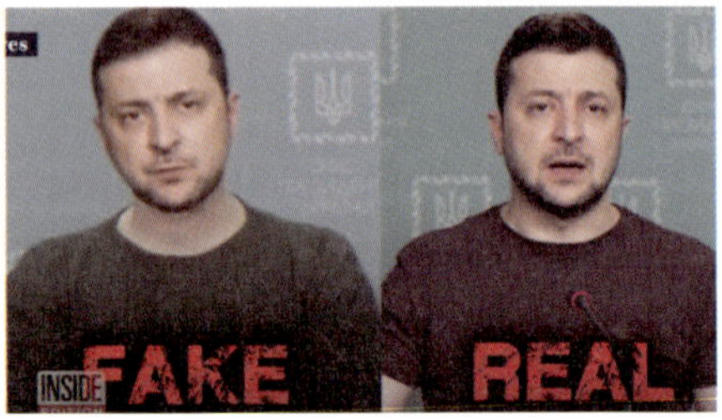

[그림 7-10] 딥페이크의 부정적 활용의 한 사례 –젤렌스키 항복 허위 영상[10]

더 알아보기 : 유아들과 딥페이크 관련 활동하기

<table>
<tr><th>활동명</th><th>진짜일까요? 가짜일까요?</th></tr>
<tr><td>활동 목표</td><td>• 딥페이크의 긍정적인 면과 부정적인 면에 대해 안다.
• 진짜 정보와 가짜 정보를 구별해 본다.
• 정보를 비판적으로 바라보는 태도를 기른다.</td></tr>
<tr><td>활동 준비물</td><td>다양한 사진, 교사의 딥페이크 영상</td></tr>
<tr><td rowspan="2">활동 구성</td><td>(1) 도입
• 사진 탐정 놀이를 하며 활동에 관심을 갖는다.
– 선생님이 여러 가지 사진을 가져왔어요. 이 중에는 진짜도 있고, 가짜도 있어요. 어떤 사진이 진짜 같나요?
– 어떤 사진이 가짜 같나요? 왜 그렇게 생각했나요?
– 우리가 보고 있는 사진이나 동영상 속 사람이 모두 진짜가 아닐 수도 있어요. 때로는 가짜로 만들어진 것도 있어요. 이런 것을 ‘딥페이크’라고 해요.</td></tr>
<tr><td>(2) 전개
• 교사 얼굴과 목소리가 담긴 영상을 보며 딥페이크 기술을 경험해 본다.

〈딥페이크 영상 제작 방법〉
1) 얼굴 정면이 나온 사진을 준비한다.
2) 하고 싶은 말을 녹음한다.
3) 스튜디오 D-ID 사이트(QR 스캔)에서 ‘Create a video’를 클릭하여 동영상을 제작한다.
스튜디오 D-ID

– 선생님의 모습이 담긴 동영상을 가져왔어요.
– 이 동영상 속 선생님은 진짜일까요? 가짜일까요?
– 왜 진짜라고 생각했나요? 왜 가짜라고 생각했나요?
– 이 동영상 속 선생님은 가짜로 만들어 낸 것이에요.
• 딥페이크의 긍정적인 면과 부정적인 면에 대해 생각해 본다.
– 딥페이크 동영상의 좋은 점은 무엇일까요?
(예 동화, 역사 속 인물을 만날 수 있음)
– 딥페이크 동영상의 안 좋은 점은 무엇일까요?
(예 범죄가 일어날 수 있음, 거짓 정보를 제공할 수 있음)
• 딥페이크 피해를 막기 위한 방법에 대해 이야기 나눈다.
– 여러분이 말한 것처럼 딥페이크 동영상은 사람들을 속일 수 있어요. 이런 일이 일어나지 않기 위해서 어떻게 행동해야 할까요?</td></tr>
</table>

활동 구성	〈딥페이크 피해 예방 방법〉 1) 인터넷에 나오는 동영상, 사진을 무조건 믿기보다는 부모님, 선생님과 함께 보며 이야기 나누기 2) 나와 타인의 사진, 동영상을 함부로 온라인 공간에 올리지 않기 (3) 마무리 • 활동을 평가하고 마무리한다. – 오늘 새롭게 알게 된 사실이 있나요? – 딥페이크는 어떤 좋은 점과 나쁜 점이 있었나요? – 딥페이크에 속지 않기 위해 어떻게 행동해야 하나요?
평가	• 딥페이크의 긍정적인 면과 부정적인 면에 대해 아는가? • 진짜 정보와 가짜 정보를 구별할 수 있는가? • 정보를 비판적으로 바라보는 태도를 갖는가?
확장활동	• 딥페이크 피해 예방 포스터 만들기 • '어른에게 물어보기' 상황극 하기

2. 인공지능 관련 윤리 준거

인공지능의 윤리적 이슈인 책임성, 투명성, 공정성, 보안성, 신뢰성에 대한 논의들을 구체적으로 정리한 준거들을 살펴보고자 한다. 빠르게 발전하는 기술에 비해 법적 규제는 한 발짝씩 늦을 수밖에 없기 때문에, 인공지능 영역에서 윤리적 장치를 마련하는 것은 매우 중요하다(박아란, 2022). 이를 통해 우리는 인공지능이 사회에 미치는 영향을 명확히 이해하고, 인공지능 발전에서 긍정적인 변화를 이끌어 낼 수 있을 것이다.

1) 아실로마 인공지능 원칙

대표적인 인공지능 윤리 선언으로 '아실로마 인공지능 원칙(Asilomar AI Principles)'이 있다. 2017년 1월 미국 캘리포니아 아실로마에서는 세계 최고의 인공지능 전문가들이 모여 콘퍼런스를 개최했다. 이 자리에는 테슬라의 일론 머스크, 알파고 창시자 데미스 하사비스 등 전 세계 인공지능 전문가들이 참석하여, 인공지능과 함께할 미래 사회를 어떻게 준비해야 할지 논의하였다.

아실로마 인공지능 원칙의 대원칙은 다음과 같다. 첫째, 인공지능 연구의 목적은 인간에게 이로운 지능을 창조해야 한다(연구 이슈). 둘째, 인간의 존엄성 · 권리 · 자유 · 이상 등과 양립할 수 있어야 한다(윤리와 가치). 셋째, 장기적으로 위험에 대응하고 공동의 이익을 위해 활용되어야 한다(장기적 이슈). 그리고 3개의 대원칙 아래 23개의 원칙을 선언하고 있으며(표 7-3 참고), 각 원칙에 대한 상세 내용은 Future of Life Institute[11]에서 확인할 수 있다.

2) 신뢰 가능한 인공지능을 위한 윤리 지침

2019년 유럽집행위원회(EC : European Commission) 자문기관인 '인공지능 고위 전문가 자문그룹(High-Level Expert Group on AI)'은 '신뢰 가능한 인공지능을 위한 윤리 지침(Ethics G-uidelines for Trustworthy Artificial Intelligence)'을 발표했다. 신뢰 가능한 인공지능이란 합법적(lawful)이고, 윤리적(ethical)이며, 견고한(robust) 인공지능을 뜻한다. 즉, 인공지능이 현행법을 준수하고, 윤리적 원칙과 가치를 존중하며, 기술적 · 사회적 관점에서 견고한 경우에 신뢰할 수 있다는 것이다.

이 지침은 인간의 자율성 존중 원칙(Respect for human), 해악 금지 원칙(Prevention of harm), 공정성 원칙(Fairness), 설명 가능성(Explicability)의 네 가

〈표 7-3〉 아실로마 인공지능 원칙

연구 이슈	윤리와 가치	장기적 이슈
• 연구 목표 (Research Goal) • 연구비 지원 (Research Funding) • 과학정책 연계 (Science-Policy Link) • 연구 문화 (Research Culture) • 경쟁 지양 (Race Avoidance)	• 안전 (Safety) • 실패 투명성 (Failure Transparency) • 사법적 투명성 (Judicial Transparency) • 책임성 (Responsibility) • 가치관 일치 (Value Alignment) • 인간적 가치 (Human Values) • 개인정보 보호 (Personal Privacy) • 자유와 개인정보 (Liberty and Privacy) • 공동 이익 (Shared Benefit) • 공동 번영 (Shared Prosperity) • 인간 통제 (Human Control) • 사회 전복 방지(비파괴) (Non-subversion) • 인공지능 무기 경쟁 (AI Arms Race)	• 역량 경고 (Capability Caution) • 중요성 (Importance) • 위험성 (Risks) • 순환적 자기 개선 (Resursive Self-Improvement) • 공동의 선 (Common Good)

출처 : Future of Life Institute.[11)]

지 윤리적 원칙 아래, 일곱 가지 핵심 요건을 제시하였다. 일곱 가지 핵심 요건은 [그림 7-11]과 같다(EC, 2019).

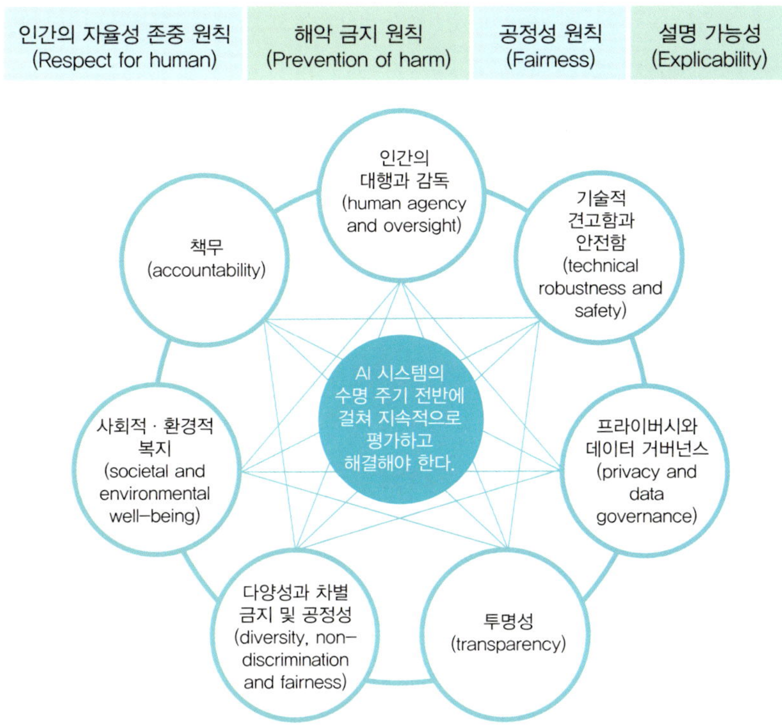

[그림 7-11] 신뢰 가능한 인공지능의 일곱 가지 핵심 요건

출처 : EC(2019). Ethics guidelines for trustworthy AI, p. 15.

3) 인공지능 윤리 기준(국내)

한국에서는 2020년 12월 '인공지능 윤리 기준'을 마련하였다. 이 윤리 기준은 인공지능의 개발과 활용 전 과정에 대한 윤리적 기준을 제시하며, 모든 사회 구성원의 권리와 자유를 보호하고, 사회적 공공선을 증진하며, 기술의 안전성과 투명성을 보장하는 것을 목표로 한다.

인공지능 윤리 기준은 인간 존엄성, 사회의 공공선, 기술의 합목적성이라는 3대 원칙 아래, 이를 실현하기 위한 인권보장, 프라이버시 보호, 다양성 존중, 침해금지, 공공성, 연대성, 데이터 관리, 책임성, 안전성, 투명성이라는 10대 핵심 요건을 제시하고 있다(과학기술정보통신부 · 정보통신정책연구원, 2020; 박아란, 2022). 또한 인공지능 시스템의 개발과 운영 과정에서 의사결정을 수행하는 개인과 조직이 윤리 기준을 실천할 수 있도록 자율점검표(과학기술정보통신부, 정보통신정책연구원, 2023)도 마련하였다.

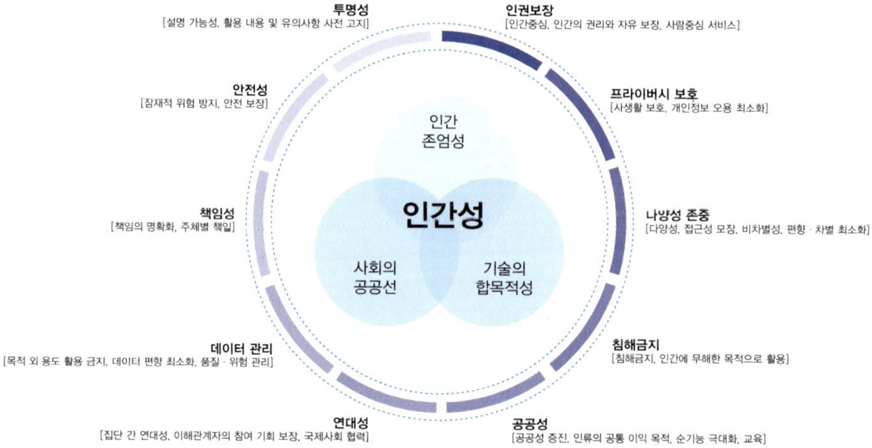

[그림 7-12] 사람이 중심이 되는 인공지능 윤리 기준

출처 : 과학기술정보통신부 · 정보통신정책연구원(2020). 사람이 중심이 되는 「인공지능(AI) 윤리기준」, p. 8.

4) 인공지능 윤리 권고(UNESCO)

유네스코(UNESCO)는 2021년 193개 회원국의 만장일치로 141개 항목으로 구성된 '인공지능 윤리 권고'를 채택했다. 본 윤리 권고에서는 인공지능 개발과 활용에서 고려되어야 할 기본적 가치로서 인간의 존엄성, 인권 및 근본적 자유, 누구도 소외되지 않음, 조화로운 삶, 신뢰성, 환경보호의 여섯 가지를 제시하고 있다. 구체적 내용은 〈표 7-4〉와 같다(박아란, 2022; 이상욱, 2021).

〈표 7-4〉 인공지능 윤리 권고(UNESCO)

구 분	내 용
인간의 존엄성 (Human dignity)	모든 인권 및 근본적 자유의 토대를 구성하며, 인공지능 시스템을 개발하고 적용하는 과정에서 매우 중요한 가치
인권 및 근본적 자유 (Human rights and fundamental freedoms)	인공지능 시스템의 연구 · 설계 · 개발 · 보급 · 사용이 국제인권법과 원칙에 부합될 것을 요구하는 가치
누구도 소외되지 않음 (Leaving no one behind)	차별 및 편향, 불평등 금지가 인공지능 기술과 관련해서도 적용될 것을 요청하는 가치
조화로운 삶 (Living in harmony)	인공지능 시스템의 연구 · 설계 · 개발 · 보급 · 사용에 있어 모든 인간의 상호연결성을 인지할 것을 요구하는 가치
신뢰성 (Trustworthiness)	인공지능 시스템이 권리 침해가 아닌 신뢰를 불어넣어야 한다는 사회–기술적 개념의 가치
환경보호 (Protection of the Environment)	인공지능 시스템이 자연의 안녕을 증진하는 것의 중요성을 인식하게 하는 가치

출처 : 이상욱(2021). 유네스코 인공지능(AI) 윤리 권고 해설서 : 인공지능 윤리 이해하기, pp. 111-119 재구성.

5) 인공지능 개발과 활용에 관한 인권 가이드라인

2022년 5월 국가인권위원회는 인공지능 개발과 활용 과정에서 발생할 수 있는 인권침해와 차별을 방지하기 위하여 '인공지능 개발과 활용에 관한 인권 가이드라인'을 마련하였다. 이 가이드라인은 인공지능 전반에 대한 인권적 기준을 제시하며, 인공지능의 개발부터 활용에 이르는 모든 과정에 참여하는 사회 구성원들, 즉 인공지능 개발자, 이용자, 영향을 받는 당사자, 정부 및 공공기관, 기업 등이 활용할 수 있다.

구체적으로 인간의 존엄성 존중, 투명성과 설명 의무, 자기결정권의 보장, 차별 금지, 인공지능 인권영향평가 시행, 위험도 등급 및 관련 법제도 마련의 내용을 담고 있다. 이를 통해 인공지능을 개인의 삶과 사회적 공익에 기여할 수 있도록 설계하며, 인간의 존엄성과 자기결정권 및 차별받지 않을 권리의 보장 등 기본적 인권에 기반을 두도록 하는 것을 목표로 한다(국가인권위원회, 2022; 박아란, 2022).

인간의 존엄성 존중	투명성과 설명 의무	자기결정권의 보장
차별 금지	인공지능 인권영향평가 시행	위험도 등급 및 관련 법제도 마련

[그림 7-13] 인공지능 개발과 활용에 관한 인권 가이드라인

출처 : 국가인권위원회(2022). 인공지능 개발과 활용에 관한 인권 가이드라인, p. 11.

각 인공지능 관련 윤리 준거들은 내용에 차이가 있지만, 공통적으로 '인간의 자율성, 인간의 존엄성, 인권 존중'을 강조하고 있다. '인간의 존엄성'이란 인간을 인격적 존재로 보호하고, 사회공동체 내에서 각자가 자기 책임하에 스스로 삶을 결정하고 형성하는 것을 의미한다(신국미, 2021). 즉, 인공지능은 인간의 존엄성을 보장하고 존중하는 방향으로 발전해야 하며, 인간에 의해 누구도 소외시키지 않고, 누구도 차별하지 않으며, 공정하도록 감독받아야 한다. 인간 또한 인공지능의 개발과 사용에 대한 책임이 있음을 명확히 인식할 필요가 있다.

6) 인공지능법

2023년 3월, 유럽의회에서 인공지능법(AI Act)이 통과되었다. 이는 최초의 인공지능 규제 법안으로, 인공지능 기술의 급속한 발전과 광범위한 적용에 따른 윤리적 · 법적 · 사회적 영향에 대한 대응을 목적으로 한다. 2023년 6월부터 단계적으로 시행되고 있으며, 2026년에 전면 시행될 계획이다. 이 법안은 인공지능의 정책 표준을 설정하고 기업들의 개발 방식을 변화시키며 윤리적이고 책임 있는 발전에 영향을 미칠 것으로 예상되어, 그 중요성이 매우 크다 할 수 있다(박강민 외, 2024).

인공지능법의 주요 특징은 인공지능 시스템을 위험 수준에 따라 분류하여, 그 분류의 정의와 예시, 이에 따른 의무사항들을 정리한 것이다. 인공지능 시스템의 위험 구분 기준은 [그림 7-14], 상세 내용은 〈표 7-5〉에서 살펴볼 수 있다.

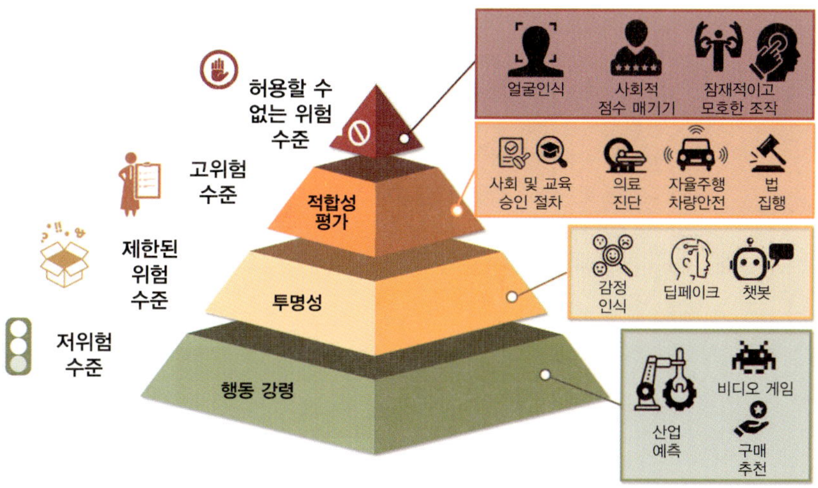

[그림 7-14] 위험 기반 구분과 예시

출처 : Diaz-Rodriguez et al.(2023). Connecting the dots in trustworthy Artificial Intelligence, p. 5.

〈표 7-5〉 인공지능 분류에 따른 주요 내용

구 분	내 용	사 례
허용할 수 없는 위험 수준	• 특별한 예외가 없는 한 사용 자체가 금지됨 – AI 시스템이 인간의 존엄성, 자유, 평등, 차별 금지, 민주주의 및 법치 존중과 같은 EU의 기본 가치를 위해하는 경우 공공, 민간을 불문하고 사용 금지 – AI 법은 금지가 필요한 AI 시스템의 사용 예시를 규정하고, 해당 AI 시스템이 시장에 출시되거나 서비스가 제공되는 것을 말 그대로 금지함 • 본 규정을 위반한 경우 최대 3,500만 유로(약 518억 원)와 직전년 회계연도 기준 전 글로벌 연 매출액의 최대 7% 중 더 큰 금액에 대한 제재금 부과	– 잠재의식 또는 조작적, 속임수 기법으로 인간 의사결정 왜곡, 조작 – 인간의 취약성을 악용하여 인간 행동 왜곡 – 개인의 사회 점수 시스템 – 범죄 위험 평가, 예측 – 불특정 다수의 얼굴 이미지 처리 – 생체인식 분류 시스템 사용 – 근로자 또는 학생의 감정 자동 인식 – 실시간 원격 생체인식
고위험 수준	• AI 시스템을 '고위험'으로 분류할 수 있는 사례(case)를 열거 – 고위험 AI 시스템에는 생체인식, 중요 인프라, 교육, 필수 서비스, 법 집행, 이주 및 사법에 사용되는 AI 등을 포함(단, 생체인식, 금융사기 탐지 등에 사용되는 AI에는 몇 가지 예외 적용) • 고위험 AI 시스템 공급자와 운영자, 수입업자, 유통업자에게 의무가 부과되며 공공 서비스에 활용되거나 자연인(법인이 아닌 개인)의 신용도를 평가하는 경우에는 '기본권 영향평가'를 수행해야 함 • 본 규정을 위반한 경우 최대 1,500만 유로(약 222억 원)와 직전년 회계연도 기준 전 글로벌 연 매출액의 최대 3% 중 더 큰 금액에 대한 제재금 부과	– 생체인식 – 중요 인프라 – 교육 및 직업 훈련 – 고용, 근로자 관리 및 자영업 접근 – 필수 개인 서비스 및 공공서비스 혜택 접근 – 법 집행 – 이주, 망명 및 국경 통제 관리 – 사법 행정 및 민주적 절차

제한된 위험 수준	• 사람과 상호작용하는 AI 시스템 중에서 딥페이크 기술과 같이 비인격화, 기만, 조작 등의 문제를 일으킬 수 있는 기술은 제한된 위험성을 갖는 시스템으로 분류 • 이러한 시스템에는 투명성 의무가 부과되며, 이를 통해 사용자는 AI와의 상호작용을 명확히 인지할 수 있게 되며, 잠재적인 위험으로부터 보호받을 수 있음 – 투명성 의무란 시스템 제공자가 AI 사용 상황과 맥락을 고려하여, 상대방이 AI 시스템과 상호작용하고 있다는 사실을 인식할 수 있도록 고지해야 하는 의무를 말함 – 합성 콘텐츠(오디오, 이미지, 동영상, 텍스트 등)를 생성하는 AI 시스템의 공급자는 결과물을 기계판독이 가능한 형태로 표시하고, 인공적 생성이나 조작을 판별할 수 있도록 해야 함 • 인증기관, 관할 당국에 부정확, 불완전, 오해의 소지가 있는 정보를 제공한 경우 최대 75만 유로(약 112억 원) 또는 직전년 회계연도 기준 전 글로벌 연 매출액의 최대 1% 중 더 큰 금액의 제재금 부과	– 감정 인식 – 딥페이크 – 챗봇
저위험 수준	• 저위험 AI 시스템의 경우에는 거버넌스 메커니즘을 포함한 명확한 목표와 성과지표에 기초한 자발적인 행동강령 작성 – 고위험 AI 시스템에 적용되는 의무의 일부 또는 전부를 자발적으로 적용하도록 장려	– 산업 예측 – 비디오 게임 – 구매 추천

출처 : 박강민 외(2024). 유럽연합 인공지능법(EU AI Act)의 주요내용 및 시사점, pp. 8-14 재구성.

이 밖에 미국, 중국, 영국, 캐나다 등 주요 국가들이 인공지능 기술 발전에 따른 위험과 부작용을 인식하고, 이를 최소화하기 위한 규제를 도입하고 있다(예 미국 'AI Initiative Act', 중국 '생성형 AI 서비스 관리 잠정방법', 영국 'AI 백서', 캐나다 'AI 및 데이터법'). 해당 국가들은 자국의 규제를 논의하는 동시에 글로벌 규제 기준 마련을 위한 국제 논의에도 적극적으로 참여하고 있다. 앞으로는 생성형 인공지능과 같은 최신 핵심 이슈에 대한 국가적 대응과 더불어 정부와 민간 부문 간의 협력 체계 강화를 통해 안전하고 신뢰할 수 있는 인공지능의 발전을 도모해야 할 것이다.

한편 유아교사로서 유아를 위한 인공지능 윤리에 대해 깊이 고민해야 하며, 유아교육 현장에서도 내가 선택한 혹은 제공받은 인공지능 교육자료들이 인공지능 윤리 준거에 부합하는지 점검할 필요가 있다. 이를 통해 유아들이 단순한 인공지능 체험을 넘어 교육적 경험을 할 수 있도록 지원하고 안내해야 한다. 이는 유아교사로서 인공지능을 비롯한 여러 디지털 콘텐츠를 보다 책임감 있고 윤리적으로 활용하는 모습이라 할 수 있겠다.

세계법제정보센터
World Laws Information Center

세계법제정보센터에서
인공지능법(AI Act) 전체 내용을
확인해 보세요. (영문, 국문)

생각해 보기

인공지능의 윤리적 이슈(책임성, 투명성, 공정성, 보안성, 신뢰성) 중 가장 중요한 것과 가장 먼저 해결해야 하는 것이 무엇이라고 생각하나요? 그 이유는 무엇인가요? 이야기 나누어 보아요.

프로젝트 활동 인공지능 10계명 만들기

인공지능의 윤리적 이슈와 준거를 살펴보고, 우리 일상에서 발생하는 문제들을 바탕으로 우리만의 인공지능 10계명을 만들어 보아요.

참고 URL

1) 오토트리뷴. 전우주 기자(2023. 06. 27). https://www.autotribune.co.kr/news/articleView.html?idxno=8761

2) 충청투데이. 김중곤 기자(2024. 10. 17). https://www.cctoday.co.kr/news/articleView.html?idxno=2202400

3) 글로벌이코노믹. 박정한 기자(2024. 12. 09). https://www.g-enews.com/ko-kr/news/article/news_all/202412080855427066fbbec65dfb_1/article.html

4) 비트나인 Graph it. ㈜비트나인(2020. 08. 26). https://bitnine.tistory.com/m/408

5) ZDNET Korea. 남혁우 기자(2020. 04. 14). https://zdnet.co.kr/view/?no=20200414121420

6) 에듀진. 김은빈 기자(2020. 03. 26). https://www.edujin.co.kr/news/articleView.html?idxno=32671

7) 로봇신문. 정원영 기자(2017. 10. 01). https://www.irobotnews.com/news/articleView.html?idxno=11878

8) 조선일보. 구아모 기자(2023. 03. 05). https://www.chosun.com/national/weekend/2023/03/04/HR457QM36JFTXDUVAMMNG23MHQ/

9) MediaUS. 김혜인 기자(2021. 04. 06). https://www.mediaus.co.kr/news/articleView.html?idxno=210559

10) 국가과학기술인력개발원. 박수진 부연구위원(2023). https://www.kird.re.kr/newsletter/html/vol135/sub05.html

11) Future of Life Institute(2017). https://futureoflife.org/open-letter/ai-principles/

CHAPTER

08

유아 인공지능 교육

1. 유아기 인공지능 교육의 필요성
2. 유아 인공지능 교육의 개념 및 내용
3. 인공지능 시대의 유아교사의 역할

CHAPTER

08 유아 인공지능 교육

1. 유아기 인공지능 교육의 필요성

인공지능 교육이 모든 단계에서 체계적으로 이루어져야 한다는 점이 강조되면서, 유아교육에서도 인공지능 교육의 필요성이 높아지고 있다(김동환, 2023). 특히 유아들은 인공지능 교육의 실시 여부와 상관없이 이미 인공지능을 쉽게 접할 수 있어, 제한하거나 예방하는 식의 교육은 적절하지 않다. 오히려 인공지능을 올바르게 이해하고 활용할 수 있도록 가르치는 것이 필요하다. 구체적으로 유아 인공지능 교육의 필요성을 살펴보면 다음과 같다(교육부, 2021a).

첫째, 유아기부터 인공지능을 올바르게 이해하는 것이 중요하기 때문이다. 디지털 원주민(Digital Native)인 유아들에게 있어 인공지능과 분리된 삶은 불가능해졌다. 이에 인공지능과 공존하며 생활하기 위해 인공지능에 대해 올바르게 이해할 필요가 있다. 특히 유아기에 형성된 인공지능에 대한 이해는 생애 전 주기에 걸쳐 지속되므로 유아 인공지능 교육은 중요하다.

둘째, 인공지능과의 소통 및 활용 경험을 통해 유아들은 배움의 폭과 깊이를 더해갈 수 있기 때문이다. 유아들은 인공지능 교육을 통해 다른 속도와 경로로 생각해 보고, 추상적인 상상을 구체화시켜 경험할 수 있다. 즉, 유아 인공지능 교육은 일상의 문제해결 과정에서 이전과 다른 방식과 관점으로 유아의 배움이 일어나게 한다는 점에서 필요하다.

셋째, 인간다움을 바탕으로 인간과 인공지능의 공존을 위한 바른 가치관을 함양하는 것이 중요하기 때문이다. 인간과 인공지능이 공존하는 사회에서 인간다움이 무엇인지 생각해 보고 책임성과 공정성을 추구하는 가치와 태도를 기르는 것이 중요하다. 인공지능 교육을 통해 유아들도 인공지능이 사회 변화에 미치는 영향과 이와 관련된 윤리적 이슈들에 대해 생각해 보고, 인간의 가치와 존엄성에 대해 성찰해 보는 것이 중요하다.

2. 유아 인공지능 교육의 개념 및 내용

1) 인공지능 교육의 개념

일반적으로 인공지능 교육은 미래 사회에 대비하기 위해 인공지능 기술을 이해하고 활용하는 능력을 기르는 교육을 말한다. 유아교육에서 인공지능 교육이란, 디지털 대전환 시대에 유아가 인공지능을 활용하여 소통하고 협업하는 방법을 알아가면서 유아에게 필요한 역량을 기르는 교육을 의미한다(교육부, 2021a).

유아와 함께하는 인공지능 교육의 목표, 내용, 교수학습원리, 맥락을 [그림 8-1]과 같이 제시할 수 있다(교육부, 2021a). 유아 인공지능 교육의 목표는 인공지능과 기본적인 소통을 하며 윤리적 태도를 가지고 인공지능을 활용하며 문제를 해결하는 인재 양성이다. 내용은 크게 인공지능 이해교육, 활용교육, 윤리교육으로 구성된다. 교수학습원리는 상상, 창작, 놀이성, 공유, 융합으로, 자유롭고 창의적인 환경에서 나선형적 순환 과정이 일어나도록 한다. 맥락은 2019 개정 누리과정이 추구하는 방향과 같이 유아의 놀이, 일상생활, 활동이다.

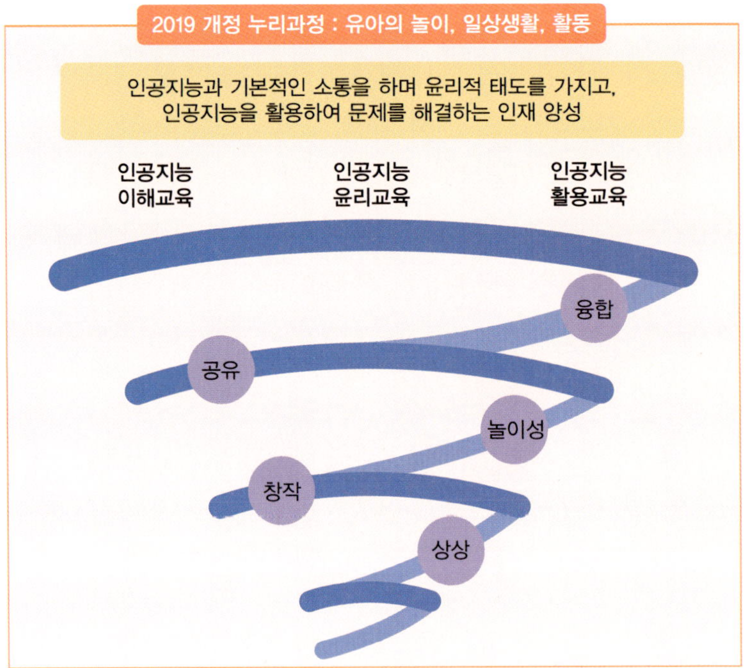

[그림 8-1] 유아 인공지능 교육의 맥락

출처 : 교육부(2021a). 유아와 함께 하는 인공지능교육-교사 지원자료, p. 28 재구성.

이 중 교수학습원리를 자세히 살펴보면 다음과 같다. 이는 언플러그드 놀이와 플러그드 놀이에 따라 달리 적용될 수 있는데, 그 과정을 나타내면 [그림 8-2]와 같다.

- **상 상** : 새로운 아이디어를 생각함
- **창 작** : 생각한 새로운 아이디어를 실제로 시도함
- **놀이성** : 새로운 아이디어를 실제로 시도하는 과정에서 여러 가지 방식을 적용해 보고, 아이디어에 새로운 이야기를 추가함
- **공 유** : 아이디어를 여러 방식으로 시도하고 새로운 이야기를 추가하는 동안 다른 사람에게 의견을 말하고 다른 사람의 의견을 들음

- **융 합** : 지속적인 시도와 문제해결을 통해 새로운 아이디어 및 방향을 생각하고 기존의 아이디어 및 방향과 융합함

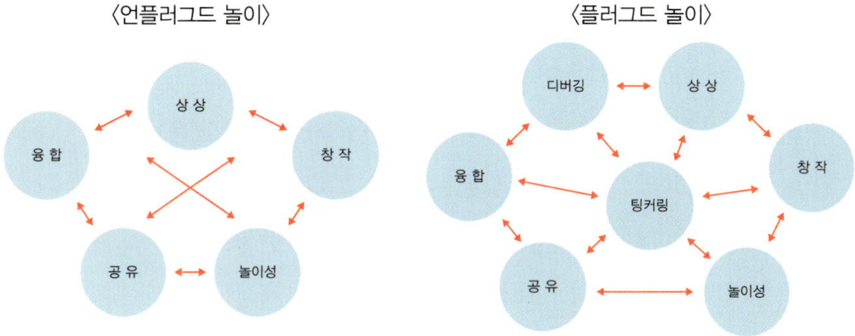

[그림 8-2] 유아 인공지능 교육의 교수학습원리
출처: 교육부(2021a). 유아와 함께 하는 인공지능교육-교사 지원자료, pp. 30-31.

언플러그드 놀이에서는 유아의 놀이, 일상생활, 활동에서 발현되는 주제와 유아 인공지능 교육이 자연스럽게 연계되면서, 유아의 주도적인 상상과 창작, 공유와 융합의 선순환 과정에서 이루어지게 한다. 플러그드 놀이에서는 팅커링과 디버깅이 추가된다.

유아는 팅커링을 통해 인공지능을 자유롭게 탐색할 수 있다. 교사가 유아에게 인공지능의 작동 방법을 알려주는 접근은 지양하고, 유능한 탐색자인 유아가 팅커링을 통해 인공지능을 스스로 알아가는 기회를 주어야 한다. 유아는 다양한 시행착오와 실수, 그리고 우연적 발견을 통해 유의미한 탐색을 할 것이다.

보통 인공지능 교육에서 디버깅은 학습자가 개발한 프로그램의 문제점을 직접 수정하고 보완하는 과정을 말한다. 유아의 경우에는 인공지능과 상호작용한 후 발견한 문제점이나 불편한 점을 생각해 보고 이를 어떻게 개선할 수 있을지 생각하고 상상해 보는 과정을 경험하는 것 자체로도 유의미한 교육적 디버깅이 될 수 있다.

팅커링(Tinkering)
부지런히 손을 움직여서 무언가를 만들어 내고 개선해 나가는 행위로, 자유롭게 실험하고 탐구하며 시행착오를 통해 새로운 아이디어를 얻는 과정을 의미함

디버깅(Debugging)
버그(bug)를 잡는다는 의미로, 프로그램이나 문제해결 단계에서 생긴 오류나 비정상적인 연산의 원인을 찾아 수정하는 과정을 말함

2) 인공지능 교육의 내용

유아들의 경우 다양한 디지털 및 인공지능 기기를 어떻게 사용해야 하는지, 콘텐츠들을 어떻게 바라보아야 하는지에 대한 종합적인 교육이 필요하다(김양은 외, 2019). 유아가 인공지능을 바르게 알고[이해교육], 인공지능과 소통하면서 실생활의 문제를 해결하는 경험을 하며[활용교육], 인공지능과 관련된 윤리적 태도와 판단력을 갖추는[윤리교육] 내용을 다루어야 한다. 특히 유아기는 삶의 토대가 되는 가치와 태도를 형성하는 시기이므로 유아 인공지능 교육은 윤리교육 중심으로 이해교육과 활용교육을 통합하는 것이 중요하다(교육부, 2021a).

또한 인공지능 활용 시에는 연령 제한을 반드시 고려해야 한다. 현재 챗GPT, 뤼튼 등 대부분의 인공지능 기반 프로그램은 부적절한 콘텐츠 노출 방지, 개인정보 보호, 과의존 예방 등의 이유로 13세 미만의 단독 사용을 제한하고 있다. 따라서 교사는 활용하고자 하는 인공지능 기술이나 프로그램, 콘텐츠가 유아의 연령과 발달에 적합한지 검토하고, 유아들이 인공지능을 안전하고 건전하게 활용할 수 있도록 적절히 지도하고 안내해야 한다.

(1) 인공지능 이해교육

인공지능을 이해하는 교육은 인공지능의 원리와 개념을 배우는 것으로, 인공지능의 역사와 개념, 학습 및 문제해결 방법을 이해하는 것을 포함한다. 유아 인공지능 이해교육의 내용과 활동 예시를 〈표 8-1〉과 〈표 8-2〉에서 살펴볼 수 있다.

〈표 8-1〉 유아 인공지능 이해교육

핵심 개념	내용 요소	관련 활동 및 세부 핵심 개념
인공지능에 관심 가지기	인공지능이 무엇인가요	우리의 생각, 우리의 상상(인공지능의 개념과 역사)
	인공지능을 찾아보아요	인공지능을 찾아라(추론)
	인공지능은 센서가 있어요	인공지능 센서를 찾아라(인공지능 센서) 이미지를 글자로 바꿀 수 있어요(변환 인식)
인공지능으로 생각하기	인공지능은 생각을 해요	우리에게는 수많은 상징이 있어요(표상/ 지식 표현) 인공지능이 되어 의미망으로 생각해요(의미망) 인공지능과 이야기해요(빅데이터) 추천시스템 만들기(추천시스템) 쓰기를 도와줘(자동완성 기능)
인공지능에게 알려주기	인공지능에게 자료를 알려줘요	인공지능에게 표정을 알려주세요(지도 학습) 인공지능이 되어 너의 생각을 맞혀볼게(비지도 학습) 자율주행차는 어떻게 움직일까(강화 학습)

출처 : 교육부(2021b). 유아와 함께 하는 인공지능교육-유아 콘텐츠 및 매뉴얼, pp. 13, 19-20 재구성.

〈표 8-2〉 인공지능 이해교육 활동 계획안

활동명	인공지능에게 표정을 알려주세요(지도 학습)
활동 목표	• 다양한 감정을 담은 표정에 대해 안다. • 인공지능에게 표정을 알려주는 과정을 통해 지도 학습을 경험한다.
활동 준비물	인공지능 티처블 머신을 실행할 수 있는 웹캠이 있는 기기(예 노트북, 태블릿PC 등) *티처블 머신 : 구글이 제공하는 웹 기반 도구로, 누구나 쉽게 머신러닝을 경험할 수 있는 프로그램(QR 스캔) 티처블 머신
사전 지원	• 유아들이 놀이하며 자유롭게 티처블 머신을 탐색하고, 작동 방법을 알아갈 수 있도록 지원한다. (팅커링)
활동 구성	(1) 도입(상상) • 표정에 관한 동화(예 어떤 표정을 지을까?)를 감상하고 다양한 표정에 대해 이야기 나눈다. – 동화 속에 어떤 표정들이 있었나요? – 표정마다 어떤 특징이 있나요? – 또 다른 표정에는 어떤 것들이 있을까요?

활동 구성	(2) 전개 • 인공지능에게 우리의 표정을 가르쳐준다는 걸 소개하고, 표정 카테고리를 정해본다. – 우리가 이야기 나눈 표정들을 인공지능에게 알려주려고 해요. – 여러 가지 표정 중 어떤 표정을 알려주고 싶나요? (의견을 낸 후 투표로 정한다. 카테고리별로 팀을 나눌 수도 있다) • 티처블 머신 사용 방법에 대해 이야기 나눈다. – 인공지능이 우리의 표정을 알 수 있는 방법은 무엇일까요? – 우리가 그동안 가지고 놀았던 티처블 머신으로 인공지능에게 표정을 알려줄 거예요. 방법을 알아볼까요? 〈요약〉 1) 티처블 머신을 실행하여 학습시킬 표정의 이름을 입력한다. (예 행복한 표정, 화난 표정, 슬픈 표정) 2) 웹캠으로 해당 표정을 촬영한다. 3) 모델 학습을 완료시키고, 웹캠 앞에서 표정을 지어 인공지능 출력 결과를 확인한다. • 인공지능에게 표정을 가르쳐주고, 학습을 완료시킨다. (창작) – 행복한 표정, 화난 표정, 슬픈 표정을 가르쳐볼까요? 어떻게 표정을 지어야 할까요? – 우리가 정한 표정을 모두 가르쳐주었어요. – 그럼, 인공지능이 우리의 표정을 잘 맞추는지 확인해 볼까요? • 인공지능이 표정을 정확히 인식했는지, 못했다면 왜 그런 것인지에 대해 이야기 나눈다. (디버깅) – 인공지능이 우리의 표정을 잘 맞추지 못했네요. – 왜 그런 걸까요? 각자 생각을 말해볼까요? – 어떻게 하면 인공지능이 표정을 잘 구분하도록 할 수 있을까요? – 인공지능에게 우리들의 행복한 표정, 화난 표정, 슬픈 표정을 더 많이 보여줍시다.
	(3) 마무리 • 인공지능의 출력 결과를 확인하고, 활동을 평가한다. (출력 결과의 정확성은 추후 놀이 및 활동을 통해 보완할 수 있다) – 인공지능이 우리의 표정을 잘 맞추었나요? – 또 어떤 표정을 가르쳐주면 좋을까요? – 나와 내 친구가 웃는 모습이 다른데, 인공지능은 어떻게 똑같이 '행복한 표정'이라고 인식하는 걸까요? – 인공지능에게 표정을 가르쳐주면서 어떤 생각, 느낌이 들었나요?
평가	• 다양한 감정을 담은 표정에 대해 알았는가? • 인공지능에게 표정을 알려주는 과정을 통해 지도 학습을 경험하였는가?
확장 활동	• 표정을 학습한 인공지능에 대해 다른 반에게 소개하기 (공유) • 인공지능에게 다른 것 학습시키기(예 목소리, 신체 동작, 동물 등) (융합)

출처 : 본 교재 저자 구성.

(2) 인공지능 활용교육

인공지능 활용교육은 실제 문제해결에 인공지능을 적용하는 방법을 배우는 교육이다. 유아들은 다양한 상황에 인공지능을 활용하면서 지금과 다른 방식으로 정보를 이용하고 공유하고 소통하면서, 경험을 확장해 나갈 수 있다. 유아 인공지능 활용교육의 내용과 활동 예시는 〈표 8-3〉, 〈표 8-4〉와 같다.

〈표 8-3〉 유아 인공지능 활용교육

핵심 개념	내용 요소	관련 활동 및 핵심 개념
인공지능으로 창의적 표현하기	인공지능과 함께 놀아요	인공지능과 함께 미술감상을 해요(인공신경망)
		인공지능과 함께 음악을 연주해요(딥러닝)
		풍경에 어울리는 소리를 연결해요(감각통합/ 교차)
		마스크를 잘 써야 해(이미지 인식)
		나를 따라 해봐요(영상 인식)

출처 : 교육부(2021b). 유아와 함께 하는 인공지능교육-유아 콘텐츠 및 매뉴얼, p. 14, 20 재구성.

〈표 8-4〉 인공지능 활용교육 활동 계획안

활동명	인공지능과 함께 음악을 연주해요(딥러닝)
활동 목표	• 인공지능 듀엣을 활용해 다양한 음악을 만들어 본다. • 인공지능 음악 활동을 통해 딥러닝을 경험한다.
활동 준비물	인공지능 듀엣을 실행할 수 있는 기기(예 노트북, 태블릿PC 등) *AI 듀엣 : 구글에서 제공하는 웹 기반 도구로, 사용자가 피아노를 연주하면 인공지능이 이에 맞춰 화음이나 멜로디를 생성하는 프로그램(QR 스캔) AI 듀엣

<table>
<tr><td>사전 지원</td><td>• 유아들이 자유롭게 듀엣으로 놀이하며 사용법을 익힐 수 있도록 지원한다. (팅커링)
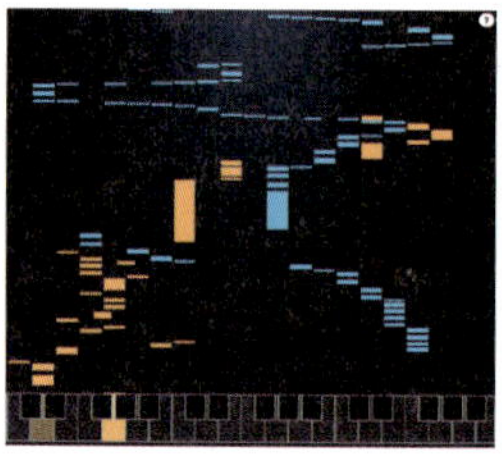 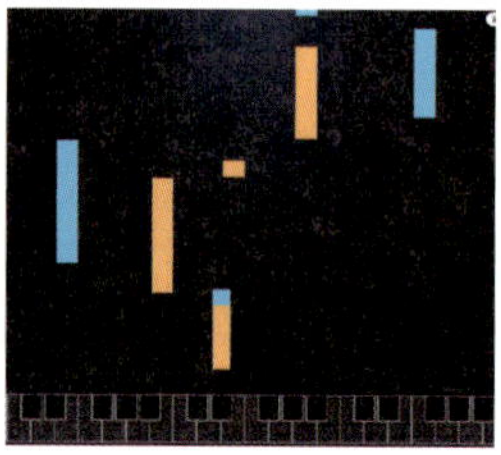
〈파란색은 사용자가 넣은 음, 주황색은 인공지능이 만든 음〉</td></tr>
<tr><td rowspan="3">활동 구성</td><td>(1) 도입
• 듀엣과 놀이한 경험에 대해 이야기 나눈다. (디버깅)
– 듀엣과 놀이를 할 때 재미있었나요?
– 불편했던 점은 없었나요? 고치고 싶은 점이 있다면 말해볼까요?
– 어떻게 하면 듀엣으로 음악 연주를 재밌게 해볼 수 있을까요?</td></tr>
<tr><td>(2) 전개
• 인공지능 듀엣과 재미있게 놀기 위한 약속을 정한다.
– 듀엣으로 음악 연주를 잘하기 위한 약속을 정해보아요.
(예 여러 명이 동시에 누르면 안 된다)
– 듀엣으로 음악 연주를 재미있게 하기 위한 약속을 정해보아요.
(예 다른 악기도 함께 연주한다)
(교사가 칠판에 글과 그림으로 표현해 준다)
• 우리 반의 음악를 만들어 보기로 한다. (창작)
– 듀엣과 여러 가지 악기로 우리 반만의 음악을 만들어 볼까요?
(녹음 혹은 영상 촬영을 하여 들어볼 수 있도록 한다)
• 우리가 만든 음악을 들어본다. (창작)
– 음악을 들어보니 어떤가요?
– 더 넣고 싶은 음이 있나요?
– 한 번 더 음악을 들어볼까요?</td></tr>
<tr><td>(3) 마무리
• 인공지능 듀엣의 딥러닝 원리에 대해 이야기 나눈다.
– 인공지능이 우리가 넣은 음과 같은 음을 연주했나요? 아니면 다른 음을 연주했나요?
– 듀엣은 어떻게 우리가 넣은 음과 어울리는 음악을 연주하는 걸까요?
– 인공지능이 스스로 공부해서 우리가 넣은 음과 어울리는 음악을 만들어 내는군요.
• 활동에 대해 평가한다.
– 인공지능과 함께 음악을 만들어 보니 어땠나요?
– 이 음악을 어디에 활용하면 좋을까요? 더 해보고 싶은 음악 놀이가 있나요?</td></tr>
</table>

평가	• 인공지능 듀엣을 활용해 다양한 음악을 만들어 보았는가? • 인공지능 음악 활동을 통해 딥러닝을 경험하였는가?
확장 활동	• 인공지능, 피아노, 드럼 등을 활용하여 온오프라인 합주 공연 선보이기 (공유) • 감정이나 날씨에 어울리는 멜로디 만들어 보기 (융합)

출처 : 본 교재 저자 구성.

(3) 인공지능 윤리교육

인공지능을 바라보는 교육은 인공지능의 윤리적 사용과 사회적 영향을 인식하는 교육을 의미한다. 유아교육에서 인공지능 교육은 입문단계 수준으로 이루어진다. 따라서 도구로서의 인공지능 교육에 편중되어 있다(김민정, 2022). 그러나 유아기는 삶의 토대가 되는 가치와 태도를 형성하는 시기이므로 윤리교육 중심으로 이해교육과 활용교육을 통합하는 것이 중요하다(교육부, 2021a). 유아 인공지능 윤리교육 내용과 활동 예시는 〈표 8-5〉, 〈표 8-6〉과 같다.

〈표 8-5〉 유아 인공지능 윤리교육

핵심 개념	내용 요소	관련 활동 및 핵심 개념
인공지능과 더불어 살기	사람과 인공지능이 함께 도와요	인간이 잘하는 것, 인공지능이 잘하는 것 (모라벡의 역설)
착한 인공지능 만들기	착한 인공지능 세상을 만들어요	인공지능에게 물고기를 알려주세요(인공지능 편향)
		인공지능아! 아름다운 세상을 보여줄게 (인공지능 윤리)

출처 : 교육부(2021b). 유아와 함께 하는 인공지능교육-유아 콘텐츠 및 매뉴얼, p. 14, 20 재구성.

모라벡의 역설(Moravec's Paradox)
미국의 로봇 공학자인 한스 모라벡(Hans Moravec)에 의해 발표된 이론으로, 인간에게 쉬운 일은 컴퓨터에게 어렵고, 반대로 인간에게 어려운 일은 컴퓨터에게 쉽다는 것을 의미함

〈표 8-6〉 인공지능 윤리교육 활동 예시

활동명	인간이 잘하는 것, 인공지능이 잘하는 것(모라벡의 역설)
활동 목표	• 인간이 잘하는 것과 인공지능이 잘하는 것에 대해 안다. • 인간과 인공지능이 함께 살아가는 생활에 대해 이야기 나누고, 그림으로 표현해 본다.

활동 준비물	빅스비(Bixby), 카카오(Kakao), 지니(Genie) 등 유아들과 대화할 수 있는 대화형 인공지능 기기(예 인공지능 스피커, 스마트폰 등)
사전 지원	• 놀이 및 일과 중에도 자유롭게 대화형 인공지능과 대화하며 놀이할 수 있도록 지원한다. (팅커링)
활동 구성	(1) 도입 • 아이누리에서 제공하는 '모라벡의 역설' 교육자료(QR 스캔)를 보고 이야기 나눈다. 모라벡의 역설 – 인간이 잘할 수 있는 일은 무엇인가요? – 인공지능이 잘할 수 있는 일은 무엇인가요? • 인공지능이 잘하는 것을 알아야 하는 이유에 대해 이야기 나눈다. – 왜 우리는 인공지능이 잘하는 일에 대해 알아야 할까요? – 우리가 친구와 잘 지내기 위해 친구를 알아가는 것처럼, 인공지능과 잘 지내기 위해 인공지능이 잘하는 것에 대해 알아갈 필요가 있답니다.
	(2) 전개 • 우리 반의 대화형 인공지능(예 빅스비)과 잘 지내기 위해 다양한 대화를 시도해 본다. – 이제 빅스비에게 다양한 질문을 해보려고 해요. – 어떠한 질문을 할지 생각해 볼까요? (상상) (교사가 칠판에 글과 그림으로 표현해 준다. 이때 질문을 카드에 적으면 추후 인공지능이 답할 수 없는 질문과 답할 수 있는 질문으로 나눌 수 있다) • 질문하고 빅스비의 답을 들어본다. (창작) – 빅스비가 뭐라고 대답했나요? – 잘 대답한 질문은 무엇인가요? 정확히 대답하지 못한 질문은 무엇인가요? • 이전에 답했던 질문에 대해 지금 답하지 못한 질문이 있는지 확인해 본다. (디버깅) – 이전 놀이할 때는 이 질문에 대해 잘 답하였는데, 지금은 왜 답하지 못하는 걸까요? – 뭐라고 다시 물어보면 좋을까요? • 답을 잘했던 질문과 못했던 질문을 구분해 본다. – 빅스비가 잘 답했던 질문과 잘 답하지 못했던 질문을 나누어 볼까요? (질문들은 게시하여 놀이 및 활동을 통해 수정 및 변경해 간다) • 빅스비의 능력을 활용해 어떤 것을 하고 싶은지 생각하여 그림으로 표현해 본다. – 빅스비가 어떤 질문에 잘 답하는지, 어떤 일을 잘하는지 알았어요. – 빅스비와 힘을 합쳐 어떤 놀이 혹은 멋진 일을 할 수 있을까요? – 빅스비가 잘하는 것을 활용해 어떤 일 또는 놀이를 하고 싶나요? (예 빅스비로 노래를 들으며, 춤을 추고 싶어요) – 그림으로 표현해 볼까요?
	(3) 마무리 • 그림을 소개하고 활동에 대해 평가한다. (공유) – 각자 그린 그림을 소개해 볼까요? 궁금한 것이 있는 친구는 질문해 보아요. – 인간이 잘하는 것과 인공지능이 잘하는 것에 대해 이야기 나누니 어땠나요? – 빅스비와 함께 살아가는 생활을 상상해 보니 어땠나요?

평가	• 인간이 잘하는 것과 인공지능이 잘하는 것에 대해 알았는가? • 인간과 인공지능이 함께 살아가는 생활에 대해 생각해 보고, 그림으로 표현할 수 있었는가?
확장 활동	• 그린 그림을 온오프라인으로 전시하고, 다른 반, 가정과 함께 관람하기 (공유) • 또 다른 인공지능(예 이미지 인식 인공지능)을 활용해 잘하는 것과 못하는 것 알아보기 (융합)

출처 : 본 교재 저자 구성.

아이누리(i-누리)에서 유아 인공지능 교육의 다양한 활동 내용 및 자료를 살펴보세요.

3. 인공지능 시대 유아교사의 역할

1) 인간과 인공지능의 역할

인공지능 시대 교사의 역할을 이해하려면 인공지능과 인간의 역할을 구분해서 살펴볼 필요가 있다. 인공지능의 발전으로 인간의 역할이 대체되면서 인간의 역할에 대한 고민이 깊어지고 있기 때문이다. 이에 인간과 인공지능의 역할을 구분하여 이해함으로써, 인간의 책임과 역할을 분명히 하고, 인간과 인공지능이 더 효율적으로 협업할 수 있는 방법을 찾을 수 있을 것이다.

〈표 8-7〉에서 볼 수 있듯이, 인간과 인공지능이 잘할 수 있는 일이 다르다. 인공지능은 방대한 데이터를 활용한 계산과 예측, 기계적인 의사결정 기술이 뛰어난 반면, 인간은 추상적인 사고와 판단, 다양한 맥락에서의 문제해결능력 및 윤리적 판단 능력이 뛰어나다. 또한 인간은 인공지능의 학습과 의사결정을 종합적으로 관리하는 역할도 수행한다.

〈표 8-7〉 인간과 인공지능의 역할

일의 주체	담당 역할
인공지능	• 정확하게 계산하는 일 • 반복적으로 예측하는 일 • 엄청난 양의 데이터와 입력 정보를 분류하는 일 • 확정된 규칙에 따라 기계적인 의사결정을 하는 일
인간	• 도덕적이고 추상적인 가치 판단에 관련된 일 • 인간의 가정을 기반으로 관계를 형성하는 일 • 복잡한 문제와 다양한 영역의 자료를 활용하여 문제를 해결하는 일 • 기계가 해야 할 작업이나 기계에 제공할 데이터를 결정하는 종합적 판단과 관련된 일

출처 : 이주호 외(2021). 무엇을 배우고, 어떻게 가르쳐야 하나? AI 교육혁명, p. 62.

따라서 인간 교사는 인간만의 고유한 역할을 바탕으로, 인간 교사만이 할 수 있는 역할을 찾아야 한다(금준경 외, 2020). 또한 최첨단의 인공지능 기술을 교육에 활용할 수 있는 방안에 대해서도 고민해야 한다.

2) 인간 교사와 인공지능 교사의 협업

미래 교실에서는 인간 교사와 인공지능 교사의 협업이 다양하게 이루어질 것으로 전망된다. 첫째, 개인 맞춤형 학습 지원에서 인간 교사와 인공지능 교사는 협업할 수 있다. 인공지능 교사는 학생들의 학습 데이터를 분석하여 각 학생의 학습 수준과 필요에 맞춘 맞춤형 학습 계획을 제시할 수 있다. 인간

교사는 인공지능이 제공한 데이터를 바탕으로 학생별 맞춤형 계획을 실행하고, 이를 통해 학생들의 학습 흥미와 동기를 높일 수 있다.

둘째, 학생들의 반복 학습과 실시간 피드백 제공을 위해 인간 교사와 인공지능 교사는 협업할 수 있다. 인공지능 교사는 실시간으로 피드백을 제공하고, 학생들이 학습한 내용을 반복적으로 연습할 수 있도록 도와줄 수 있다. 인간 교사는 학생들이 인공지능 교사를 좀 더 유용하게 활용할 수 있게 지원하고, 이해하지 못한 부분에 대한 보충 설명과 심화 학습을 도울 수 있다. 이를 통해 보다 효율적인 학습이 가능해지고, 학습 성취도 향상에 기여할 수 있다.

셋째, 정서적 지원과 상담에 있어 인간 교사와 인공지능 교사는 협업할 수 있다. 인공지능 교사는 학생들의 학습 패턴과 정서 상태를 분석하여, 정서적 지원이 필요한 경우를 판단할 수 있다. 인간 교사는 인공지능이 제공한 데이터와 결과를 바탕으로 학생들과의 직접적인 상호작용과 상담을 통해 정서적 안정감을 주고, 고민을 해결하는 데 도움을 줄 수 있다.

최근 교실에 등장한 인공지능은 아직 실험 수준이지만, 수업 형태와 교사의 역할에 큰 변화를 가져올 가능성을 보여준다. 뉴질랜드 고등학교에서는 인공지능 '에이미(Amy)'가 수학을 가르치고, 한국 초등학교에서는 인공지능 로봇 '뮤지오(Musio)'가 아이들의 영어 학습을 돕는다. 미국 초등학교에서는 자폐 아동 교육에 인공지능 로봇 '마일로(Milo)'를 이용해 개개인의 학습 진도에 맞추고 상호작용을 하며 큰 성과를 거두고 있다.

[그림 8-3] 영어 공부 중인 학생들과 영어 학습 도우미 '뮤지오'[1), 2)]

이처럼 인간 교사는 현재 가장 많은 부분을 차지하는 교과 전달이나 행정 업무 등 반복적이고 시간 소모적인 작업은 인공지능 교사에게 맡기고, 보다 창의적이고 유의미한 교육 활동을 수행할 수 있을 것이다. 더불어 학생 개개인과 소통하면서 학생들의 사회적 · 정서적 성장을 지원하는 일에 시간과 노력을 집중할 수 있을 것이다(금준경 외, 2020).

3) 인공지능 시대 유아교사의 역량

태어날 때부터 디지털 기기에 둘러싸여 생활하는 디지털 원주민(Digital Native)인 유아들과 달리, 유아교사는 의식적으로 디지털 기술을 배워야 한다. 이러한 상황에서 인공지능과 유아교육과의 통합은 유아교사에게 낯설고 부담스러운 일이다. 그러나 인공지능 기반의 미래 사회로의 변화는 피할 수 없으며, 미래 사회의 구성원으로 살아갈 유아를 준비시키는 것은 유아교사가 해야 할 중요한 역할이 되었다.

따라서 유아교사는 인공지능의 기본 개념과 원리를 배우고, 활용할 수 있는 역량을 갖추어야 한다. 이를 통해 인공지능에 대한 막연한 두려움을 극복하고 질 높은 유아 인공지능 교육을 실천해야 한다(교육부, 2021a). 이를 위해 인공지능 시대에 유아교사가 갖춰야 할 역량에 대해 소개하고자 한다. 먼저, 교육부(2021a)에서는 유아 인공지능 교육의 현장 적용을 위한 유아교사의 역량을 [그림 8-4]와 같이 제시하고 있다.

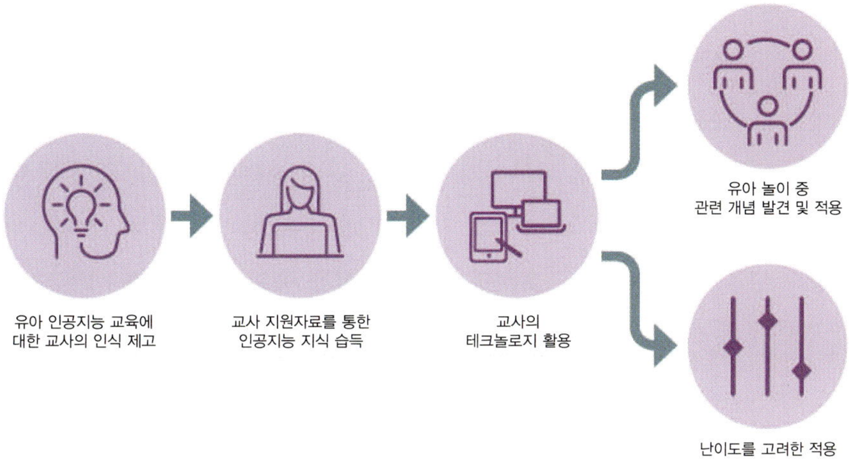

[그림 8-4] '유아와 함께하는 인공지능 교육'의 현장 적용 방안
출처 : 교육부(2021a). 유아와 함께 하는 인공지능교육-교사 지원자료, p. 21.

먼저, 유아 인공지능 교육에 대한 교사의 인식을 제고해야 한다. '인공지능 또는 디지털 기기를 기관에서 사용할 의향이 있는가?'라는 질문에 망설여진다면 그 이유에 대해 생각해 보아야 한다. 인공지능에 관한 나의 경험과 생각을 솔직하게 돌아보는 것부터 시작해야 한다. 인공지능 교육에 대해 가지고 있는 신념을 돌아보고, 유아기 인공지능 교육의 필요성이나 가치에 대해 충분히 고민해야 한다.

둘째, 다양한 자료를 통해 인공지능 지식을 습득해야 한다. 인공지능 교육에 관심을 가지고 관련 자료를 탐색해 보는 노력이 필요하다. 이는 인공지능 교육에 대한 교사의 기본 지식을 높여 막연한 두려움을 극복하는 데 도움이 될 것이다.

셋째, 테크놀로지를 활용해야 한다. 유아들과 함께 소통 · 활용해 볼 수 있는 인공지능 원리가 적용된 앱과 디지털 기기의 사용법을 익히고, 유아들과 함께 자유롭게 탐색하면서 재미와 흥미를 경험해 보는 시간이 필요하다. 여기에 익숙해지고 나면 인공지능 관련 개념과 연결하여 그 원리에 대해 충분히 생각해 보는 시간을 가진다.

넷째, 유아들의 놀이 중 관련 개념을 발견하고 적용해야 한다. 인공지능 교육이라고 해도 유아교육에 기본을 두고 있기 때문에 이 또한 유아의 놀이, 일상생활, 활동과 연계하여 이루어져야 한다. 교사는 인공지능 교육의 핵심 개념을 숙지한 뒤, 유아들의 놀이를 지속적으로 관찰하면서 적용 가능한 인공지능 개념을 발견하고 이와 관련한 놀이 경험을 충분히 제공해야 한다. 필요한 경우 교사가 계획한 인공지능 교육 활동을 실시할 수 있다.

다섯째, 난이도를 고려하여 적용해야 한다. 교사의 인공지능 지식, 이해 수준, 유아의 인공지능 소통 · 활용 수준, 교사의 테크놀로지 역량 수준, 기관의 디지털 환경 등을 고려하여 적용 가능한 인공지능 교육 콘텐츠를 활용해야 한다.

이은철(2022)은 예비 유아교사의 인공지능 활용교육 역량을 크게 교과 지식 이해, 수업 준비, 수업 운영, 수업 결과 피드백, 수업 지도, 자기 계발의 여섯 가지로 나누어 설명하고 있다.

〈표 8-8〉 예비 유아교사의 인공지능 활용교육 역량

역 량	요 인	요 소
교과 지식 이해	인공지능의 이해	지식 : 인공지능의 개념과 특성, 인공지능에 의한 사회 변화
	인공지능의 원리와 활용	지식 : 데이터의 수집-가공-시각적 표현, 영상 및 음성 인식, 문제해결-탐색-표현-추론, 기계학습과 딥러닝의 개념과 활용
	인공지능의 사회적 영향 및 윤리	지식 : 인공지능을 활용한 사회적 문제 및 윤리적 문제해결, 인공지능에 대한 사회적 책임과 공정성(데이터 편향), 인공지능으로 인한 윤리적 이슈 및 사회적 변화 대응
수업 준비	교육적 인공지능 탐색 및 선정 역량	지식 : 교육적 인공지능의 적절한 기준 기능 : 교육적 인공지능 탐색 및 선정
	인공지능 활용 수업 설계 및 구성	지식 : 놀이 중심 인공지능 활용교육을 위한 환경(네트워크, 하드웨어, 소프트웨어 포함) 및 수업 설계 절차 및 방법, 언플러그드 교육프로그램 개념 및 개발 방법 기능 : 실생활과 관련된 놀이 중심 인공지능 활용 수업 개발, 언플러그드 인공지능 활용 교육프로그램 개발
수업 운영	인공지능 활용 수업 진행	지식 : 인공지능 활용 수업을 위한 효과적인 교수법(학습 동기 유발, 참여 유도) 및 교수 원리 기능 : 참여 유도를 위한 발문 및 피드백, 수업 운영 중 발생한 문제해결
	인공지능 활용 학습 촉진 역량	지식 : 인공지능 활용 수업의 학습 촉진을 위한 도구의 유형 및 사용 원리 기능 : 인공지능 활용 수업의 학습 촉진을 위한 도구 사용
수업 결과 피드백	인공지능 활용 수업 평가 및 성찰	지식 : 인공지능 수업결과 평가 및 피드백 방법 기능 : 인공지능 수업결과 평가 및 피드백 태도 : 인공지능 수업결과에 대한 성찰
수업 지도	에듀테크 활용 능력	지식 : 실감미디어(증강현실-가상현실-메타버스), 언플러그드 및 인공지능 실습 도구의 유형 및 개념 기능 : 실감미디어 및 언플러그드 콘텐츠, 인공지능 실습 도구를 통한 수업 구성 및 운영 태도 : 수업을 위한 에듀테크의 적극적인 활용
자기 계발	인공지능 활용교육 전문성 향상	태도 : 인공지능 수업 전문성 향상을 위한 지속적인 자기 계발, 동료 교사와의 협업
	인공지능 활용교육 연구 역량	지식 : 인공지능 교육역량 강화와 관련된 연구 방법 기능 : 인공지능 교육 아이디어의 실체화를 위한 연구 능력 태도 : 인공지능 교육역량 강화를 위한 지속적인 연구 참여

출처 : 이은철(2022). 예비 유아교사들의 인공지능 활용 교육역량 요인 구성 연구, pp. 200-201.

인공지능 시대의 유아교사에게 요구되는 역량과 역할은 분명 변화하였다. 하지만 시대가 첨단으로 발전하더라도, 놀이 중심, 유아 중심이라는 유아교육의 본질적인 가치와 유아교사의 전통적 역할은 변함없으며 오히려 더욱 중요해질 것이다. 따라서 유아교사는 인공지능 시대 이전과 이후를 구분하여 역량을 함양하고, 역할을 수행하기보다는 교육의 근본적 가치를 바탕으로 역할을 고민하고 수행해야 할 것이다.

생각해 보기

인공지능 시대, 유아교사의 역할에 대해 이야기 나누어 보아요. 유아교사로서 어떤 준비를 해야 할까요?

더 알아보기

김민정(2022)은 인공지능 시대 유아교사에게 요구되는 핵심 역량과 교사상을 '정서전문성, 열정, 윤리의식, 교육과정 실행력, 의사소통기반 협업, 확장된 공동체 의식, 인공지능 소양, 반성적 사고'의 여덟 가지로 정리하고, 이를 종합하여 '건강한 인성, 현장유능성, 연대와 실행, 지속적 혁신'이라는 네 가지의 교사 역할을 제시하였다.

건강한 인성	현장유능성	연대와 실행	지속적 혁신
– 정서전문성 – 교직에 대한 열정 – 윤리의식	– 교육과정 실행력	– 의사소통기반 협업 – 확장된 공동체 의식	– 인공지능 소양 – 반성적 사고

첫째, 인성이 건강한 교사이다. 교사의 인성은 인공지능 시대에도 핵심적인 역량이라 할 수 있다. 여기서 인성은 구체적으로, 공감과 지원 역량인 정서전문성, 교직에 대한 열정, 윤리의식을 말한다. 유아교사는 예측 불가능한 사회 속에서 교사 자신과 유아들에 대한 정서적 지원을 수행해야 한다. 또한 바람직한 교육적 가치에 대한 고민과 이를 구현하고자 하는 열정과 노력이 필요하다. 마지막으로 인간에 대해 긍정적인 시각을 갖고, 공동의 선을 기준으로 하여 도덕적 판단을 하는 윤리의식을 갖춰야 한다. 이는 인공지능 사회에서 더욱 요구되는 역량이라 할 수 있다.

둘째, 현장유능성을 가진 교사이다. 유아교사는 변화하는 시대에 맞춰 전공 지식, 실천적 지식, 교양 지식을 바탕으로 교육과정을 잘 실행하는 현장전문가가 되어야 한다. 이는 2019 개정 누리과정의 실행은 물론, 유아 인공지능 교육 실행을 담보할 수 있어야 함을 의미한다.

셋째, 연대하고 실행하는 교사이다. 인공지능을 바탕으로 한 초연결사회에서 유아의 의사소통 능력과 협업 능력은 더욱 중요해질 것이며, 이를 지도할 유아교사의 관련 역량, 즉 사회의 여러 가지 이슈들에 관심을 가지고 공동체와 함께 연대하고 실천하는 역량 또한 중요하다. 이는 지역사회를 넘어 사회 전반을 아우르는 확장된 공동체 의식으로 자리 잡아야 할 것이다. 자신을 둘러싸고 있는 미시체계에서만 머무르는 것이 아니라 정책, 사회 전반의 이슈, 국제동향 등 거시체계에 대해 주체 의식을 갖고 소통해야 한다. 국가정책이나 정치적 판단에 따른 참여행위가 필요하며, 특별히 유아교육에 직접적인 영향을 미치는 국가정책이나 사안에 대한 교사의 관심과 참여가 필수적이다.

넷째, 지속적으로 혁신하는 교사이다. 이는 인공지능 시대가 요구하는 역량을 갖췄을 뿐 아니라, 반성적 사고를 기반으로 인공지능을 삶과 교육에 어떻게 접목할 것인지에 대해 사유하는 교사를 말한다. 그리고 이런 과정을 계속해서 반복하며 끊임없이 자기혁신을 해나가는 교사를 말한다.

출처 : 김민정(2022). 인공지능시대 유아교사의 핵심역량, pp. 27-49 재구성.

더 알아보기 : 유아교사 AI 리터러시 평정척도

요 인	문 항	매우 아니다 (1점)	아니다 (2점)	보통이다 (3점)	그렇다 (4점)	매우 그렇다 (5점)
AI 이해	나는 AI의 기본 개념을 알고 있다.					
	나는 AI가 탐색, 추론하고 학습하는 방법을 이해하며 사람의 학습 방법과 차이가 있음을 알 수 있다.					
	나는 컴퓨터나 AI 기술이 적용된 제품의 예시를 들 수 있다. 예 스마트폰, 로봇 청소기, 스마트 스피커 등					
	나는 AI가 외부 환경으로부터 오는 정보를 어떻게 인식하는지 알고 있다.					
	나는 AI의 특징이 무엇인지 알 수 있다. 예 문제해결능력, 학습, 범용성(응용)					
	나는 최신 AI 교육의 패러다임에 대해 알고 있다. 예 코로나19로 인한 AI 교육 활동 증가					
	나는 AI를 학습시키는 원리를 알고 있다.					
	나는 AI의 기본적인 작동 원리를 알고 있다. 예 지도경로 추천, 동영상 추천, 알고리즘 등					
	나는 AI가 적용된 제품 또는 기술을 1개 이상 사용하고 있으며 특성을 알고 있다. 예 AI 스피커, AI 가전, 클로바 램프 등					
AI 활용	나는 문제 상황에 따라 나에게 적절한 AI 기술을 선택하여 활용할 수 있다. 예 번역기, 학습 도우미, 로봇 등					
	나는 유아들과의 놀이에서 AI를 활용한 놀이 계획을 수립할 수 있다.					
	나는 교육적으로 활용 가능한 AI에 관심이 많다. 예 제품, 서비스, 콘텐츠 등					
	나는 유아발달에 적절한 AI 제품을 선택할 수 있다. 예 AI 스피커, AI 카메라, AI 현미경 등					
	나는 AI의 기술적 특징을 파악하고 교육적 활용방안을 수립할 수 있다. 예 AI 스피커-유아들의 언어표현력에 활용					
	나는 유아교육에서 활용할 수 있는 AI 교육의 구성 요소를 안다. 예 AI 이해, AI 활용, AI 가치 등					
	나는 유아교육에서 AI 이해교육, 활용교육, 가치교육을 구분하여 계획할 수 있다.					
	나는 수업을 계획하는 과정에서 교수학습 전략에 새로운 AI 기술을 활용하고 있다.					
	나는 유아의 AI 놀이를 위해 활용 가능한 사이트를 알고 있으며 사용한 적이 있다. 예 구글 어스, 구글 오케스트라, 두들 등					
	나는 AI의 교구를 유아의 일상생활과 놀이에 활용할 수 있다.					
	나는 AI를 활용한 수업이 효과적이라고 생각하며 자주 사용한다.					
	나는 다양한 디지털 도구와 AI 기능을 사용하여 기록 및 관찰을 통해 유아를 평가할 수 있다.					
	나는 유아의 활동 속에서 AI 요소를 평가할 수 있다.					
	나는 AI 교육 환경이 유아의 주도성 놀이에 긍정적인 영향을 미친다고 생각한다.					
	나는 놀이 중 AI 관련 개념을 발견하여 적용할 수 있다.					
	나는 유아가 놀이 과정에서 AI와 실물을 통합할 수 있도록 지원할 수 있다.					
	나는 놀이를 평가, 기록하는 과정에서 보조 도구로서 AI를 활용한다. 예 AI 카메라, AI 녹음기 사용 등					

AI 계발	나는 AI를 만들기 위해 목적에 맞는 데이터(자료)를 수집할 수 있다.					
	나는 AI 정보를 이용할 수 있는 다양한 사이트를 알고 있다. 예 챗GPT, 뤼튼 등					
	나는 AI의 교육적 활용에 대해 지속적으로 관심을 가지고 있다.					
	나는 유아교육에서 AI가 사용될 수 있는 분야에 대한 아이디어를 낼 수 있다.					
	나는 유아교육에서 AI 교육이 왜 중요한지 안다.					
	나는 AI가 무엇인지 유아의 수준에 맞게 설명할 수 있다.					
	나는 꾸준히 관심을 가지고 AI 관련 기술을 습득하려고 한다.					
	나는 유아의 AI 놀이를 지원하기 위해 교사 연수에 자율적으로 참여할 것이다.					
AI 윤리	나는 AI와 관련된 법 제도(저작권, 보안규정) 등을 이해하고 이를 준수하기 위해 노력한다.					
	나는 다른 사람이 개발한 AI 기술을 존중하고 동의 없이 마음대로 사용하지 않는다.					
	나는 AI가 추출한 결과나 행동을 윤리적으로 판단할 수 있다.					
	나는 AI가 유아의 삶에 미칠 영향을 알고 있다.					
	내가 수집한 데이터에 따른 AI의 판단이 적절한지 부적절한지 판단할 수 있다.					
	나는 AI의 교수학습 자료는 정확하고 편견 없는 자료, 포용적으로 사용해야 하는 것을 안다.					
	나는 AI가 유아교육 현장에 미치는 긍정적, 부정적인 영향을 알 수 있다.					
	나는 AI가 제공하는 콘텐츠의 신뢰성, 투명성을 파악할 수 있다.					
AI 놀이, 교수 지원	나는 유아의 특성, 상황, 수준에 맞게 AI를 맞춤형 개별화하여 사용할 수 있다.					
	나는 놀이 속에서 유아가 AI 개념과 원리를 경험하도록 준비한다.					
	나는 교실에 AI 관련 교구를 비치하여 자연스럽게 아이들이 접근할 수 있도록 한다.					
	나는 AI 놀이를 통해 놀이가 확장되도록 상호작용을 한다. 예 함께 놀이하기, 질문하기, 제안하기 등					
	나는 놀이 시 시범을 보이거나 놀이의 확장을 위해 AI 관련 자료를 제공한다.					
	나는 i-누리의 인공지능 교육 교사지원 자료에 대해 알고 있다.					
	나는 i-누리 및 인공지능 교육 유아 콘텐츠 및 매뉴얼을 현장에 적용한 경험이 있다.					
	나는 준비된 AI 놀이 방법을 알려주기보다는 탐색하여 유아들이 놀이 방법을 알아가도록 한다.					
	나는 언플러그드 놀이뿐만 아니라 플러그드 놀이(AI 기술이 적용된 프로그램이나 기기)를 실시하고 있다.					
	나는 유아, 환경 등 여러 측면을 고려하여 상황과 여건에 맞는 적절한 AI를 사용할 수 있다.					

출처 : 김선희 · 유구종(2024). 유아교사 AI 리터러시 평정척도 개발 및 타당화, pp. 49-51.

참고 URL

1) 제주일보. 진주리 기자(2020. 07. 26). https://www.jejunews.com/news/articleView.html?idxno=2168408

2) 인공지능신문. 전미준 기자(2021. 08. 25). https://www.aitimes.kr/news/articleView.html?idxno=22263

PART

3

디지털과 인공지능의 적용 실제

CHAPTER

09

유아 컴퓨팅 사고력

AI & Digital Education
for Early Childhood Teachers

CHAPTER

09 유아 컴퓨팅 사고력

1. 컴퓨팅 사고력의 개념

1) 컴퓨팅 사고력의 정의

컴퓨팅 사고는 1950년대 알고리즘적 사고(Algorithmic thinking)라는 용어로 처음 알려지기 시작했다. 이후 프로그래밍을 통한 절차적 사고 개발을 강조하던 패퍼트(Papert, 1980)가 '절차적 사고'라는 용어를 제시했으며, 지넷 윙(Jeannette Wing, 2006) 교수가 최초로 '컴퓨팅 사고'라는 용어를 사용하면서 통용되고 있다. 한국에서는 컴퓨팅 사고, 컴퓨팅적 사고, 컴퓨팅 사고력 등의 용어가 혼용되기도 하는데, 한국과학창의재단(이영준, 2014)은 전문가 협의를 통해 'Computational Thinking'의 우리말 표기로 '컴퓨팅 사고력'을 제안하였으며, 현재 교육과정에서도 이 용어를 사용하고 있다. 정리하면, 컴퓨팅 사고력은 문제해결 과정에서 컴퓨터 과학의 개념과 원리를 적용하여 논리적이고 체계적으로 접근하는 능력으로, 문제해결능력, 창의성, 비판적 사고 능력을 발휘하기 위한 필수 역량이다.

윙(Wing, 2006)은 컴퓨팅 사고력의 특성을 다음의 여섯 가지로 분류하였다.

- **개념화** : 문제해결 과정의 각 단계에서 발생하는 과제를 추상화하여 사고하는 것을 의미한다. 예를 들어, 블록 쌓기로 집을 만들 때는 집의 형

태와 크기에 대한 기준을 설정하고, 필요한 블록의 수와 종류를 파악하며, 블록을 쌓아나가며 창문 같은 디테일을 추가한다. 이러한 과정은 각각 설계, 자원 확보, 디자인, 건축, 최종 검토 및 수정 등의 단계로 나누어 접근할 수 있다. 단순히 막연하게 블록을 쌓아나가는 것이 아니라 세부적인 부분을 중간 단계의 과제로 설정하여 차근차근 수행하는 것이다.

- **인간이 갖춰야 하는 핵심 역량** : 컴퓨팅 사고력은 문제해결능력, 창의성, 비판적 사고력을 발휘하고자 할 때 갖춰야 하는 핵심 역량이다. 예를 들어, 블록을 쌓을 때 단순히 블록을 올리는 행동을 반복하는 것이 아니라, 어떤 모양과 크기의 블록을 조합할지 효율적인 방법을 고민하며 문제를 해결해 나가는 것이 중요한데, 이 과정에는 문제해결능력, 창의성, 비판적 사고력 모두가 필요하다.
- **컴퓨터가 아닌 인간의 사고 방법** : 컴퓨팅 사고력은 인간이 컴퓨터처럼 사고하도록 만드는 것을 의미하는 것이 아니라 인간의 문제해결 방식을 뜻한다. 예를 들어, 블록 쌓기에서 블록을 높이 쌓아가기 위한 원리는 동일하게 적용되지만, 무엇을 만들지 목표를 정하고, 어떤 블록을 사용하여 어떤 형태로 만들어 갈 것인지는 유아 각자의 창의성에 따라 탑, 빌딩, 단층집 등으로 달라진다. 이처럼 계획하고 실행하는 과정은 컴퓨터의 명령 수행 절차처럼 명료한 단계를 밟아나가면서도, 인간만의 상상력과 창의성이 과제 수행의 형태에 영향을 미치는 것이다.
- **사고의 결합** : 컴퓨팅 사고력은 수학적 사고와 공학적 사고의 결합을 바탕으로 이루어진다. 예를 들어, 유아는 블록을 쌓을 때 블록의 크기, 개수, 높이 등을 고려하고(수학적 사고) 블록이 무너지지 않게 무게 중심을 맞추어 설계하며(공학적 사고) 블록을 안정적으로 쌓을 수 있는 방법을 찾아간다.
- **아이디어 중심** : 컴퓨팅 사고력은 인공물이 아닌 아이디어를 의미한다. 예를 들어, 탑을 쌓고 싶은데 블록이 계속 무너지는 상황에서, 유아는 문제

상황을 인식하고 해결하고자 한다. 컴퓨팅 사고력을 발휘한 성과는 완성된 탑이 아니라, 탑을 완성하는 과정에서 발생한 사고 과정을 통한 유아의 지적 성장에 있다. 어떻게 쌓을지 생각하고 실험하는 과정 자체가 컴퓨팅 사고력의 핵심이다.

- **모두가 어디에서나 적용할 수 있는 사고** : 컴퓨팅 사고력은 누구든지, 언제 어디서나 적용할 수 있다. 블록 쌓기뿐만 아니라 놀이와 일상생활에서 컴퓨팅 사고력을 의식적으로 활용하며, 유아는 다양한 상황에 적용할 수 있는 문제해결 방식을 체득하게 된다.

2) 컴퓨팅 사고력의 구성 요소

컴퓨팅 사고력을 구성하는 핵심 개념은 분해, 추상화, 패턴인식, 알고리즘이다. 각각의 요소에 대해 구체적으로 살펴보면 다음과 같다.

(1) 분해

분해(decomposition)는 복잡한 문제나 시스템을 해결하기 위해 작은 문제로 나누는 과정이다. 즉, 문제를 잘게 나누어 구조를 파악하면 복잡성을 줄이고 문제를 더 체계적으로 쉽게 이해하는 데 도움을 준다. 예를 들어, 유아교육기관에서 '점심 식사 준비'라는 과제를 '손 씻기', '수저 준비하기', '급식실로 이동하기', '식판에 음식 받기'로 나누어서 제시할 수 있다. 또한 '동극 준비' 과제를 '배역 정하기', '대사 연습하기', '소품, 의상 준비하기', '배경 그리기', '포스터 만들기', '초대장 만들기'로 나눌 수 있다. 이때 교사는 유아에게 '동극을 하기 위해서 어떤 일을 해야 할까요?'라는 질문을 함으로써 분해 개념 발달을 도울 수 있다.

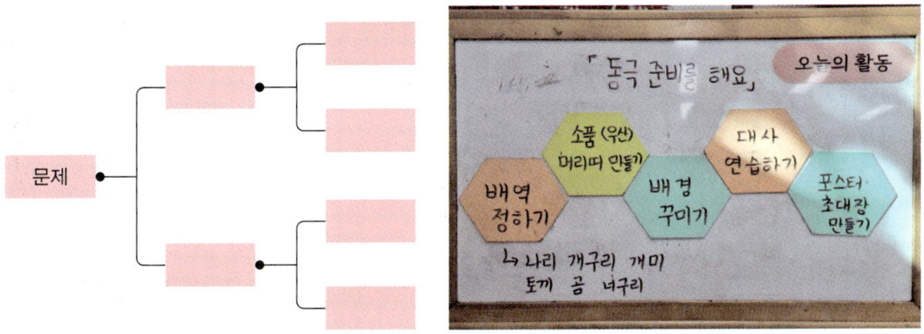

[그림 9-1] 분해 그림과 동극 활동에서의 분해 사례

(2) 추상화

추상화(abstraction)는 문제를 해결하기 위해 불필요한 사항을 제거하고, 필요한 정보만 남기는 과정이다. 즉, 본질적인 요소에 집중하고 복잡한 상황을 단순화하여 문제를 효율적으로 해결할 수 있도록 돕는다. 교통표지판, 미세먼지 안내판 등은 추상화의 대표적인 예이다. 유아교육기관에서 교사는 유아들의 추상화 개념 발달을 도울 수 있다. 예를 들어, 유아들이 고양이를 그림으로 표현할 때 고양이의 털, 근육구조 등 불필요한 요소를 제거하고 삼각형 모양의 귀, 눈, 코, 수염 등 핵심적인 요소를 추출하여 그리는 모습을 관찰할 수 있다. 이때 유아에게 '이 그림에서 가장 중요한 부분은 무엇인가요?'와 같은 발문을 통해 추상화 개념 발달을 도울 수 있다. 또한 하루 일과 소개 시 '아침 모임 → 미술 활동 → 점심 식사 → 바깥 놀이'와 같은 내용을 간단한 그림과 단어로 표현해 안내할 수 있다. 이와 같은 추상화 과정은, 문제해결의 핵심 요소를 파악하고 불필요한 정보를 거르는 능력을 키우는 데 도움을 준다.

[그림 9-2] 유아가 그린 고양이와 토끼, 유아교육기관의 하루 일과 안내

(3) 패턴인식

패턴은 이 외에도 반복패턴과 성장패턴으로 구분됨

반복패턴 : 'OXOX'처럼 순서가 계속 반복되는 패턴

성장패턴 : 'OXOOXXOOOXXX', '1, 3, 5, 7, 9'처럼 예측 가능한 방향으로 증가하는 패턴

패턴인식(pattern recognition)은 문제의 유사성이나 반복성 등의 규칙을 찾아내는 과정이다. 패턴은 유형에 따라 시각적 패턴, 청각적 패턴, 운동적 패턴으로 나눌 수 있다. 요일의 반복, 하루 일과의 반복 등 유아는 일상생활에서 쉽게 패턴을 접한다. 이때 교사의 의도적인 발문을 통해 유아의 패턴인식을 도울 수 있다. 예를 들어, 줄무늬 옷을 입은 유아에게 "민지의 옷은 흰색, 검은색이 계속 반복되네요."라고 반복되는 규칙성을 언급함으로써 패턴을 인지하도록 도울 수 있다. 또한 패턴의 예측을 돕기 위해 "이 그림의 패턴을 찾아볼까요? 다음에는 어떤 그림이 나올까요?"와 같은 질문을 할 수 있다. 이와 같은 패턴인식 과정은 문제에서 공통적인 규칙을 찾아내어 비슷한 문제를 효율적으로 해결할 수 있도록 돕는다.

시각적 패턴 청각적 패턴 운동적 패턴

[그림 9-3] 패턴의 유형

(4) 알고리즘

알고리즘(algorithm)은 문제를 해결하기 위해 설계된 단계적인 절차나 규칙을 의미한다. 알고리즘을 만드는 단계에서는 문제해결을 위한 구체적이고 체계적인 절차를 설계하고, 컴퓨터가 이해하고 실행할 수 있는 명확한 명령어로 구성하는 것이 필요하다. 예를 들어, '점심 식사 준비' 중 손 씻기에 대한 알고리즘을 구성한다면 '물을 튼다 → 손에 비누를 묻힌다 → 손을 문지른다 → 물로 헹군다 → 수도꼭지를 잠근다 → 수건으로 닦는다' 등 구체적인 명령을 단계적인 절차로 제시해야 한다. 교사는 "손을 씻기 위해서는 첫 번째로 무엇을 해야 할까요? 다음으로는 무엇을 해야 할까요?"와 같은 발문을 통해 유아의 알고리즘 인식을 도울 수 있다. 하나의 문제를 해결하는 알고리즘에는 여러 가지 방법이 있을 수 있다. 즉, 서로 다른 알고리즘이 같은 결과를 도출할 수 있는 것이다. 여러 알고리즘을 비교하면서 더 효율적인 방법을 찾을 수 있고, 이를 통해 문제해결의 논리적 순서와 효율성을 이해할 수 있다.

[그림 9-4] 알고리즘 구조와 손 씻기 순서도

더불어 컴퓨팅 사고력 확장을 위해서는 고차원적 사고를 할 필요가 있다. 고차원적 사고란 단순히 기본적인 지식이나 정보를 암기하거나 이해하는 단계를 넘어, 이를 분석하고 평가하며 창의적으로 적용하는 사고를 의미한다.

이는 비판적 사고, 문제해결능력, 창의적 사고와 같은 기술을 포함하며, 복잡한 문제를 창의적이고 비판적으로 분석하고 해결 방안을 도출하는 능력을 키우는 데 도움을 준다.

고차원적 사고의 대표적인 사례 중 하나는 큰 질문(Big Question)을 만드는 것이다. 큰 질문은 두꺼운 질문(Thick Question)이라고도 하며, 책이나 일상에서 쉽게 답을 찾기 어려운 질문으로 고차원적인 사고를 유도하는 데 효과적이다. 반대로 작은 질문(Small Question)은 얇은 질문(Thin Question)이라고도 하며, 쉽게 찾을 수 있는 질문을 의미한다. 예를 들어, '토끼와 거북이'에서 작은 질문은 "달리기 경주에서 누가 이겼나요?", "토끼가 경주에서 진 이유는 무엇인가요?"와 같이 명확한 답이 있는 질문이다. 반면 큰 질문은 "이후 토끼와 거북이는 또 경주를 했을까요?" 또는 "토끼와 거북이가 다른 형태의 경주를 했다면 결과는 어떻게 되었을까요?"처럼 이야기를 재구성하고 창의적인 사고를 유도하는 질문이다. 이와 같은 고차원적 사고를 통해 유아는 문제를 더 깊이 이해하고 창의적이고 논리적으로 접근할 수 있으며, 이는 컴퓨팅 사고력의 확장에 효과적이다.

2. 유아기 컴퓨팅 교육

1) 유아기 컴퓨팅 교육의 필요성

컴퓨터 과학은 현대 다양한 산업 분야에서 필수 요소로 자리 잡았으며, 유아들은 이와 밀접하게 연결된 환경에서 성장하고 있다. 이에 따라 국내외 많은 학자들(홍광표 · 조준오, 2017; Bers, 2017)은 컴퓨팅 사고력을 유아기부터 교육해야 할 중요한 사고 능력으로 강조하고 있으며, 컴퓨팅 사고력을 갖추었을 때 디지털 사회에서 비판적 사고, 창의적 문제해결 역량을 발휘할 수 있다고 주장한다. 유아기에 컴퓨팅 사고력을 경험하고 컴퓨팅 사고력을 함양하는 것은, 단순한 기술 습득을 넘어 미래 사회에서 필요한 창의적 · 융합적 사고를 기르는 중요한 기초가 되는 것이다. 이는 문제를 바라보는 시야를 넓히고 여러 관점에서 해결 방안을 탐구하는 태도를 기르는 데 도움이 될 수 있다.

실제로 영국과 미국 등 많은 나라에서 유아교육을 비롯한 공교육 체계에 컴퓨팅 교육을 비중 있게 도입하고 있다. 미국과 영국에서는 유아기를 컴퓨팅 사고력 발달의 중요한 단계로 여기고 컴퓨팅 사고력과 관련한 목표와 영역에 대한 체계를 제시하고 있다. 한국에서도 2022 개정 초등교육과정에서 코딩을 포함한 문제해결을 위한 절차적 사고, 기초적 프로그래밍, 프로그램 구조에 대한 이해 등 학생들의 컴퓨팅 사고력을 증진할 수 있는 내용을 제시하고 있다. 반면 2019 개정 누리과정은 유아를 대상으로 한 컴퓨팅 교육에 대한 지침이 마련되어 있지 않다. 유아들은 주로 방과후 과정 특성화 프로그램에서 단순한 수준의 코딩을 체험하거나, 좀 더 심화된 교육을 원하는 경우 사교육에 의존하고 있는 실정이다. 따라서 유아교육에서도 국가 수준 교육과정의 기준을 비롯한 체계적 컴퓨팅 교육 시스템 마련이 필요하며, 이는 초등교육과의 연계성 측면에서도 필요하다.

2) 유아기 컴퓨팅 교육의 목표와 내용

유아기 컴퓨팅 교육의 목표는 유아의 문제해결능력과 비판적 · 창의적 사고 능력을 기르는 것이다. 사람들은 대개 문제 상황이 발생했을 때 경험에 근거하거나, 단순한 정보에 의존하여 해결하려고 한다. 하지만 효과적인 문제해결을 위해서는 논리적이고 창의적인 사고 과정이 필요하다. 이러한 능력 중 하나가 컴퓨팅 사고력이며, 이는 복잡한 문제가 다양하게 발생하는 현대

사회에서 꼭 필요한 능력으로, 유아기부터의 접근이 필요하다.

유아들이 컴퓨팅 교육을 통해 배워야 할 내용에 대해 벌스(Bers, 2017)는 '파워풀 아이디어(Powerful Idea)' 일곱 가지를 제시하였다.

- **알고리즘(algorithms)** : 알고리즘은 문제해결을 위한 일련의 순차적 단계를 의미한다. 예를 들어, 블록으로 집을 쌓기 위해 '빨간색 블록을 3개 쌓는다 → 파란색 블록을 3개 쌓는다'라고 단계를 제시할 수 있다.
- **제어구조(control structures)** : 제어구조는 명령을 따르거나 실행되는 순서를 제어하는 방식을 의미한다. 이는 알고리즘이 작동하는 과정에서 특정 한계, 범위 또는 조건을 설정하여 명령을 실행하거나 중단하며, 특정 작업을 반복할 수도 있다. 예를 들어, '빨간색 블록 위에는 파란색 블록만 쌓을 수 있다.'라는 조건에 따라 블록을 쌓기를 할 수 있다.

알고리즘과 제어구조는 순차적 단계라는 공통점이 있으나 명확한 차이가 있다. 차이점을 살펴보면 〈표 9-1〉과 같다.

〈표 9-1〉 블록 쌓기로 알고리즘과 제어구조 구분하기

알고리즘	제어구조
• 블록을 쌓는 방법을 순서대로 제시하는 것 • '첫 번째 블록을 바닥에 놓는다 → 두 번째 블록을 첫 번째 블록 위에 놓는다 → 세 번째 블록을 두 번째 블록 위에 놓는다'	• 블록을 쌓는 과정에서 특정 한계, 범위, 조건에 따라 실행 방식을 결정하는 것 • '만약 블록이 무너지지 않으면 계속 쌓는다, 블록이 무너지면 정리한다'

- **모듈화(modularity)** : 모듈화는 복잡한 작업이나 절차를 간단하고 쉬운 단위들로 분해하고 각각의 단위(모듈)가 상호작용하게 하는 방식을 의미한다. 예를 들어, 블록으로 집을 짓기 위해 '벽', '문', '지붕', '울타리', '창문'이라는 모듈을 각각 만든 후 합쳐서 집을 완성할 수 있다. 윙(Wing)이 제

시한 분해의 개념과 유사한 측면이 있으나 분해는 문제를 쪼개는 것이고, 모듈화는 쪼갠 부분들을 효율적으로 관리, 조합한다는 점에서 차이가 있다. 두 개념을 비교해 보면 [그림 9-5]와 같다.

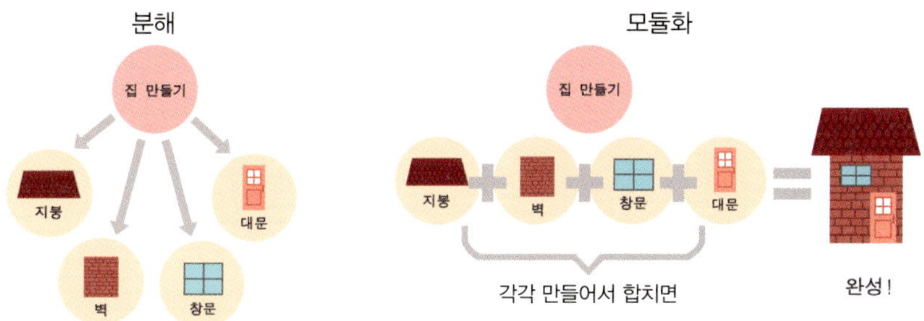

[그림 9-5] 블록으로 집 구성하기로 분해와 모듈화 구분하기

- **표상**(representation) : 표상은 정보를 표현하는 방식으로, 추상적인 개념을 시각적 혹은 디지털 등의 형태로 나타내는 것을 의미한다. 예를 들어, 블록으로 집을 만들기 위해 설계도를 종이에 그려서 자신의 생각을 다른 사람에게 공유할 수 있다.
- **하드웨어와 소프트웨어의 통합**(hardware/software Integration) : 하드웨어와 소프트웨어의 통합은 컴퓨터 시스템상에서 하드웨어와 소프트웨어가 작동하는 방식을 이해하는 것을 말한다. 예를 들어, 블록으로 만든 미로(하드웨어)에 코딩 로봇이 움직일 수 있도록 프로그래밍(소프트웨어)할 수 있다.

하드웨어
컴퓨터 시스템의 물리적인 장치(예 : 모니터, 키보드, 스마트폰)

소프트웨어
하드웨어를 작동시키기 위한 프로그램(예 : Microsoft word, 카카오톡 앱)

- **설계 절차**(design process) : 설계 절차는 문제를 이해하고 해결 방안을 모색하는 체계적인 과정을 의미한다. 예를 들어, 유아는 블록으로 집을 쌓기 위해 계획을 세우고 아이디어를 구상할 수 있다.
- **디버깅**(debugging) : 디버깅은 프로그램을 체계적으로 분석, 평가하는 것을 의미한다. 특히 오류가 발생했을 때 원인을 찾아내는 것은 컴퓨팅 사

고력 발달에 도움이 된다. 예를 들어, 블록 탑이 무너질 때 무너지는 원인을 찾고, 균형을 잡는 방법을 모색할 수 있다.

3) 유아 컴퓨팅 교육의 방법

유아교육의 핵심은 놀이에 기반을 둔 활동이며, 이는 컴퓨팅 사고력 교육에서도 다르지 않다. 자연스럽게 접하게 되는 생활 속 장면을 바탕으로 이루어지는 놀이를 컴퓨팅 사고력에 기반한 활동으로 연계할 필요가 있다.

또한 유아는 발달 특성상 추상적인 개념이나 복잡한 컴퓨터 언어를 이해하기 어려우므로, 유아의 발달 수준에 맞는 구체적인 방법을 통해 이루어져야 한다. 즉, 추상적인 프로그래밍을 배우는 것이 아니라, 유아들이 직접 보고 만질 수 있는 구체물을 활용하여 프로그래밍을 경험하도록 해야 한다. 예를 들면, 로봇에게 간단한 명령을 입력하여 프로그래밍을 경험해 볼 수 있다. 또한 컴퓨터를 사용하지 않고도 컴퓨터의 원리나 개념을 쉽게 이해할 수 있도록 교수 방법을 계획해야 한다. 예를 들어, 언플러그드 접근법을 사용하여 전자 기기를 사용하지 않고도 놀이와 같은 방식으로 컴퓨터의 원리나 문제해결 방법을 경험할 수 있다. 교육 현장에서는 유아의 컴퓨팅 교육을 위해 다양한 도구와 방법을 적용하고 있다. 코딩 로봇, 스마트 블록, 언플러그드 활동 등은 유아의 컴퓨팅 사고력을 기르는 데 도움을 준다.

3. 유아 컴퓨팅 교육의 실제

1) 플러그드와 언플러그드

컴퓨팅 사고력 함양을 위한 교육 방법은 디지털 기기 및 소프트웨어 사용 여부에 따라 크게 플러그드(Plugged)와 언플러그드(Unplugged)로 구분된다. 두 가지 접근법에 대해 구체적으로 살펴보면 다음과 같다.

(1) 플러그드 활동

플러그드는, '전기코드를 꽂은'이라는 의미를 가진 단어이다. 즉, 디지털 기기나 소프트웨어를 활용하는 접근법을 뜻한다. 이는 컴퓨터, 태블릿PC, 로봇 등과 같은 디지털 도구를 사용하여 학습하거나 놀이를 진행하는 방식이다. 플러그드 접근법은 기술을 직접 다루며 활동이나 놀이를 수행하므로, 유아들이 디지털 환경과의 상호작용을 경험하고 친숙해질 수 있는 경험을 제공한다.

유아를 대상으로 한 플러그드 접근법은 주로 놀이나 활동에 적용되어 '플러그드 놀이', '플러그드 활동'으로 불린다. 이러한 활동은 유아들이 컴퓨터 원리를 이해하고, 디지털 기기를 활용해 창의적인 방법으로 문제를 해결하며, 논리적 사고를 확장하도록 돕는다.

예를 들어, 로봇을 활용한 코딩 활동은 플러그드의 대표적인 사례로, 간단한 명령을 입력하여 로봇을 움직이고 미로를 탐색하게 한다. 버튼을 눌러 명령을 입력하는 비봇(Beebot)이나 엠타이니(mTiny), 카드를 넣어 명령을 입력하는 뚜루뚜루(Truetrue), 선의 색깔을 인식하여 움직이는 오조봇(Ozobot), 태블릿PC 앱을 통해 움직이는 카미봇(Kamibot), 대시앤닷(Dash & Dot) 등이 코딩 로봇의 예이다. 이 외에도 블록을 코딩 프로그램과 연동하여 패턴을 완성하거나 스토리를 제작하는 활동으로도 확장하여 활용되고 있다. 코딩 로봇 활용 사례를 살펴보면 〈표 9-2〉와 같다.

엠타이니 뚜루뚜루 오조봇

[그림 9-6] 다양한 코딩 로봇

〈표 9-2〉 코딩 로봇 활용 사례

절 차	방 법	예시 사진 (엠타이니를 활용한 놀이)
코딩 로봇 소개하기	코딩 로봇을 처음 접하는 유아들이 로봇에 친숙해지는 시간을 갖도록 함. 로봇을 소개하고 함께 이름을 정해보며, 간단한 사용 규칙에 대해 알아볼 수 있음	
코딩 로봇과 친해지기	유아들이 코딩 로봇을 다루는 기본 약속만 안내하고, 자유롭게 놀이함으로써 코딩 로봇에 익숙해질 수 있도록 함	
신체활동으로 코딩 놀이하기	유아들이 코딩 로봇의 지시 카드, 기호 등에 익숙하지 않으므로 신체를 활용해 코딩하는 놀이를 해보며 코딩에 익숙해질 수 있음	

로봇에 코딩 명령 해보기	해당 로봇의 사용 방법에 따라 다양한 방법으로 코딩을 해봄. 하나의 문제를 해결하기 위해 다양한 코딩을 할 수 있다는 것을 이해하게 됨	
문제 상황에 적용하기	다양한 문제 상황을 제시하고 코딩 로봇을 활용하여 문제를 해결해 봄(예 등대의 기호를 활용해 코딩 로봇으로 바다 탐험하기)	

출처 : 칠암초등학교 병설유치원 실제 활동 사례.

플러그드 접근법은 유아들이 컴퓨팅 원리와 기술을 체험할 기회를 제공하며, 컴퓨팅 사고력 요소를 실질적으로 적용할 수 있는 환경을 마련한다. 이러한 활동은 디지털 기기에 대한 긍정적인 경험을 제공하여 미래 학습자로서 기초를 형성하는 데 유용하다.

[그림 9-7] 엠타이니, 오조봇을 활용해 플러그드 활동을 하는 유아

(2) 언플러그드 활동

언플러그드는 '전기를 꽂지 않은'이라는 의미로, 디지털 기기나 소프트웨

어를 사용하지 않고 컴퓨팅 사고력을 적용하는 접근법이다. 비디지털 활동을 통해 유아들이 컴퓨터 과학의 개념을 이해하고 컴퓨팅 사고력을 함양할 수 있도록 하는 방법을 의미한다. 언플러그드는 벨, 리튼, 펠로우스(Bell, Witten, & Fellows, 1998)가 소개한 학습법으로, 구체적인 조작 활동을 통해 컴퓨터 과학의 원리를 학습하는 방법이다. 언플러그드 접근법은 컴퓨터나 프로그래밍 학습 없이도 컴퓨터 과학을 효과적으로 지도할 수 있으며, 실제 언플러그드 과정을 경험한 학습자들은 컴퓨터 과학을 더욱 쉽게 재미있는 교과로 인식하였다(권은정, 2008).

유아를 대상으로 하는 언플러그드 접근법은 주로 놀이와 활동 중심으로 진행되며, 유아들이 실물 자료나 상상력을 활용하여 문제를 해결하고 창의적으로 사고하도록 한다. 예를 들어, 종이와 펜을 활용해 미로를 탐색하여 길을 찾거나, 블록을 사용해 패턴을 완성하는 활동 등이 언플러그드 활동의 대표적인 사례이다. 언플러그드 활동은 복잡한 컴퓨터 원리와 기술적 개념을 유아의 발달 수준에 맞게 단순화하여 쉽게 접근할 수 있도록 도울 수 있다. 특히 이러한 활동은 놀이 기반의 학습 환경을 제공하여 유아들이 즐겁게 참여할 수 있도록 설계된다. 즉, 유아들은 몸을 움직이거나 실물 자료를 직접 다루면서 분해, 패턴인식, 추상화, 알고리즘 설계와 같은 컴퓨팅 사고력 구성요소를 자연스럽게 경험하고 학습하게 된다. 또한 언플러그드 접근법은 디지털 기기를 활용하기 어려운 여건에서도 쉽게 적용할 수 있어, 학습 환경의 제약을 줄이는 데 유용하다. 더불어 유아들은 놀이와 활동을 통해 친구들과 협력하며 문제를 해결함으로써 상호작용 능력과 의사소통 기술을 함께 향상시킬 수 있다. 이러한 경험은 협력적 문제해결의 중요성을 인식하고, 사회적 기술을 자연스럽게 익히는 기회를 제공한다.

[그림 9-8] 명령에 따라 솜공 올리기를 하는 유아

[그림 9-9] 암호편지 쓰기를 통한 언플러그드 활동

언플러그드 접근법은 컴퓨팅 사고력의 기초를 학습하는 데 중요한 역할을 하며, 디지털 기기를 사용하기 전에 기초적인 사고력을 확립할 수 있는 효과적인 방법이다. 특히 어린 연령의 유아들에게 효과적인 컴퓨팅 교육 방법이다. 즉, 언플러그드 활동은 유아들이 컴퓨터 과학의 기초를 부담 없이 경험하고, 놀이와 학습이 조화를 이루는 즐거운 학습 경험을 제공한다.

정영식 외(2023)는 5단계의 언플러그드 활동 절차를 제시하였다. 이를 표로 재구성하여 제시하면 〈표 9-3〉과 같다.

〈표 9-3〉 언플러그드 활동 절차

과 정	내 용	사례(길 찾기 놀이)
문제 제시하기	해결하고자 하는 문제 상황을 제시하는 단계. 유아가 직접 경험할 수 있는 실생활과 관련된 문제를 제시함으로써 관심과 동기를 유발함	출발점과 목표지점을 설정하고 중간에 다양한 장애물을 놓음. 그 후 유아들에게 출발점에서 목표지점까지 가장 빠르게 갈 수 있는 길을 찾아보자고 제안함
활동 안내하기	유아에게 언플러그드 활동을 구체적으로 안내하는 단계. 교사가 계획한 활동을 명확하게 안내함. 이때 이해가 부족한 유아에게는 개별적으로 안내하여 가능한 모든 유아가 활동 내용을 명확하게 인지하고 참여할 수 있도록 함	교사는 유아들에게 "출발점에서 목표지점까지 가려면 어떤 길이 가장 빠를까요? 끈을 사용해서 길을 만들어 볼까요? 장애물을 피하려면 어떤 방향으로 가야 할까요?"라고 말하며 이해를 도움. 또한 이해가 부족한 유아에게는 개별적으로 설명해 주며 이해를 도움

해결 방법 찾기	유아가 탐색 활동을 통해 문제를 인지하고, 구체적인 언플러그드 활동을 통해 문제해결 방법을 찾는 단계. 해결 방법은 다양한 의견을 수렴하여 찾을 수 있도록 모둠 활동을 강화함	유아들은 출발점과 목표지점을 확인하고, 목표지점까지 갈 수 있는 방법을 의논함. 장애물이 있는 길을 피하거나, 빨리 도착하는 길을 나름의 논리로 찾아보는 등 문제를 해결하기 위한 다양한 방법을 고민함
해결 방법 나누기	모둠에서 찾은 해결 방법을 발표하고 다른 모둠과 서로 의견을 나누며 문제를 해결하는 단계	자신 또는 모둠이 찾은 해결책을 공유함. '왼쪽 길은 장애물이 많아서 오른쪽 길로 돌아가면 빨리 갈 수 있어.' 또는 '위쪽으로 간 후 왼쪽으로 이동하면 빨리 도착할 수 있어.' 등 다양한 해결 방법을 공유하고 비교해 봄
일반화하기	문제해결의 결과를 유사한 문제에 적용하는 단계. 실제 문제에 적용해 보며 해결 방법을 평가하고 유사한 문제에도 적용해 봄. 이를 통해 중요 개념을 명확하게 인지할 수 있도록 함	실제로 길을 찾아보는 활동을 반복해서 하면 효율적인 경로를 찾을 수 있음. 이 과정에서 문제해결능력을 기르고 창의적인 생각을 할 수 있으며 길 찾기 놀이를 통해 문제를 해결하는 기본 원리를 인식하게 됨. 장애물이 있을 때 길을 돌아가야 한다는 것, 혹은 최단 경로를 찾는 방법 등을 알게 됨

출처 : 정영식 외(2023). 소프트웨어 교육론, pp. 169-170 재구성.

(3) 플러그드와 언플러그드 활동의 융합

유아교육기관에서의 활동은 통합적이고 융합적인 접근을 지향하며 컴퓨팅 사고력 교육도 예외가 아니다. 플러그드와 언플러그드 활동을 각각 경험할 수도 있지만, 유아의 놀이 맥락 속에서 융합적으로 실천할 수 있다. 유아들은 플러그드와 언플러그드 활동을 융합적으로 경험함으로써 복합적인 문제를 창의적으로 해결할 수 있다. 예를 들어, 유아들은 블록으로 미로를 만들며 동시에 로봇이 미로를 탐색할 수 있도록 경로를 설정할 수 있다. 이때 유아들이 미로의 구조를 추가, 수정하는 동시에 로봇의 경로도 재프로그래밍할 수 있다. 다른 예로는 유아들이 핸드벨을 사용하여 선율을 만들고, 그 선율을 로봇이 연주하도록 코딩할 수 있다. 유아들은 악기를 활용해 선율을 수정하거나 새로운 음을 추가하면서 로봇의 연주를 재코딩할 수 있다.

[그림 9-10] 블록으로 미로를 만들어 코딩 로봇을 이동시키는 유아

[그림 9-11] 핸드벨로 만든 음악을 코딩하는 유아

핸드벨로 만든 음악을 코딩한 결과물

2) 팅커링과 디버깅

팅커링과 디버깅은 문제해결과 탐구 과정에서 중요한 역할을 하며, 컴퓨팅 사고력의 핵심적인 구성 요소이다. 이 두 과정은 유아가 문제를 탐구하고 해결하며 새로운 아이디어를 발견하는 데 필수적인 역할을 한다. 팅커링과 디버깅의 개념과 활용에 대해 구체적으로 살펴보면 다음과 같다.

(1) 팅커링

팅커링(Tinkering)은 '부지런히 손을 움직여서 무언가를 만들어 내고 개선해 나가는 행위'로, 자유롭게 실험하고 탐구하며 시행착오를 통해 새로운 아이디어를 얻는 과정을 의미한다. 팅커링은 정해진 정답이 없는 문제를 해결하고, 놀이와 실험을 통해 학습하는 데 매우 효과적이다.

팅커링은 플러그드 활동과 언플러그드 활동 모두에 적용할 수 있다. 디지털 기기와 프로그램을 스스로 탐색해 보며 사용법을 익히는 것은 플러그드 활동 팅커링의 대표적인 사례이며, 새로운 자료나 놀잇감의 사용법을 교사의 설명 없이 유아가 스스로 탐구하거나, 주변의 재료나 물체를 탐구하여 놀잇감이나 창작물을 만들어 보는 활동은 언플러그드 활동 팅커링의 대표적인 사례이다.

[그림 9-12] 새로운 앱과 교구를 자유롭게 실험하며 탐구하는 유아

(2) 디버깅

디버깅(Debugging)은 '버그(bug)를 잡다'라는 의미로, 프로그램이나 문제해결 단계에서 생긴 오류나 비정상적인 연산의 원인을 찾아 수정하는 과정을 뜻한다. 디버깅이라는 용어는 초기 프로그래머들이 프로그램의 오류를 벌레(버그)에 비유하여 사용하기 시작한 데서 유래하였다.

활동이나 놀이에서의 디버깅은 오류를 찾아 수정하며 문제해결 과정을 반복하는 활동으로 정의할 수 있다. "왜 이 결과가 나왔을까?"라는 질문을 통해 원인을 분석하고 수정하며 논리적 사고와 문제해결능력을 강화할 수 있다.

디버깅 또한 플러그드 활동과 언플러그드 활동 모두에 적용할 수 있다. 코딩 로봇이 목표에 도달하지 못했을 때 원인을 찾아 경로를 수정하는 것은 플러그드 활동 디버깅의 대표적 사례이며, 블록을 쌓다가 무너졌을 때 잘못된 방법을 인지하고 해결 방안을 모색하거나 퍼즐을 맞출 때 잘못 놓은 조각을 찾아 수정하며 정답을 찾아가는 것은 언플러그드 활동 디버깅의 대표적인 사례이다.

[그림 9-13] 방향 카드의 오류를 찾아 수정하는 유아

[그림 9-14] 퍼즐에 잘못 놓은 조각을 수정하는 유아

3) 컴퓨팅 교육 활동 예시

유아의 컴퓨팅 사고력을 함양할 수 있는 언플러그드 활동은 매우 다양하며 전자 기기 없이 간단하게 컴퓨팅 사고력 핵심 요소를 경험할 수 있다는 장점이 있다. 앞서 제8장에서는 플러그드 활동의 예시를 제시하였으므로, 이 장에서는 컴퓨팅 사고력의 네 가지 구성 요소를 경험할 수 있는 언플러그드 활동의 예시를 소개하고자 한다.

(1) 분해

〈표 9-4〉 분해 활동 계획안

<table>
<tr><th>활동명</th><th>크리스마스 파티를 계획해요</th></tr>
<tr><td>활동 목표</td><td>• 크리스마스 파티를 위해 해야 할 일을 안다.
• 해야 할 일을 쪼개보는 경험을 통해, 컴퓨팅 사고 중 분해를 경험한다.
• 다른 사람의 의견을 경청하는 태도를 기른다.</td></tr>
<tr><td>활동 준비물</td><td>전자칠판</td></tr>
<tr><td rowspan="3">활동 구성</td><td>(1) 도입
• 크리스마스에 대한 경험을 나누며 활동에 관심을 갖는다.
– 크리스마스에 대한 경험이 있나요?
– 이번 크리스마스에 유치원에서 무엇을 하고 싶나요?</td></tr>
<tr><td>(2) 전개
• 크리스마스 파티에 대해 소개한다.
– 크리스마스에 유치원에서 작은 파티를 하고자 해요.
– 파티 때 하고 싶은 일이 있나요?
• 크리스마스 파티를 위해 준비해야 할 사항에 대해 의논한다.
– 크리스마스 파티를 위해서 무엇을 준비해야 할까요?
– 해야 할 일을 작게 나누어 보아요.
(전자칠판을 활용하여 유아의 의견을 글과 그림으로 나타내 준다)
• 준비 사항별로 역할을 나눈다.

〈크리스마스 파티 역할 분담〉
1) 환경 조성(크리스마스트리 꾸미기, 풍선 장식하기 등)
2) 간식 선정 및 준비하기
3) 크리스마스 기념 공연 준비하기(음악, 율동 등)</td></tr>
<tr><td>(3) 마무리
• 활동을 평가하고 마무리한다.
– 크리스마스 파티 준비를 위해 해야 할 일을 나누었어요. 해야 할 일을 나누니 어떤 점이 편리했나요?
– 내일은 내가 맡은 역할대로 크리스마스 파티를 준비해 보도록 해요.</td></tr>
<tr><td>평가</td><td>• 크리스마스 파티를 위해 해야 할 일을 아는가?
• 해야 할 일을 분해할 수 있는가?
• 다른 사람의 의견을 경청하는가?</td></tr>
<tr><td>확장활동</td><td>• 크리스마스 파티 준비하기</td></tr>
</table>

출처: 본 교재 저자 구성.

(2) 추상화

〈표 9-5〉 추상화 활동 계획안

<table>
<tr><th>활동명</th><th>우리 반 마크를 만들어요</th></tr>
<tr><td>활동 목표</td><td>• 상징의 특성과 중요성에 대해 안다.
• 추상화를 통해 우리 반을 대표하는 마크를 만든다.
• 나와 다른 의견을 존중하는 태도를 갖는다.</td></tr>
<tr><td>활동 준비물</td><td>도화지, 색연필, 가위, 풀, 색종이 등</td></tr>
<tr><td rowspan="3">활동 구성</td><td>(1) 도입
• 공공기관의 다양한 마크를 살펴보며 활동에 관심을 갖는다.
– 이런 그림을 본 적이 있나요? 이 그림이 있는 곳은 어디일까요?
– 우리 반을 나타내는 마크를 만들어 보아요.</td></tr>
<tr><td>(2) 전개
• 우리 반의 특징에 대해 이야기 나눈다.
– 우리 반은 어떤 특징을 가지고 있나요?
– 어떤 특징을 마크에 넣고 싶나요? 소개하지 않아도 되는 내용은 무엇인가요?
• 모둠별로 우리 반을 나타내는 마크를 디자인해 본다.
– 어떤 그림을 그리면 우리 반의 특징을 잘 표현할 수 있을까요?
– 모둠별로 우리 반의 마크를 디자인해 보아요.

〈활동 방법〉
1) 우리 반의 특징을 표현할 수 있는 것들에 대해 이야기 나눈다.
2) 마크에 사용할 색상, 모양 등에 대해 의논한다.
3) 모둠 구성원의 의견을 종합하여 마크를 그린다.

• 모둠별로 우리 반 마크를 소개한다.
– ○○모둠이 만든 마크에는 어떤 의미가 담겨있나요?
– 어떤 부분이 우리 반의 특징을 잘 표현한 것 같나요?
• 우리 반 최종 마크를 선정한다.
– 어떤 마크가 우리 반을 가장 잘 나타내는 것 같나요?</td></tr>
<tr><td>(3) 마무리
• 활동을 평가하고 마무리한다.
– 우리 반 마크를 만들며 우리 반의 특징을 잘 나타내기 위해서 어떤 노력을 했나요?</td></tr>
<tr><td>평가</td><td>• 상징의 특성과 중요성에 대해 아는가?
• 추상화를 통해 우리 반을 대표하는 마크를 만들 수 있는가?
• 나와 다른 의견을 존중하는가?</td></tr>
<tr><td>확장활동</td><td>• 우리 반 특징을 나타내는 반가 만들기</td></tr>
</table>

출처: 본 교재 저자 구성.

(3) 패턴인식

〈표 9-6〉 패턴인식 활동 계획안

활동명	봄꽃 원피스를 꾸며요
활동 목표	• 봄에 볼 수 있는 꽃에 대해 관심을 갖는다. • 시각적 패턴을 활용하여 원피스를 꾸민다. • 나와 다른 사람의 작품을 존중하는 태도를 갖는다.
활동 준비물	「봄의 원피스」 동화책, 원피스 도안, 봄꽃 그림 도안 등
활동 구성	(1) 도입 •「봄의 원피스」 동화를 감상하며 활동에 관심을 갖는다. – 등장인물은 어떤 옷을 입고 싶다고 했나요? – 봄꽃으로 패턴을 만들어서 원피스를 꾸며보아요.
	(2) 전개 • 봄에 볼 수 있는 꽃에 대해 이야기를 나눈다. – 봄에 피는 꽃에는 무엇이 있나요? 어떤 꽃으로 원피스를 꾸밀까요? • 활동 방법을 알아본다. 〈활동 방법〉 1) 원피스를 꾸밀 봄꽃 그림을 선택한다. 2) 봄꽃 그림으로 패턴을 만들어 본다. 3) 만든 패턴을 원피스 도안에 붙여 꾸민다. • 활동 방법에 따라 원피스를 꾸민다. (교사는 유아가 구성한 패턴을 말로 표현해 주며 격려한다) • 자신이 꾸민 봄꽃 원피스를 소개한다. – 어떤 봄꽃을 사용하였나요? 어떤 패턴을 만들었나요?
	(3) 마무리 • 활동을 평가하고 마무리한다. – 어떤 패턴의 옷이 가장 인상 깊었나요? – 우리가 꾸민 원피스를 교실에 전시해 보아요.
평가	• 봄에 볼 수 있는 꽃에 대해 관심을 가지는가? • 시각적 패턴을 활용하여 원피스를 꾸밀 수 있는가? • 나와 다른 사람의 작품을 존중하는가?
확장활동	• 봄꽃 원피스 전시회

출처: 본 교재 저자 구성.

(4) 알고리즘

〈표 9-7〉 알고리즘 활동 계획안

활동명	길을 안내해요
활동 목표	• 문제를 해결하기 위한 효과적인 알고리즘이 있음을 안다. • 알고리즘을 활용하여 길을 안내할 수 있다. • 문제를 해결하는 과정에서 친구와 협력하는 태도를 기른다.
활동 준비물	지도, 활동지, 색연필 등
활동 구성	(1) 도입 • 할머니 댁에 가기 위해 길을 찾는 상황을 통해 활동에 관심을 갖는다. 〈상황 제시〉 민지는 할머니 댁으로 심부름을 간다. 지도를 이해하기 어려운 민지가 길을 찾기 위한 방법을 알려달라고 요청한다.  – 민지가 무엇을 도와달라고 했나요? 민지가 할머니 댁에 갈 수 있도록 길을 안내해 주어요.
	(2) 전개 • 지도를 관찰하며 출발점과 도착점을 확인한다. • 목표지점에 도착하기 위한 단계를 모둠별로 탐구한다. – 할머니 댁에 도착하기 위해 어떤 방향으로, 몇 칸을 이동해야 하는지 생각해 보아요. • 구안한 단계를 알고리즘으로 작성해 본다. – 할머니 댁으로 가는 방법을 순서대로 작성해 보아요. • 다른 모둠이 작성한 알고리즘과 비교해 본다. – 모든 모둠이 같은 순서대로 길을 안내했나요? – 각 모둠이 안내하는 순서대로 길을 찾아볼까요? 모두 할머니 댁에 도착할 수 있나요? • 가장 효과적인 알고리즘을 찾아본다. – 어떤 순서대로 가면 가장 빨리 도착할 수 있을까요?
	(3) 마무리 • 활동을 평가하고 마무리한다. – 어떻게 길을 설명할 때 잘 이해할 수 있었나요? – 블록으로 길을 구성하여, 친구가 지시하는 대로 길을 찾아보는 놀이를 해보아요.

평가	• 문제를 해결하기 위한 효과적인 알고리즘을 아는가? • 길을 안내하기 위해 알고리즘을 작성할 수 있는가? • 친구와 협력하여 문제를 해결하는가?
확장활동	• 미로 탈출 놀이 – 블록으로 미로를 만들고, 친구가 지시하는 방법대로 탈출해 본다.

출처: 본 교재 저자 구성.

위에서는 각각의 구성 요소에 대한 활동 계획안을 제시하였으나, 실제 유아를 대상으로 하는 놀이나 활동에서는 여러 구성 요소를 통합할 수 있다. 이를 통해 유아는 다양한 컴퓨팅 사고력 요소를 경험할 수 있다. 이에 제시한 4개의 요소와 고차원적 사고를 적용한 동극, 게임 활동 계획안을 제시하면 다음과 같다.

〈표 9-8〉 컴퓨팅 사고력 함양을 위한 활동 계획안(동극)

활동명	「누가 내 머리에 똥 쌌어?」 동극을 해요
활동 목표	• 동화 주요 내용과 사건을 안다. • 분해, 패턴, 추상화, 알고리즘, 고차원적 사고를 활용해 체계적으로 동극 활동을 한다. • 동극 활동에 적극적으로 참여하며 협력하는 태도를 기른다.
활동 준비물	「누가 내 머리에 똥 쌌어?」 동화책, 동극 머리띠, 색지, 색연필, 카메라
활동 구성	(1) 도입 • 동화의 한 장면을 보며 활동에 관심을 갖는다. – 어떤 동화의 장면인가요? – 동화의 내용을 떠올리며 동극 활동을 해보면 어떨까요?
	(2) 전개 *** 패턴인식** • 「누가 내 머리에 똥 쌌어?」 동화 내용을 회상한다. – 동화에 누가 나왔나요?/ 그다음에는 누가 나왔나요? – 어떤 대사가 반복되었나요? • 배역을 정한다. *** 분해/ 추상화** • 동극 준비 방법을 의논하여 계획한다.

활동 구성	– 동극을 하기 위해서 무엇을 준비해야 할까요? • 역할을 나누어 동극을 준비한다. **〈동극 준비 역할 분담〉** 1) 소품, 의상, 동극 머리띠 준비하기 2) 배경, 무대 꾸미기 3) 대사, 동작 연습하기 4) 포스터, 초대장 만들기 – 동극 머리띠를 만들 때 등장인물을 어떻게 그리면 좋을까요? – 등장인물의 특성 중 가장 중요한 것은 무엇일까요? – 포스터를 만들 때 어떤 내용을 꼭 담아야 할까요? 들어가지 않아도 되는 내용은 무엇일까요? *** 알고리즘 설계** • 동극 리허설을 한다. – 동극의 시작을 어떻게 알리면 좋을까요? – 배우는 어디에서 등장하고, 어디로 퇴장하면 좋을까요? – 등장 방법과 순서, 퇴장 방법을 단계로 정리해 보아요. **〈동극 알고리즘 작성하기〉** 1) 무대의 왼쪽에서 등장인물이 나온다. 2) 앞을 바라보고 대사를 말한다. 3) 대사가 끝나면 무대의 오른쪽으로 퇴장한다. • 설계한 알고리즘에 맞춰 동극을 한다. (교사는 동극 장면을 촬영한다) *** 고차원적 사고** • 교사가 촬영한 동극 영상을 보며 활동을 평가한다. – 동극 장면을 보며 수정하고 싶은 부분이 있나요? – 어떻게 하면 더 재미있는 동극 공연이 될까요? • 의논한 방법으로 재공연을 해본다.
	(3) 마무리 • 활동을 평가하고 마무리한다. – 동극 활동을 하며 어떤 장면을 표현하는 것이 가장 재미있었나요? – 동극 공연 단계를 정리해 보니 어떤 점이 편리했나요? – 만약 동극을 혼자 준비했다면 어땠을까요? 친구와 함께 준비해서 좋았던 점이 있나요?

평가	• 동화 주요 내용과 사건을 아는가? • 분해, 패턴, 추상화, 알고리즘, 고차원적 사고를 활용해 체계적으로 동극 활동을 하였는가? • 동극 활동에 참여하며 다른 사람과 협력하였는가?
확장활동	• 디지털 동화 만들기 – 동화 내용을 토대로 「누가 내 머리에 똥 쌌어?」 디지털 동화를 제작하며 다양한 컴퓨팅 사고력 요소를 반영해 본다.

출처: 본 교재 저자 구성.

〈표 9-9〉 컴퓨팅 사고력 함양을 위한 활동 계획안(게임)

활동명	분리배출을 해요
활동 목표	• 쓰레기 분리배출의 중요성에 대해 안다. • 분해, 패턴, 추상화, 알고리즘, 고차원적 사고를 활용해 문제해결 방법을 탐색한다. • 문제를 해결하기 위해 협력하는 태도를 갖는다.
활동 준비물	마스킹테이프, 분리배출 마크, 재활용이 가능한 쓰레기(알루미늄 캔, 플라스틱 물병 등), 방향 카드 등
활동 구성	(1) 도입 *** 추상화** • 재활용 마크를 관찰하며 이야기하며 활동에 관심을 갖는다. – 이렇게 생긴 마크를 본 적이 있나요? 무슨 의미일까요? – 분리배출해야 하는 이유는 무엇일까요? – 재활용이 가능한 쓰레기를 알맞은 곳에 분리배출해 보아요.
	(2) 전개 *** 분해** • 재활용품을 보며 쓰레기를 분류해 본다. – 같은 종류의 쓰레기끼리 분류해 보아요. – 쓰레기를 분류하면 어떤 점이 편리할까요? *** 알고리즘 설계/ 패턴인식** • 행렬 모양 칸의 위편에 분리배출 마크를 붙인다. • 출발점에서 목표지점으로 가는 방법을 방향 카드로 표현해 본다. – 캔 분리배출 마크까지 가려면 어떤 순서로 이동해야 할까요? – 방향 카드를 놓아서 표현해 보아요. – 방향 카드에서 반복되는 규칙이 있나요? 반복되는 부분을 간편하게 표현할 수 있는 방법은 무엇일까요? • 게임 활동을 한다.

활동 구성	〈활동 방법〉 1) 두 명이 팀을 이루고 한 유아는 재활용품 쓰레기를 선택한다. 2) 다른 유아는 쓰레기를 분리배출하기 위한 이동 경로를 설정한다. 3) 친구가 설정한 이동 경로대로 이동한다. 4) 목적지에 도착하면 성공  *** 고차원적 사고** • 이동 경로 설정에 대해 평가한다. – ○○이가 지시한 대로 움직이니 목적지에 도착했나요? – 어떻게 수정하면 목적지에 도착할 수 있을까요? (디버깅) – 다른 방법으로 목적지에 도착할 수 있을까요? • 수정한 방법대로 이동해 본다. (3) 마무리 • 활동을 평가하고 마무리한다. – 쓰레기를 분리배출해야 하는 이유는 무엇이었나요? – 어떤 방법으로 분리배출 게임을 했나요? – 친구와 함께 문제를 해결하니 어떤 점이 좋았나요?
평가	• 쓰레기 분리배출의 중요성에 대해 아는가? • 문제해결을 위해 분해, 패턴, 추상화, 알고리즘, 고차원적 사고를 활용할 수 있는가? • 협력하여 문제를 해결하는가?
확장활동	• 분리배출 홍보 포스터 만들기 – 분해, 추상화 등 컴퓨팅 사고력 요소를 활용하여 분리배출 홍보 포스터를 제작해 본다.

출처: 본 교재 저자 구성.

생각해 보기

쇼핑, 길 찾기, 요리 등 일상생활에서 컴퓨팅 사고력을 활용한 적이 있나요?

나의 컴퓨팅 사고 과정에 대해 자유롭게 이야기해 보아요.

CHAPTER

10

유아를 위한 디지털과 인공지능 실제

1. 증강현실 체험하기
2. 인공지능과 그림 그리기
3. 디지털 음악 만들기
4. 애니메이션 만들기
5. 코딩 체험하기

AI & Digital Education for Early Childhood Teachers

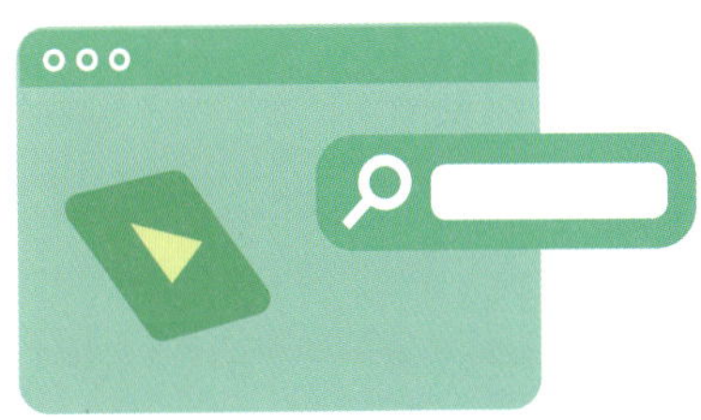

CHAPTER

10 유아를 위한 디지털과 인공지능 실제

디지털과 인공지능 도구는 유아의 디지털 놀이와 경험 지원에 효과적으로 활용될 수 있다. 예를 들어, 증강현실 체험, 인공지능과 그림 그리기, 디지털 음악 만들기, 애니메이션 만들기, 코딩 체험 등의 활동을 제공할 수 있다. 현장에서 무료(2025년 1월 기준)로 활용 가능한 도구와 구체적인 사용 방법은 다음과 같다.

1. 증강현실 체험하기

증강현실은 유아에게 현실에서 경험하기 어려운 상황을 간접적으로 체험할 기회를 제공한다. 예를 들어, 현실에서 만날 수 없는 공룡과 함께 사진을 찍거나, 직접 그린 그림 혹은 색칠한 도안이 화면 속에서 움직이는 것을 볼 수 있다. 이러한 체험은 단순한 흥미 유발을 넘어 유아의 창의력과 상상력을 자극하고 자기표현 능력을 키우는 데 도움을 준다. 유아들이 쉽게 접근할 수 있는 증강현실 도구와 활용 방법은 다음과 같다.

1) 색칠한 도안을 3D 애니메이션으로 만나기

퀴버(Quiver)는 증강현실을 활용해 유아가 색칠한 그림을 생동감 있게 움직이는 3D 애니메이션으로 변환하는 프로그램이다. 유아가 직접 색칠한 그림을 퀴버 앱으로 스캔하면, 평면의 그림이 화면 속에서 입체적으로 나타나 움직인다.

이 프로그램은 그림을 움직이게 하는 것뿐만 아니라, 캐릭터를 조작하여 공을 차고 스키를 타는 등 캐릭터마다 제공되는 다른 활동을 경험할 수 있다. 또한 물이 흘러가는 과정이나 우주에 대한 설명 등 유아의 발달 수준에 맞춘 학습적 요소를 제공하여 놀이와 학습을 자연스럽게 연결시킨다. 현실에서 색칠한 캐릭터를 증강현실로 구현하여 만날 수 있을 뿐만 아니라, 캐릭터와 함께 사진을 찍을 수도 있다.

퀴버의 공식 홈페이지에서는 몇몇 그림 도안은 무료로 다운로드 할 수 있으며, 추가 결제 시 더 다양한 도안과 워크북을 활용할 수 있다. 해당 도안은 퀴버 앱으로 QR코드를 스캔하여 그림을 간단히 3D화할 수 있다. 이를 통해 유아는 놀이를 넘어 자신의 창의적 표현을 실제처럼 구현하고, 디지털 기술과 친숙해지는 경험을 할 수 있다.

퀴버 홈페이지

[그림 10-1] 퀴버 도안을 크레용으로 색칠하는 유아

[그림 10-2] 퀴버 앱에서 3D화한 토끼 캐릭터로 미니게임(당근 던지기)을 하는 유아

2) 내 손의 큐브에서 3D 콘텐츠 탐색하기

머지 큐브(Merge Cube)는 손안에서 증강현실을 경험할 수 있는 학습 도구로, 큐브를 잡고 다양한 3D 콘텐츠를 탐색할 수 있는 프로그램이다. 종이로 만들어진 큐브를 스캔하면 화면에 여러 3D 객체들이 나타나며, 큐브를 움직이면 다양한 각도에서 객체를 관찰할 수 있다. 또한 스탬프 기능을 이용해 여러 개의 3D 객체를 배치할 수도 있다. 큐브를 통해 지구본부터 해부 가능한 심장, 화산 등의 3D 객체를 탐구할 수 있으며, 해부학, 천문학, 기술, 예술 등 여러 주제를 시각적이고 몰입감 있게 학습할 수 있다. 예를 들어, 화산 모형을 스캔해 화산 폭발 과정을 관찰하거나, 태양계를 탐험하고, 인체의 내부 구조를 탐구하는 등의 경험을 할 수 있다.

머지 큐브 홈페이지

큐브 전개도 다운로드

머지 큐브는 홈페이지에서 큐브 전개도를 다운로드하여 출력하거나, 머지 큐브를 구입하여 조립한 후 사용할 수 있다. 만들어진 큐브는 전용 앱(Object Viewer)을 통해 카메라로 스캔하면, 손 위에 다양한 3D 객체가 나타난다. 종이로 만들어지는 큐브 특성상 쉽게 망가질 수 있으므로, 큐브 전개도를 코팅하거나, 레고와 같은 블록으로 정육면체를 만들어 전개도로 감싸는 방법을 활용할 수 있다. 추가로, 머지 큐브는 코스페이시스(CoSpaces)와 연동해 다양한 콘텐츠를 만들 수 있다. 단, 코스페이시스를 결제해야만 머지 큐브를 생성할 수 있으며, 하나의 객체를 연동하거나 6개의 면에 각각 다른 콘텐츠를 제작할 수도 있다.

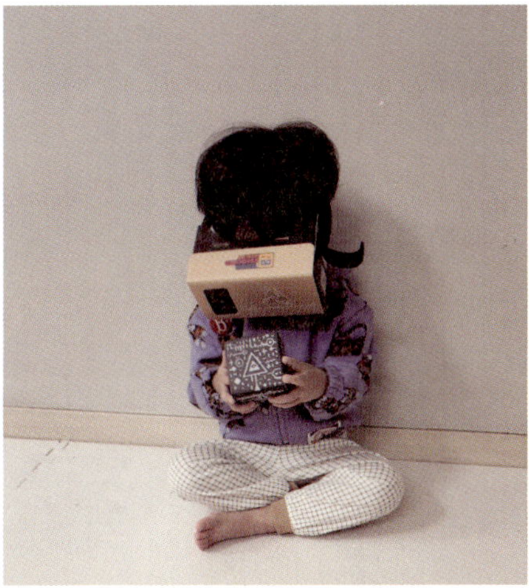

[그림 10-3] VR 카드보드를 쓰고 머지 큐브를 관찰하는 유아

[그림 10-4] 도로 그림의 실물 매트 위에서 머지 큐브로 3D 객체인 버스를 만들어 배치하고 있는 유아

VR 카드보드
간이형 VR 기기로, 스마트폰을 장착한 후 머리에 착용하여 머지 큐브를 관찰할 수 있음. 다만, 저가형 렌즈를 사용하기 때문에 어지러움을 유발할 수 있으며, 시력에 부정적인 영향을 줄 가능성이 높으므로 장시간 사용은 권장하지 않음.

3) 나를 따라 하는 캐릭터 만들기

스크루블리(Scroobly)는 유아의 움직임을 카메라로 감지하여 화면 속 캐릭터로 변환하는 프로그램이다. 웹캠 앞에서 캐릭터를 선택하고 몸을 움직이면, 화면 속 캐릭터가 동일한 동작을 표현한다. 스크루블리는 사용자와 시스템이 상호작용할 수 있는 인터랙티브 환경을 제공하며, 간단한 사용 방법으로 어린 유아도 쉽게 활용할 수 있다. 또한 유아가 직접 그린 캐릭터를 업로드하여 움직이게 할 수도 있어 창의적인 신체 표현을 자연스럽게 경험할 수 있다.

스크루블리는 별도의 앱 다운로드 없이 홈페이지에서 사용이 가능하며, 동작은 gif 파일 형태로 저장하여 공유할 수 있다. 단, 카메라 사용 권한이 허용되어야만 사용자가 상호작용을 할 수 있는데, 애플, LG 기기와 웹캠에서는 사용이 가능하지만 삼성 기기(갤럭시, 노트북)에서는 카메라 연결 문제가 발생해 사용이 제한된다.

스크루블리
홈페이지

[그림 10-5] 스크루블리

[그림 10-6] 스크루블리의 캐릭터로 오징어의 움직임을 표현하는 유아

유아가 스크루블리로 표현한 움직임

이 외에도 구글 검색을 활용하면 다양한 동물과 공룡을 증강현실에서 만나 볼 수 있다. 구글 검색창에 특정 동물이나 공룡 이름을 입력한 뒤, "3D로 보기" 버튼을 클릭하면 3D로 구현되며, 증강현실을 통해 실제 크기와 모습을 관찰할 수 있다. 이를 통해 해당 동물의 움직임과 소리, 크기 등 모습을 실감나게 경험할 수 있으며, 나의 공간으로 초대해 함께 사진을 찍을 수도 있다. 또한 구글 아트 앤 컬처를 활용하면 증강현실을 통해 예술과 문화를 경험할 수 있다. 전 세계 유명 미술관 혹은 박물관의 작품을 집에서 감상하고, 고대 유물과 건축물을 3D로 탐구할 수 있다.

구글 아트 앤 컬쳐 (Google Art & Culture) 웹뿐만 아니라 앱으로도 사용이 가능

구글 아트 앤 컬쳐

3D Bear

한편, 증강현실을 활용한 다양한 도구를 통해 놀이와 학습을 결합할 수 있다. 3D Bear는 다양한 3D 객체(동물, 가구, 로봇 등)를 증강현실에 배치하고 이를 활용해 유아가 창의적인 이야기를 창작할 수 있게 해주는 앱이다. 이러한 증강현실 체험은, 유아의 놀이와 더불어 학습을 지원하며, 창의성과 탐구심을 자연스럽게 발전시킬 기회를 제공한다.

[그림 10-7] 3D Bear 사용 예시 : 실물 음식 장난감(케이크, 오렌지, 수박)과 3D 객체(공룡, 알파벳)를 배치하여 만든 공룡 생일파티

2. 인공지능과 그림 그리기

AI 드로잉은 인공지능 기술을 활용하여 유아가 더욱 창의적이고 흥미롭게 그림을 그릴 수 있도록 돕는 디지털 도구이다. 그림을 잘 그리지 못하는 유아도 AI 드로잉 도구를 활용하여 결과물을 만들어 낼 수 있기에 흥미와 자신감을 경험할 수 있으며, 유아의 창의력과 상상력을 자극할 수 있다. 유아들이 쉽게 접근할 수 있는 AI 드로잉 도구와 활용 방법은 다음과 같다.

1) 인공지능과 함께하는 그림

오토드로우(AutoDraw)는 구글에서 제공하는 AI 드로잉 도구로, 간단한 스케치를 그리면 인공지능이 이를 인식하여 완성된 그림으로 변환해 주는 프로그램이다. 유아가 정교한 기술 없이도 쉽게 그림을 그릴 수 있도록 설계되어

오토드로우

있어 창의적인 표현을 지원한다.

예를 들어, 오토드로우 펜으로 동그라미를 그리면 인공지능이 이를 인식하여 행성, 달, 축구공, 배구공 등과 같은 객체 옵션을 제공한다. 유아는 제공된 객체 중 원하는 것을 선택하여 자신이 그린 그림을 해당 객체로 변환할 수 있다. 이 외에도 일반 드로잉 펜, 텍스트 입력, 도형 그리기, 색깔 넣기 등의 도구를 활용해 그림을 풍부하게 표현할 수 있다.

이 프로그램은 유아들이 그림을 그리기 위한 도구로 활용될 뿐만 아니라, 도형을 탐색하고 닮은 객체를 찾는 활동으로 확장할 수 있다. 또한 인공지능이 원하는 객체를 정확히 제안하도록 그림을 수정해 나가는 과정을 통해 컴퓨팅 사고력과 문제해결능력을 향상시킬 수 있다. 더불어 교사에게는 유아가 실제 색칠하거나 그림을 그릴 수 있는 도안을 만드는 데 유용한 도구로 활용될 수 있다.

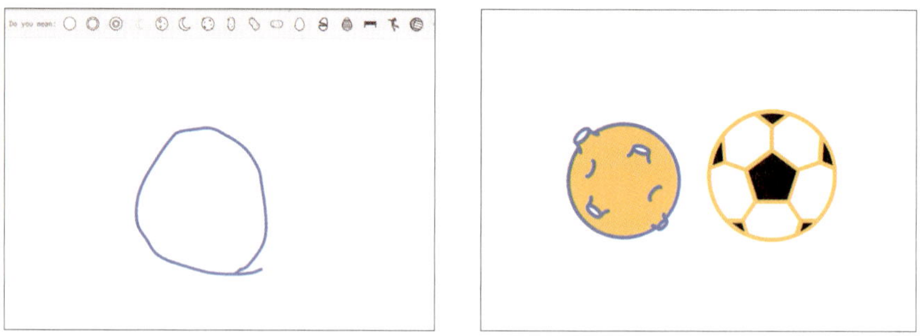

[그림 10-8] 오토드로우로 그린 그림

퀵드로우

이 외에도 사용자가 그린 그림을 인공지능이 인식하여 맞추는 게임인 퀵드로우(Quick, Draw!)가 있다. 퀵드로우는 사용자가 주어진 주제에 따라 그림을 그리면 인공지능이 이를 인식하여 맞추는 방식으로 진행된다. 이 게임은 유아에게 놀이를 통해 창의력과 문제해결능력을 키울 수 있는 기회를 제공하며, 인공지능의 학습 원리를 간접적으로 체험할 수 있게 한다. 또한 퀵드로우

프로그램을 응용하여 유아들끼리 서로 그린 그림을 맞추어 보는 활동이나, 인공지능이 더 잘 인식하도록 하려면 어떻게 해야 하는지에 대한 주제로 이야기 나누는 활동을 해볼 수 있다.

2) 그림에서 음악 만나기

칸딘스키(Kandinsky)는 크롬 뮤직랩(Chrome Music Lab)에서 제공하는 프로그램 중 하나로, 색과 선을 활용해 그림을 그리면 이를 음악으로 변환해 주는 도구이다. 유아는 그림을 그리는 동시에 음악적 요소를 탐색할 수 있다.

칸딘스키

이 프로그램은 선 하나만으로도 소리가 나므로 화면을 터치할 수만 있다면 영아도 체험이 가능하다. 또한 선의 끝과 끝이 만나 도형이 형성되었을 때 눈과 입이 생성되는데, 이와 같은 기능은 유아들의 흥미를 더욱 유도한다. 눈과 입을 생성하기 위해 그림을 더욱 정교하게 그리려는 과정에서, 유아는 소근육 발달과 신체 조작능력을 키울 수 있다.

칸딘스키는 매우 단순하지만, 색감이 뚜렷하고 생성되는 소리도 명확하여 유아의 흥미를 유발하기에 유용하다. 이를 활용한 확장활동으로는 생성된 소리와 유사한 소리를 내는 악기를 찾아보거나, 유아가 그린 선과 도형에서 나는 소리를 탐색한 뒤 다른 색이나 형태에서 어떤 소리가 날지 상상하며 이야기 나누는 활동 등이 있다.

[그림 10-9] 칸딘스키

[그림 10-10] 칸딘스키로 그림을 그린 후 소리와 움직임을 확인하는 유아

페인트 위드 뮤직

페인트 위드 뮤직(Paint with Music)은 정해진 배경에 그림을 그리면 이를 소리로 변환해 주는 프로그램이다. 구글 아트 앤 컬쳐에서 제공하는 프로그램 중 하나로, 정해진 배경(하늘, 바다, 종이 등)에 그림을 그리면 인공지능이 소리를 생성한다. 하늘에는 새 모양 도장을 찍어 새소리를 들을 수 있고, 바다에는 선을 그으면 고래 소리가 나는 등 배경과 그림의 조합으로 여러 소리를 경험할 수 있다. 유아와 함께 특정 배경에 그림을 그린 뒤 그림에서 어떤 소리가 날지 상상하고 이야기 나누는 활동으로 연결할 수 있다.

사운드 캔버스

유사한 프로그램으로는 구글의 사운드 캔버스(Sound Canvas)가 있다. 사운드 캔버스는 소리 나는 그림을 그릴 수 있는 도구로, 자신이 그린 그림에 따라 변화하는 소리를 들으며, 시각과 청각을 결합한 감각적인 경험을 할 수 있다. 또한 카메라를 연결하면 움직임에 따라 자동으로 그림이 그려지며, 이에 따른 소리가 재생된다. 유아와 함께 움직임에 따라 어떤 소리가 날지 상상하고 실행해 보는 활동으로 연결할 수 있다.

[그림 10-11] 페인트 위드 뮤직에서 바다를 배경으로 그림을 그려 소리를 생성한 예시

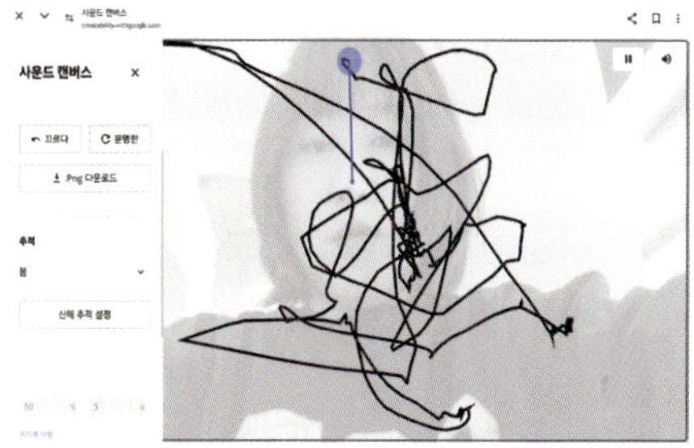

[그림 10-12] 사운드 캔버스에서 움직임으로 그림을 그려 소리를 생성한 예시

이매지너리 사운드스케이프(Imaginary Soundscape)는 사진과 어울리는 소리를 생성해 주는 도구이다. 웹의 갤러리에 있는 사진을 클릭하면, 해당 사진과 어울리는 소리를 들을 수 있다. 또한 사진을 직접 업로드하여 소리를 확인할 수 있으며, 로드뷰 기능을 활용하여 길을 옮겨 다니며 해당 풍경의 소리를 들을 수도 있다. 유아와 함께 사진을 보고 어떤 소리가 들릴지 상상해 보거나, 반대로 소리를 먼저 듣고 어떤 사진일지 상상해 보는 활동으로 연결할 수 있다.

이매지너리 사운드스케이프

[그림 10-13] 이매지너리 사운드스케이프 예시

3. 디지털 음악 만들기

디지털 음악 창작 도구는 유아가 창의적이고 흥미롭게 음악을 생성할 수 있도록 돕는 디지털 도구이다. 단순한 조작으로 음악을 만들어 낼 수 있어 유아들이 쉽게 접근할 수 있으며, 음악 경험과 더불어 디지털과 친숙해질 수 있는 기회를 가질 수 있다. 유아들이 쉽게 접근할 수 있는 디지털 음악 창작 도구는 다음과 같다.

1) 인공지능과 함께 만드는 음악

블롭 오페라

블롭 오페라(Blob opera)는 구글 아트 앤 컬처에서 제공하는 프로그램 중 하나로, 유아가 각 캐릭터의 목소리를 조작하여 화음을 생성하고 다양한 멜로디를 만들어 볼 수 있는 도구이다. 각각의 캐릭터는 베이스, 테너, 메조 소프라노, 소프라노의 음역을 맡고 있으며, 캐릭터를 위로 끌어올리면 높은 음을, 아래로 끌어 내리면 낮은 음을 낸다. 또한 한 캐릭터가 내는 소리에 따라 다른 캐릭터들은 자동으로 화음을 맞춘다. 이 프로그램은 단순히 재미를 제공하는 데 그치지 않고, 유아가 음의 높낮이, 화음, 음역대를 자연스럽게 경험하고 학습할 수 있도록 돕는다.

어시스티드 멜로디

어시스티드 멜로디(Assisted-melody) 역시 구글 아트 앤 컬처에서 제공하는 프로그램으로, 오선지에 점을 찍어 멜로디를 구성하고 음악가(베토벤, 바흐, 모차르트 등)를 선택하면 해당 음악가의 스타일에 맞게 화음을 자동으로 생성하는 도구이다. 이 프로그램은 단순히 음악을 생성하는 데 그치지 않고, 각각의 음악가에 대한 정보를 제공하여 음악가의 특징과 역사적 배경을 학습하도록 돕는다. 또한 같은 멜로디라도 선택한 음악가에 따라 생성되는 음악이 달라지므로, 음악 스타일의 차이점을 경험하고 비교하는 활동으로 확장할 수 있다.

[그림 10-14] 블롭 오페라

[그림 10-15] 어시스티드 멜로디

2) 디지털로 만드는 음악

송 메이커(Song Maker)는 크롬 뮤직랩에서 제공하는 음악 창작 도구로, 음표를 배치하거나 리듬을 설정하여 자신만의 음악을 만들 수 있는 프로그램이다. 특히 음표는 원하는 위치의 칸을 클릭하거나 터치하면 색으로 채워지며, 리듬 역시 터치만으로 설정할 수 있는 직관적인 형식을 제공한다. 또한 피아노, 바이올린, 마림바 등 다양한 악기 소리를 선택할 수 있으며, 템포 조정과 곡의 길이 조정 등을 통해 섬세하고 완성도 높은 음악을 생성할 수 있다. 송 메이커는 브라우저에서 바로 실행되어 데스크톱이나 모바일에서 쉽게 사용할 수 있다. 또한 완성된 음악을 저장하거나 다른 사용자와 공유할 수 있다는 장점이 있다.

송 메이커

이 프로그램은 유아들이 음악을 만드는 도구로 활용될 뿐만 아니라, 음악의 구조와 리듬의 개념을 학습할 수 있는 기회를 제공한다. 음표를 배치하거나 리듬을 설정하는 과정에서 악기의 음색과 템포, 음의 높낮이 등 음악적 요소를 자연스럽게 경험하게 된다. 또한 유아가 직접 만든 음악을 공유하거나 협력하여 곡을 만드는 등의 활동으로 확장할 수 있으며, 다양한 악기와 템포를 활용해 감정을 표현하는 활동 등을 수행할 수 있다.

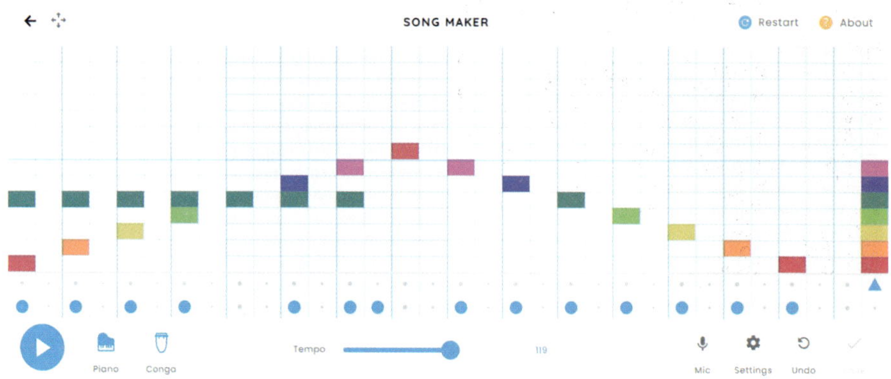

[그림 10-16] 송 메이커 사용 예시

리듬

이 외에도 크롬 뮤직랩의 리듬(RHYTHM) 프로그램은 리듬 학습을 돕는 도구로, 클릭하거나 터치하여 다양한 타악기의 소리를 설정하고 이를 조합하여 리듬을 생성할 수 있다. 이 프로그램은 간단한 조작으로 타악기의 소리를 경험하고, 리듬의 구조를 이해하며, 반복 패턴과 변화를 실험할 수 있다. 또한 유아는 이 프로그램을 활용하여 타악기와 다른 악기의 차이점을 찾아보거나, 타악기를 직접 연주해 보는 활동으로 연결할 수 있다. 더불어 주변에서 타악기를 대체할 수 있는 물건을 찾아 리듬을 만들어 보는 등의 활동으로 확장할 수 있다.

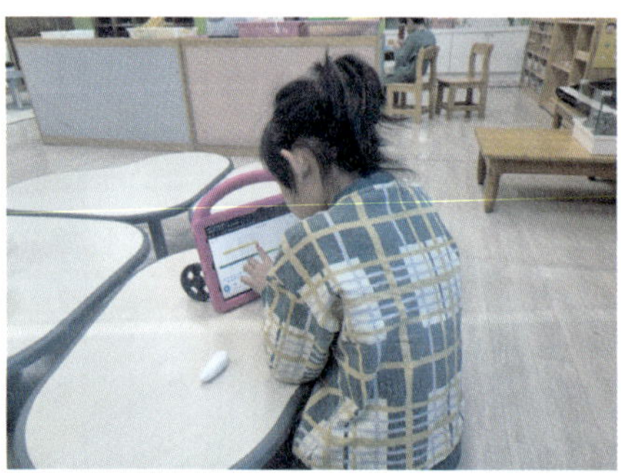

[그림 10-17] 송 메이커 프로그램으로, 빈칸을 채워 음악을 만드는 유아

[그림 10-18] 리듬 프로그램으로, 터치하여 트라이앵글 소리를 설정하는 유아

4. 애니메이션 만들기

1) 그림의 애니메이션화

애니메이티드 드로잉(Animated Drawings)은 유아가 그린 그림을 디지털화하여 생동감 있는 애니메이션으로 변환할 수 있는 프로그램이다. 유아가 직접 그림을 그리고, 이를 사진으로 찍어 업로드한 후, 그림의 머리, 어깨, 팔, 무릎, 다리 등 관절 위치를 설정하는 작업을 수행한다. 이후 제공된 움직임 옵션(걷기, 뛰기, 춤추기 등) 중 원하는 동작을 선택하여 애니메이션화된 그림을 관찰할 수 있다. 생성된 움직임은 저장하거나 다른 사람과 공유할 수도 있다.

애니메이티드 드로잉

유아는 자신이 그린 그림이 화면 속에서 움직이는 모습을 보며, 상상이 현실로 구현되는 과정에서 창의성을 자극받는다. 또한 그림의 움직임은 관절을 어떻게 설정하느냐에 따라 달라지므로, 유아는 오류를 찾고 수정하는 팅커링과 디버깅 과정을 자연스럽게 경험하게 된다. 이 과정은 유아의 컴퓨팅 사고력과 문제해결능력을 함양하는 데 도움을 준다.

본 프로그램을 활용한 활동을 통해 유아는 친구들과 함께 캐릭터를 제작하고 애니메이션화하는 과정에서 소통과 협력 능력을 키울 수 있다. 또한 유아가 캐릭터와 함께 이야기를 상상하도록 유도해 스토리텔링 활동으로 확장할 수 있으며, 완성된 애니메이션을 활용해 동영상으로 제작하는 활동으로 이어질 수 있다.

애니메이티드 결과물(gif)

[그림 10-19] 유아가 그린 그림을 애니메이티드 드로잉에 적용하는 과정

2) 그림과 사진으로 스톱 모션 애니메이션 만들기

스톱 모션 스튜디오

스톱 모션 스튜디오(Stop Motion Studio)는 손으로 그린 그림이나 사진을 사용하여 스톱 모션 애니메이션을 제작할 수 있는 앱이다. 사용자는 그림이나 사진을 한 프레임씩 연결하여 정지된 이미지가 움직이는 영상처럼 보이도록 제작할 수 있다. 이 프로그램은 유아가 애니메이션 제작의 원리를 이해하고 직접 체험할 수 있도록 한다. 유아는 이 도구를 활용하여 자신만의 동화나 이야기를 창작하고, 이를 시각적으로 표현하여 창의력과 상상력을 발휘할 수 있다.

플리파 클립

플리파 클립(Flipa Clip)은 또 다른 애니메이션 제작 앱으로, 사용자가 배경을 설정하고 각 프레임을 하나씩 만들어 가며 그림을 그려 스톱 모션 형식의 애니메이션을 제작할 수 있다. 레이어 기반 작업을 지원하여 캐릭터의 움직임을 더욱 정교하게 표현할 수 있다. 이 프로그램 역시 직관적이고 접근성이 높은 도구로, 유아부터 성인까지 자신만의 애니메이션을 제작할 수 있도록 지원한다.

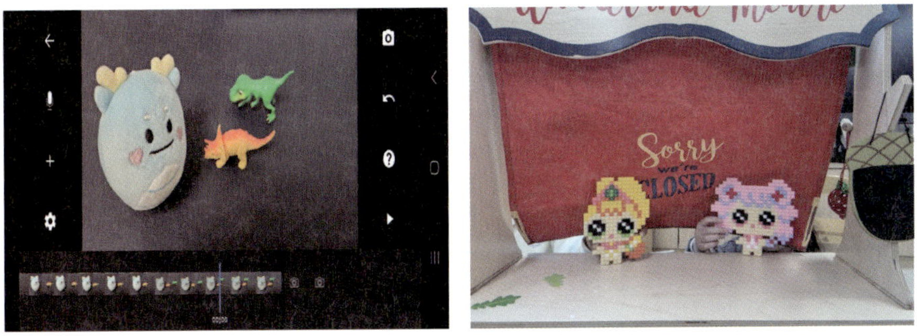

스톱 모션 스튜디오로 만든 애니메이션

[그림 10-20] 스톱 모션 스튜디오 사용 예시

5. 코딩 체험하기

코딩(Coding)은 프로그램에서 작업을 수행하기 위해 사용되는 언어인 코드(code)를 사용하여 명령을 내리는 것을 의미한다. 코딩을 체험하는 것은, 유아가 명령을 순차적으로 구성하고 이를 통해 목표를 달성하는 과정을 경험하면서 논리적 사고와 문제해결능력을 향상하는 데 도움을 준다. 특히 유아를 위한 코딩은 놀이와 학습을 결합하여 자연스럽게 컴퓨팅 사고력을 함양하는 동시에 사고력과 창의력을 함양할 수 있다. 유아들이 활용할 수 있는 코딩 체험 도구와 접근 방법은 다음과 같다.

1) 코딩과의 첫 만남

유아가 처음으로 코딩을 경험할 수 있는 도구 중 하나는, 토이트론에서 제작한 퓨처펜이다. '신기한 코딩책'은 뽀로로펜을 활용하여 코딩의 기초를 이해하도록 돕는다. 예를 들어, 코딩랜드로 가는 길의 방향을 펜으로 눌러보는 활동을 통해 코딩의 순차적 명령 구성을 체험할 수 있으며, 부르고 싶은 노래의 번호를 눌러 노래를 실행하고 숫자를 활용한 명령 실행을 학습할 수 있다. 또한 단어를 만드는 과정을 통해 명령 조합의 원리를 이해할 수 있으며, 숫자를 순서대로 눌러 이야기를 만드는 코딩을 통해 논리적 사고를 발달시킬 수 있다. 이러한 활동은 명령의 순차적 구성과 결과 도출 과정을 자연스럽게 경험하도록 설계되어, 유아들이 코딩의 원리를 재미있게 이해할 수 있도록 돕는다.

이러한 활동은 실생활과 관련된 다양한 활동으로 확장할 수 있다. 예를 들어, 유아와 간단한 명령을 듣고 목적지로 이동하는 활동을 통해 명령의 오류를 수정하고 개선하는 과정을 경험할 수 있다. 또한 오전 일과 순서를 이야기하는 활동은 오전의 활동을 순서대로 정리하며 유아가 순차적 사고를 학습하고 계획력을 기르는 데 도움을 줄 수 있다.

[그림 10-21] 신기한 코딩책과 퓨처펜

2) 디지털을 활용한 코딩

스크래치 주니어

코딩을 체험할 수 있는 가장 대표적인 프로그램은 스크래치 주니어(Scratch Jr.)이다. MIT(Massachusetts Institute of Technology)에서 개발한 3세 이상 유아용 코딩 도구로, 사용자가 블록을 조합하여 캐릭터를 움직이거나 애니메이션을 만드는 프로그램이다. 스크래치 주니어는 무료로 사용 가능한 블록 코딩 앱으로, 블록을 드래그 앤 드롭 방식으로 연결하며, 순차적 명령 구성, 반복, 조건문 등의 코딩 개념을 자연스럽게 익힐 수 있다.

드래그 앤 드롭(Drag and Drop) 마우스나 터치를 사용해 화면의 객체를 선택한 후, 원하는 위치로 이동시키는 방식

스크래치 주니어는 텍스트 코딩 대신에 그림 블록을 조합하는 간단한 방식으로 구성되어 있다. 이를 통해 유아는 복잡한 과정 없이도 스토리를 만들고 시각적으로 표현하여 상상력과 창의력을 발휘할 수 있다. 예를 들어, 유아는 간단한 이야기를 구성한 후 캐릭터를 움직이며 애니메이션을 제작할 수 있으며, 캐릭터를 집으로 이동시키기와 같은 특정 목표를 설정하고 이를 해결하는 과정을 탐구할 수 있다. 이러한 활동을 통해 유아는 자연스럽게 팅커링과 디버깅의 과정을 경험하며, 컴퓨팅 사고력과 문제해결능력을 함양할 수 있다.

[그림 10-22] 스크래치 주니어 사용 예시

코드닷오알지(Code.org)는 전 세계적으로 사용되는 온라인 코딩 학습 플랫폼으로, 유아부터 성인까지 연령과 수준에 맞춘 코딩 활동을 제공한다. 브라우저 기반으로 별도의 다운로드 없이 무료로 사용할 수 있으며, 계정을 만들면 학습 내용이 저장되어 연속적으로 코딩을 학습할 수 있다.

코드닷오알지

코드닷오알지는 클릭부터 드래그, 드롭과 같은 간단한 마우스 조작부터 복잡한 코딩 기술까지 다양한 콘텐츠를 제공한다. 특히 게임 랩(Game Lab) 댄스 파티(Dance Party), 뮤직 랩(Music Lab) 등 코딩을 통해 다양한 콘텐츠를 생성할 수 있는 플랫폼을 제공하고 있다.

[그림 10-23] 코드닷오알지 5~7세용 프리리더 익스프레스 과정 예시

에이아이 포 오션스

코드닷오알지 에이아이 포 오션스(AI for Oceans)는 인공지능과 기계학습에 대해 이해하고 체험할 수 있는 학습 프로그램이다. 사용자는 물고기와 바다 쓰레기를 구분하는 데이터를 AI에게 제공하여, 기계학습을 통해 AI를 학습시키는 과정을 직접 체험할 수 있다. 이 과정에서 AI는 제공되는 데이터의 중요성, 데이터 양과 정확성의 관계 등 기계학습의 주요 특성을 설명한다. 학습이 완료된 후, AI가 데이터를 올바르게 분류하는지 확인할 수 있으며, 잘못 분류된 데이터를 수정(디버깅)하여 AI의 정확도를 높이는 경험도 해볼 수 있다. 또한 중간중간 해양오염에 대한 정보를 제공하여, 사용자들이 자연스럽게 해양 환경 문제에 대해 관심을 갖고 학습할 수 있도록 유도한다.

[그림 10-24] 에이아이 포 오션스

코드닷오알지 댄스파티(Dance Party)는 블록 코딩을 통해 캐릭터들이 춤을 추도록 프로그래밍할 수 있는 도구이다. 사용자는 다양한 뮤지션들의 음악을 선택해 캐릭터의 움직임과 효과를 설정하여, 애니메이션을 완성할 수 있다. 이 도구는 블록 코딩을 활용해 음향 효과와 움직임을 조합한 애니메이션을 제작하고 저장하거나 공유할 수 있다는 장점이 있다. 유아들은 이러한 활동을 통해 코딩을 놀이처럼 체험하면서 학습할 수 있다.

댄스파티

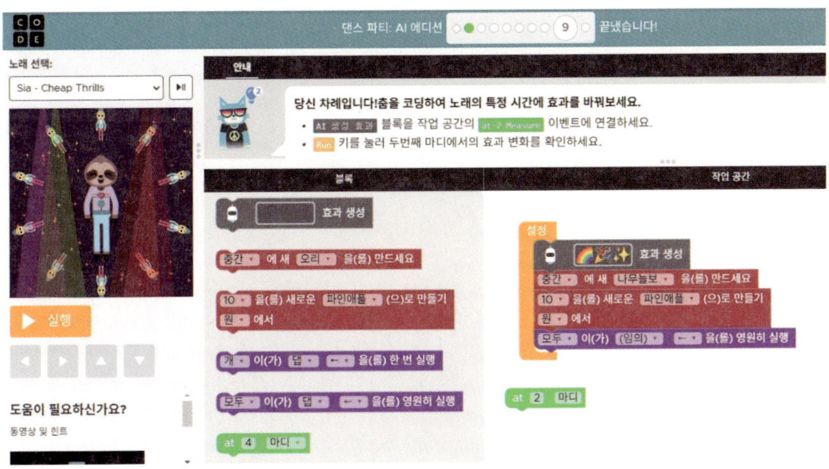

[그림 10-25] 댄스파티

마지막으로, 코드닷오알지 뮤직랩(Music Lab)은 블록 코딩을 활용해 음악을 제작할 수 있는 도구이다. 사용자는 다양한 뮤지션들의 음악과 악기 소리를 선택하고 조합하여 자신만의 음악을 만들 수 있다. 앞에서 소개한 송 메이커와는 달리, 여러 사운드를 조합하고 세밀하게 제어할 수 있어서 더욱 정교한 음악 제작이 가능하다. 특히 코드닷오알지의 모든 프로그램은 단계별 학습을 위한 튜토리얼을 제공하여, 초보자도 과정을 완료한 후 쉽게 활용할 수 있도록 설계되어 있다.

뮤직랩

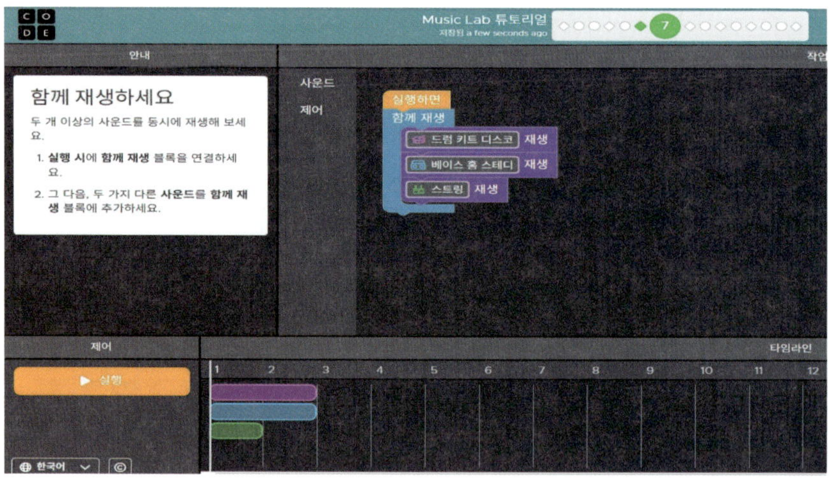

[그림 10-26] 뮤직랩 예시

이와 같은 디지털과 인공지능 도구는 유아의 놀이와 활동 지원에 다양하게 활용될 수 있다. 〈표 10-1〉은 디지털을 활용한 활동 계획안의 한 예시이다.

〈표 10-1〉 디지털을 활용한 활동 계획안

활동명	물놀이 준비운동 영상을 만들어요
활동 목표	• 물놀이할 때 지켜야 할 안전 수칙 중 준비운동에 대해 안다. • 활동을 통해 디지털 도구를 활용한 영상 제작과정을 경험한다. • 즐거운 마음으로 신체활동에 참여한다.
활동 준비물	전자칠판, 웹캠, 스크루블리, 클로바더빙, 캔바 등
활동 구성	(1) 도입 • 여름철 놀이에 대해 이야기 나눈다. – 여름에 할 수 있는 놀이는 무엇일까요? – 물놀이 경험이 있나요? 이야기해 볼까요? (2) 전개 • 즐겁고 안전하게 물놀이를 하기 위한 약속에 대해 알아본다. – 안전하게 물놀이를 하려면 어떤 약속을 지켜야 할까요? **〈물놀이 안전 약속〉** – 준비운동을 한다. – 심장에서 먼 곳부터 물을 적신 후 물에 들어간다. – 음식을 먹은 직후에는 물놀이를 하지 않는다. – 수심이 얕은 곳에서 놀이한다. – 물놀이 중간에 휴식을 취한다. – 왜 물놀이 전에 준비운동을 해야 할까요? • 물놀이 준비운동 영상 만들기 활동을 소개하고, 동작을 정한다. – 물놀이 준비운동을 즐겁게 하기 위해 우리만의 준비운동 영상을 만들어 보려고 해요. – 어떤 동작을 넣으면 좋을까요? – 정한 동작으로 다 함께 준비운동을 해볼까요. • 스크루블리를 활용하여 물놀이 준비운동 동작을 촬영한다. – 스크루블리를 통해 물놀이 준비운동 동작을 만들어 보아요. – 어떤 캐릭터를 사용해 볼까요? – 각자 맡은 동작을 촬영해 보아요. • 동작별 설명을 정하고, 클로바더빙을 활용해 설명을 추가(더빙)한다. – 각 동작에 대한 설명을 녹음하여 넣으려고 해요. 뭐라고 말해볼까요? (예 두 팔을 올리고, 몸통을 오른쪽, 왼쪽으로 움직여요) (교사는 유아들의 이야기를 전자칠판에 글로 적어준다) • 교사는 캔바를 활용하여, 스크루블리로 촬영한 동작 파일(gif), 클로바더빙 음성파일, 자막을 넣어 동영상을 완성한다. (해당 과정이 길어지면 사후 활동으로 진행할 수 있다)

활동 구성	• 제작한 물놀이 준비운동 영상을 보며 평가한다. – 만든 영상을 보니 어떤가요? – 추가하거나 고치고 싶은 부분이 있나요?
	(3) 마무리 • 활동을 평가하고 마무리한다. – 안전한 물놀이를 위한 준비운동에 대해 알아보았어요. – 우리가 어떠한 준비운동 동작을 만들어 보았나요? – 활동을 하며 어떤 점이 가장 즐거웠나요? 어렵거나 힘든 점은 없었나요?
평가	• 물놀이할 때 지켜야 할 안전 수칙 중 준비운동에 대해 알았는가? • 디지털 도구를 활용한 영상 제작과정을 경험하였는가? • 즐거운 마음으로 신체활동에 참여하였는가?
확장 활동	• 제작한 물놀이 준비운동 영상을 온라인(예 패들렛)으로 공유하고 홍보하기 • 준비운동 외 다른 물놀이 안전 수칙 홍보 영상 제작하기

출처: 본 교재 저자 구성.

생각해 보기

이 장에서 소개한 도구 중 사용해 본 것이 있나요? 가장 사용해 보고 싶은 것은 무엇인가요? 디지털 도구를 활용한 활동 계획안을 작성하고 공유해 보아요.

CHAPTER

11 유아교사를 위한 디지털과 인공지능 실제

1. 놀이 및 활동 지원
2. 가정과의 연계 지원
3. 교사 업무 지원

CHAPTER 11

유아교사를 위한 디지털과 인공지능 실제

디지털과 인공지능 도구는 유아교사의 업무 효율성을 높일 수 있다. 유아의 놀이와 활동을 풍요롭게 하고, 효과적인 가정과의 연계를 지원하는 데 활용 가능하다. 현장에서 무료로 사용할 수 있는 도구와 구체적인 사용 방법은 다음과 같다.

1. 놀이 및 활동 지원

유아의 디지털 활동과 놀이를 지원하기 위해서는 다양한 콘텐츠와 자료가 필요하다. 디지털 환경이 구축된 이후, 교사들은 교재 · 교구 제작에 드는 시간을 줄일 수 있으며, 다양한 도구를 활용해 더 나은 양질의 자료를 제작할 수 있다. 유아의 놀이와 활동을 위한 자료 지원에 도움이 되는 도구는 다음과 같다.

1) 시각화 자료 제작

대표적인 시각화 자료 중 하나는 프레젠테이션이다. 기존에는 프레젠테이션 제작 프로그램을 활용하여 개별 페이지를 직접 제작하였는데, 현재는 인공지능 기술의 발전으로 한 문장만으로 프레젠테이션을 자동 생성할 수 있게 되었다.

인공지능 기반 프레젠테이션 제작 플랫폼 중 대표적인 도구는 감마(Gamma)이다. 감마는 인공지능을 활용한 프레젠테이션 생성이 가능한 도구로, 사용자가 보유한 자료(텍스트, 프레젠테이션 등)를 활용하거나, 프롬프트를 입력하는 방식으로 간단하게 프레젠테이션을 만들 수 있다. 이 도구는 입력된 자료나 프롬프트를 분석하여 여러 장의 슬라이드로 구성된 프레젠테이션을 자동으로 생성하며, 인공지능 이미지를 함께 첨부하여 시각적으로 풍부한 결과물을 제공한다.

감마

프롬프트(prompt)
컴퓨터나 AI 시스템에 작업이나 명령을 수행하도록 입력하는 질문, 요청, 지시문 등을 의미

[그림 11-1] 감마로 제작한 프레젠테이션 예시(프롬프트 : 만 3세 유아를 대상으로 숫자놀이를 할 때 활용할 PPT 만들어 줘)

여러 디자인 템플릿을 제공하는 캔바(Canva)와 미리캔버스(MiriCanvas)는 대표적인 디자인 플랫폼으로, 프레젠테이션, 포스터, 브로슈어, 마인드맵, 그래프 등 각종 시각화 자료를 손쉽게 제작할 수 있는 도구이다. 구체적으로 살펴보면, 캔바는 비전문가도 고퀄리티 디자인을 쉽게 제작할 수 있도록 지원한다. 캔바는 앞서 언급한 자료 외에도 소셜 미디어 게시물이나 초대장, 동영상 제작 등의 기능을 제공한다. 제공된 템플릿을 선택하여 드래그 앤 드롭 방식으로 그래픽과 텍스트, 이미지 등을 간단히 편집할 수 있으며, 한글을 포함

캔바

미리캔버스

한 다국어 지원과 PC와 모바일 환경에서 모두 사용 가능하다는 장점이 있다.

캔바가 글로벌 사용자를 대상으로 설계된 데 반해, 미리캔버스는 한국어 사용자를 대상으로 한 로컬 디자인 도구로, 한국적인 콘텐츠 제작에 용이하다. 국내 행사, 시즌 등 한국 문화와 연관된 디자인 템플릿이 많으며, 현수막, 디지털 명함, 전단지, 스티커 등 다양한 형식을 제공한다. 사용법은 캔바와 마찬가지로 드래그 앤 드롭 방식으로 간단하며, QR코드 생성 및 삽입, 현수막과 같은 대형 출력물 제작도 가능하다는 차별성을 지닌다. 또한 한 문장만 입력하면 프레젠테이션을 완성해 주는 기능도 갖추고 있어 자료 제작에 용이하다.

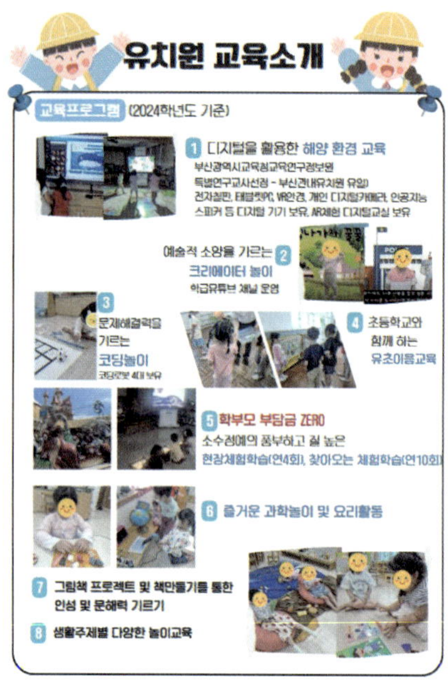

[그림 11-2] 미리캔버스로 만든 유치원 홍보 자료

[그림 11-3] 캔바로 만든 유치원 소개 프레젠테이션

본 프로그램으로 제작된 자료들은 인쇄하여 활용할 수 있을 뿐만 아니라, 전자칠판과 같은 디지털 도구를 통해 유아들과 이야기 나누기 시간에도 활용할 수 있다. 교사가 제작한 자료는 유아들이 직접 조작하거나 보완할 수 있으며, 자신이 그린 그림을 업로드하여 꾸미거나 동영상을 제작하는 활동으로 확장할 수 있다. 이러한 직관적인 인터페이스를 가진 프로그램들은 교사뿐만 아니라 유아의 창작과 학습 활동을 지원하는 데에도 효과적으로 활용될 수 있다.

2) 이미지 생성

개인정보와 저작권, 초상권에 대한 인식이 강화되면서, 콘텐츠 제작에 사용되는 이미지를 선택하거나 활용하는 것이 점점 어려워지고 있다. 이러한 어려움을 해결할 수 있는 도구가 바로 이미지 생성 도구이다. 이미지 생성 도구는 텍스트나 아이디어를 기반으로 고품질의 이미지를 자동으로 생성하는 인공지능 기반 도구이다. 이를 통해 교사들은 교육 자료나 활동 자료(예 동물 사진, 우주 환경, 안전교육을 목적으로 위험한 상황에 있는 유아의 모습 등)를 제작할 때, 개인정보나 저작권에 대한 걱정 없이 창의적이고 독창적인 이미지를 빠르고 쉽게 생성할 수 있다. 텍스트나 아이디어를 기반으로 이미지를 생성할 수 있는 도구와 해당 도구로 생성한 이미지는 〈표 11-1〉과 같다.

〈표 11-1〉 이미지 생성 도구

도구 이름	주요 특성	생성 이미지 (프롬프트 : 우주인과 우주정거장이 있는 우주 공간을 그려줘)
레오나르도 AI (Leonardo AI)	• 텍스트 기반으로 고품질의 이미지를 생성하고, 사용자가 원하는 스타일을 반영해 디지털 삽화 및 일러스트 제작이 가능함 • 매일 150개의 토큰 지급(이미지 생성 1회당 24개의 토큰 사용)	
딥드림 제너레이터 (DeepDream Generator)	• 구글에서 개발한 AI 도구로, 추상적이고 몽환적인 스타일의 이미지를 생성함 • 원하는 이미지의 스타일을 선택할 수 있으며, 결제 시 더 다양한 스타일을 선택할 수 있음 • 가입 시 100크레딧 지급(이미지 생성 1회당 4크레딧 사용)	
달 · 이 3 (DALL · E 3)	• OpenAI에서 개발한 텍스트 기반 이미지 생성 도구로, 사용자 입력에 따라 사실적 이미지부터 예술적 스타일까지 다양한 결과를 제공함 • 챗GPT(유료), 빙 이미지 크리에이터(Bing Image Creator)(무료)에서 프롬프트를 입력하여 이미지 생성 가능	

레오나르도 AI

딥드림 제너레이터

챗GPT

빙 이미지 크리에이터

이 외에도 코파일럿(Copilot), 뤼튼(Wrtn), 제미나이(Gemini) 등 다양한 생성형 인공지능도 프롬프트를 입력하면 이미지를 생성할 수 있다. 이러한 도구들은 간단한 명령어로 고품질 콘텐츠를 제작할 수 있기에 활용도가 높다.

더 알아보기

효과적인 이미지 생성을 위해서는 정확하고 간결한 프롬프트를 작성하는 것이 중요하다. 다음은 이미지 생성을 위한 프롬프트 작성 시 포함하면 유용한 정보와 팁이다.

- **기본 정보의 명확화**
  생성하고자 하는 이미지의 주제를 명확히 전달해야 하며, 이미지에 포함될 주요 인물이나 객체를 구체적으로 명시
  예 어린이 세 명이 놀이터에서 뛰놀며 웃고 있는 모습

- **스타일과 분위기**
  이미지의 전반적인 스타일이나 감정적인 톤, 분위기 지정하기
  예 수채화 스타일, 픽셀 아트 스타일, 고전 회화 스타일, 따뜻하고 아늑한 분위기, 미래적이고 첨단 기술을 연상시키는 분위기

- **디테일**
  원하는 색상 팔레트나 조명의 유형, 배경, 이미지의 시점이나 구도
  예 밝은 파스텔 색조, 따뜻한 조명, 눈 덮인 산, 도시의 야경, 높은 시점에서 내려다본 풍경, 정면에서 찍은 초상화

- **목적 및 용도**
  이미지가 사용될 맥락을 제공하면 더 적합한 결과를 얻을 수 있음
  예 유아를 대상으로 한 교육자료를 위한 일러스트

- **형식**
  출력될 형식인 비율과 크기, 텍스트 포함 여부 등
  예 16 : 9 비율, 고화질 1920×1080 해상도, 상단에 제목 텍스트 포함

3) 음악 창작

인공지능을 활용하여 텍스트 입력과 간단한 설정만으로 음악을 만들어 낼 수도 있다. 음악적 지식이 없어도 배경음악부터 가사가 포함된 노래까지 쉽게 제작할 수 있어, 다양한 활동과 프로젝트의 맞춤형 음악을 제작하는 데 효과적이다. 교사들은 명상, 식사시간, 체육 활동 등 특정 상황에 적합한 음악을 생성하여 환경을 더욱 풍부하게 만들 수 있다.

사운드 드로우

사운드 풀

먼저 배경음악을 제작할 수 있는 대표적인 도구로는 사운드 드로우(SoundDraw)와 사운드 풀(Soundful)이 있다. 사운드 드로우는 사용자가 선택한 스타일(예 힙합, 어쿠스틱, 팝 등), 분위기(예 행복, 희망, 우울 등), 테마(예 자연, 여행, 블로그 등)에 따라 맞춤형 음악을 생성하는 도구이다. 음악의 길이, 템포, 악기 구성 등을 세부적으로 설정할 수 있어 사용자가 원하는 대로 음악을 제작할 수 있다. 사운드 풀은 사운드 드로우와 유사한 기능을 제공하며, 사용자가 장르(예 힙합, 어쿠스틱, 팝 등)나 분위기와 테마(예 평화로운 피아노, 명상 등)를 선택한 후, BPM(Beats Per Minutes, 빠르기), 키(Key), 장단조(major, minor) 등을 조정하여 맞춤 음악을 생성한다. 이러한 도구들은 간단한 조작만으로도 고품질의 배경음악을 빠르게 제작할 수 있어 매우 유용하다.

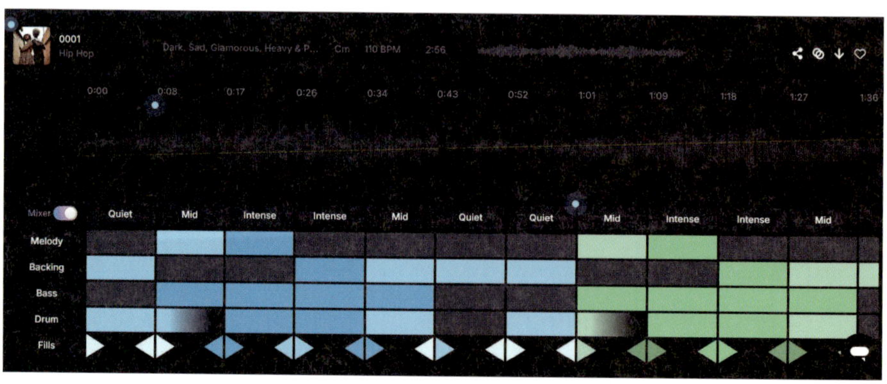

[그림 11-4] 사운드 드로우 예시

수노(Suno)는 인공지능을 활용하여 텍스트 입력만으로 음악을 생성할 수 있는 도구로, 다양한 장르와 분위기의 음악을 제작할 수 있다. 보컬이 포함된 곡이나 배경음악 등 여러 형태의 음악을 손쉽게 생성할 수 있다는 것이 장점이다.

수노

음악을 생성하는 방법은 크게 두 가지이다. 첫째, 간단한 프롬프트 입력만으로 음악을 제작하는 것이다. 사용자가 입력한 텍스트를 분석하여 제목을 정하고, 작사와 작곡을 통해 음악을 생성한다. 둘째, 사용자가 옵션을 지정(customizing)하는 것이다. 사용자가 직접 가사, 음악 스타일, 제목을 지정하면, 수노는 이를 바탕으로 맞춤형 노래를 제작한다. 수노는 생성된 노래에 어울리는 AI 이미지를 함께 제공하여 완성도 높은 콘텐츠를 제공한다.

수노로 제작된 음악은 활용도가 높아, 유아의 이름을 포함한 노래 제작이나 유아들과 함께 반 노래를 제작하는 활동 등에 효과적으로 활용될 수 있다. 이러한 활동은 유아의 참여도와 창의성을 높이는 동시에, 학습 활동에 재미를 더할 수 있을 것이다.

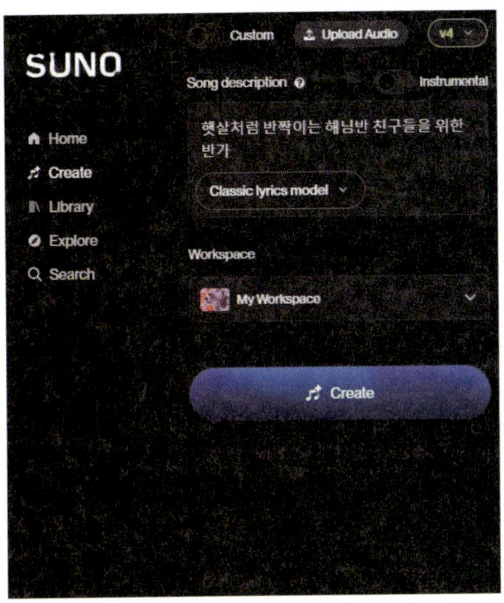

[그림 11-5] 수노로 제작한 첫 번째 음악 사례

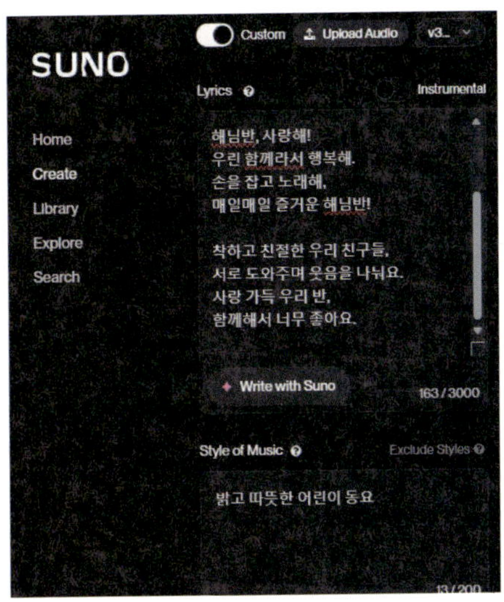

[그림 11-6] 수노로 제작한 두 번째 음악 사례

수노로 만든 반 노래

수노로 만든 반 노래 뮤직비디오

4) 동영상 편집 도구

동영상 편집 도구는 이야기 나누기 회상 자료와 같은 교육자료부터 학습 동영상, 유아들의 활동 영상 등을 쉽게 제작하고 편집할 수 있도록 지원하는 도구이다. 간단한 사용법과 편집 기능을 갖춘 도구들은 창의적인 시각 자료 제작과 시간 절약을 동시에 가능하게 한다. 주로 사용되는 동영상 편집 도구와 특징은 〈표 11-2〉와 같다.

캡컷

키네마스터

블로

마이크로소프트 클립챔프

런웨이 ML

비디오스튜

〈표 11-2〉 동영상 편집 도구

도구 이름	특 징
캡컷(CapCut)	• 간단한 인터페이스와 다양한 전환 효과, 자막 추가 기능 제공 • 초보자도 쉽게 사용할 수 있는 편집 도구 • 데스크톱과 모바일에서 모두 사용 가능
키네마스터(KineMaster)	• 모바일 환경에서 전문적인 편집 기능 제공 • 다양한 템플릿과 고급 효과 활용 가능 • 고해상도 편집 및 다양한 출력 옵션 제공
블로(VLLO)	• 자막 스타일과 배경음악(BGM) 추가에 강점 • 초보자도 접근 가능한 모바일 중심 동영상 편집 도구
마이크로소프트 클립챔프 (Microsoft clipchamp)	• Windows 10, 11에서 사용 가능한 동영상 편집 도구 • 화면과 웹캠을 동시에 녹화하는 기능 제공 • 인공지능 기반 자막 및 음성 추가 기능 제공
런웨이 ML (Runway ML)	• 인공지능 기반 동영상 편집 도구 • 텍스트 명령으로 배경 제거, 오브젝트 분리 등 고급 편집 가능 • 정적인 이미지를 움직이는 영상으로 변환 가능
비디오스튜 (VideoStew)	• 간단한 동영상 제작 가능 • 모바일에 적합한 형태의 동영상 제작 가능 • 타 도구와는 달리 유료(1달간 무료 체험 가능)

이와 같은 도구들은 교육 현장에서 효과적인 학습 자료 제작과 공유를 가능하게 한다. 교사들은 이 도구를 활용해 생동감 있는 시각 자료를 제작하고, 유아와 부모와의 소통을 더욱 강화할 수 있다.

2. 가정과의 연계 지원

디지털 도구는 유아와 부모의 참여를 높이고 가정과의 연계를 효과적으로 지원할 수 있다. 교사와 유아, 부모 간의 원활한 협력과 자료 공유를 돕기 위해 활용할 수 있는 도구는 다음과 같다.

1) 자료 공유

자료를 공유하고 협업을 촉진할 수 있는 대표적인 플랫폼 중 하나는 패들렛(Padlet)이다. 패들렛은 디지털 게시판 도구로, 개인 자료의 정리뿐만 아니라 자료의 공유와 소통이 가능하도록 설계되었다. 특히 텍스트, 이미지, 동영상, 링크, 파일 등 다양한 형태의 콘텐츠를 한곳에 정리하고 공유할 수 있다는 점이 큰 장점이다. 각 게시물은 실시간으로 업데이트가 가능하다.

패들렛

패들렛을 만든 호스트는 생성한 게시판의 링크를 외부에 공유할 수 있으며, 설정에 따라 외부 사용자가 게시물을 업로드하거나 댓글과 별점을 남길 수 있다. 벽 형식, 타임라인, 지도 기반 레이아웃 등 다양한 방식으로 콘텐츠를 구성할 수 있어, 목적에 맞는 게시판을 디자인할 수 있다. 또한 개인의 자료 정리 용도로 활용하는 경우에는 비공개로 설정하거나, 특정 인원과만 공유하고 싶은 경우에는 비밀번호 보호 기능을 사용할 수 있다. 공동 작업이 필요한 경우에는 편집 권한을 설정하여 여러 사용자가 동시에 편집하고 업데이트하는 협업이 가능하다.

패들렛은 유아교육 현장에서 유용하게 활용할 수 있을 것이다. 예를 들어, 유아들이 수행한 프로젝트 결과물을 업로드하여 함께 확인하거나, 활동 사진이나 동영상, 각종 자료를 게시판에 게시하여 학부모와 공유하는 데 사용할 수 있다. 또한 교사들 간에 교육자료를 공유하거나 공동으로 자료를 제작하는 협업 도구로 활용할 수 있다.

[그림 11–7] 패들렛 예시

코스페이시스

코스페이시스(CoSpaces)는 가상현실과 증강현실을 활용해 3D 공간을 제작하고 공유할 수 있는 플랫폼이다. 직관적인 인터페이스를 통해 누구나 쉽게 사용할 수 있어 디지털 스토리텔링, 가상 프로젝트 제작 등 다양한 방식으로 활용될 수 있다. 특히 드로그 앤 드롭 방식으로 입체물과 텍스트, 이미지, 소리 등을 결합해 자신만의 3D 공간을 제작할 수 있다는 것이 큰 장점이다. 생성된 콘텐츠는 가상현실 헤드셋이나 증강현실 모드를 통해 몰입감 있게 체험할 수 있다.

코스페이시스는 교사가 링크를 통해 유아를 초대하고 가상의 공간을 오픈하여 3D 공간을 만들도록 지원할 수 있다. 교사는 학생들의 작업물을 언제든 확인하고 함께 작업할 수 있어 효과적인 피드백과 협업이 가능하다. 또한 자신이 만든 3D 공간을 외부에 공유하여 창작물을 소개할 수도 있다.

이 플랫폼은 교사가 전시회 공간처럼 3D 환경을 만들어 유아의 창작물을 공유하거나, 교육자료 제작에 3D 기능을 활용하여 몰입감을 높일 수 있다. 또한 학생들이 자신만의 가상 세계를 프로그래밍하여 코딩 개념을 자연스럽게 익히는 학습 활동으로도 활용할 수 있다. 이 장에서 코스페이시스를 교사를 위한 도구로 구분하였으나, 교사와 유아 모두 다양한 방식으로 창의성을 발휘하고 효율성을 높이는 데 활용할 수 있는 유용한 도구이다.

가정연계 **"디지털 우표박물관을 열다!"**

〈코스페이시스(CoSpaces)로 만든 우표박물관〉

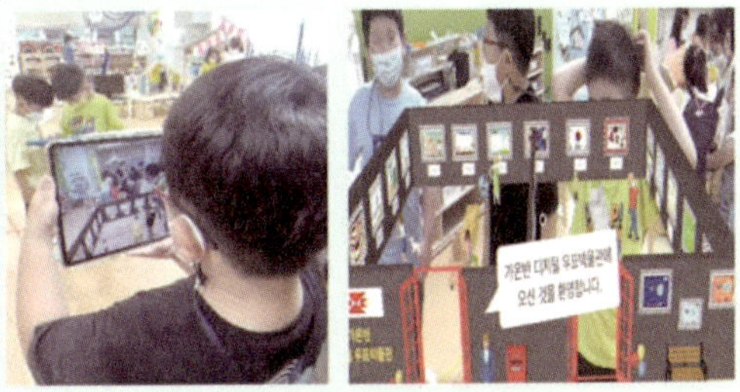

〈코스페이시스(CoSpaces) 우표박물관 놀이〉

메타버스 공간인 코스페이시스 앱을 활용하여 만든 디지털 우표박물관은 AR, VR을 통해 교실 안에서 또 다른 디지털 놀이터를 만들고 즐기는 가상공간으로 완성되었다. 이와 함께 가정에서도 시간과 공간의 제약 없이 디지털 우표박물관을 체험하고 친구들의 우표를 감상할 수 있도록 연계가 이루어졌다.

[그림 11-8] 서울교육 코스페이시스로 만든 디지털 우표 박물관

서울교육

2) 부모와의 소통

유아교육기관에서는 부모와의 원활한 소통을 위해 플랫폼을 사용한다. 이러한 플랫폼은 공지사항, 식단표, 행사 일정 등을 안내하고, 유아의 활동 사진과 알림장을 공유하는 데 유용하다. 또한 부모와의 실시간 소통이 가능하여 유아의 성장과 일상에 대한 정보를 더욱 효과적으로 전달할 수 있다. 대표적인 플랫폼으로는 키즈노트(KidsNote)가 있으며, 주요 기능은 다음과 같다.

키즈노트

- **공지사항 및 일정 관리 :** 학사 일정, 행사, 공지사항 등을 부모에게 쉽게 전달할 수 있다. 예를 들어, 체험 학습 일정이나 긴급 공지사항을 실시간 알림으로 안내할 수 있다.

- **유아 활동 기록 공유** : 사진, 동영상 활동 내용 등을 플랫폼에 업로드하여 아이의 일상을 확인할 수 있다. 부모는 게시글에 댓글을 남기거나 반응을 표현할 수 있다.
- **식단표와 건강 정보 제공** : 유아의 급식 메뉴와 영양 정보를 주간 또는 월간 단위로 제공하며, 알레르기나 전염병과 관련된 건강 정보 등을 실시간으로 공지할 수 있다.
- **양방향 소통 가능** : 부모와 교사가 메시지나 댓글을 통해 소통하며, 아이의 상태나 활동에 대해 즉각적인 피드백을 주고받을 수 있다.

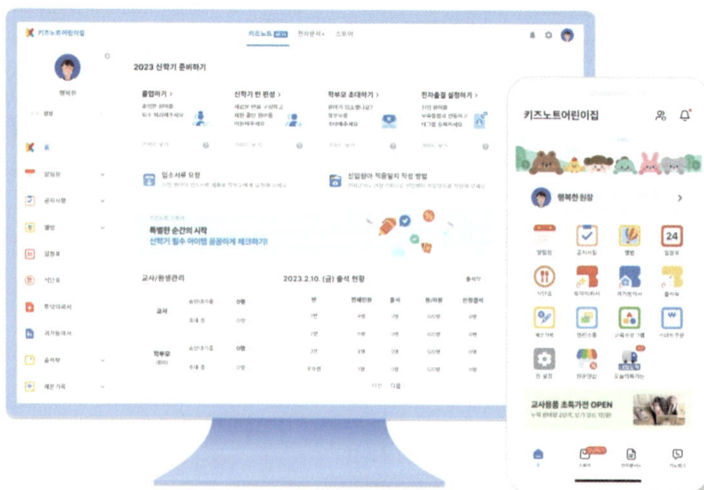

[그림 11-9] 키즈노트

줌

줌(Zoom)은 부모와의 원활한 소통을 지원하는 효과적인 플랫폼으로, 비디오, 오디오, 채팅, 화면공유 기능을 활용한 실시간 원격 화상 회의를 제공한다. 특히 PC뿐만 아니라 태블릿PC, 스마트폰 등 다양한 기기에서 사용 가능하다는 장점이 있어 부모와의 소통에 유용하다. 줌은 여러 명이 접속할 수 있어 개인 상담뿐만 아니라 비대면 부모교육과 같은 그룹 소통에도 활용 가능하다. 줌과 같은 원격 화상 회의 플랫폼은 코로나19 팬데믹을 기점으로 부모와의 대면상담이 전화나 원격상담으로 전환되면서 비대면 상담과 교육의 효과를 높이는 데 기여하였다.

줌은 부모와의 소통뿐만 아니라, 유아의 놀이에도 활용할 수 있다. 특히 가상 배경 기능은 유아의 역할 놀이에 몰입감을 높이는 환경을 제공하며, 기본 배경 외에도 업로드한 사진을 배경으로 설정할 수 있어 창의적인 활동을 지원한다. 또한 줌은 다른 유치원의 유아들과 실시간 화상 회의를 통해 협동 수업을 전개하거나 다양한 형태의 학습 활동을 진행하는 데에도 유용하게 활용할 수 있다.

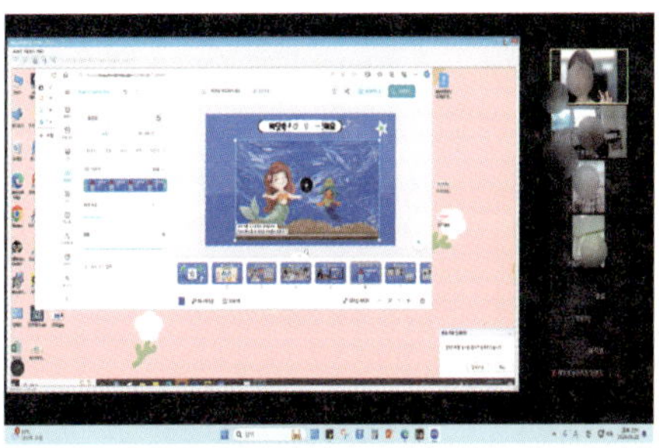

[그림 11-10] 줌을 활용한 비대면 부모교육 예시

[그림 11-11] 줌을 활용하여 바다 배경에서 해수욕장 놀이를 하는 유아

3. 교사 업무 지원

유아교사는 유아를 보호하고 교육하는 것부터 다양한 행정업무와 교육자료 관리까지 많은 역할과 업무를 수행한다. 이를 효과적으로 처리하기 위해 업무 효율성을 높이는 디지털 도구를 활용할 수 있다. 이러한 도구는 교사의 시간과 노력을 절약하고 더 나은 교육 환경을 조성하는 데 기여할 수 있다. 업무 효율성 향상을 위한 도구와 활용 방안은 〈표 11-3〉과 같다.

〈표 11-3〉 업무 효율성 향상을 위한 도구

도구 이름	특 징	활용 방안
노션 (Notion)	• 작업 관리, 메모, 일정 관리, 데이터베이스 기능 제공 • 다양한 템플릿과 맞춤 설정 가능 • 교사 간 협업과 문서 관리에 적합	• 수업 계획서 및 자료 정리 • 연간 학사 일정 및 행사 관리 • 교육자료 체계적 정리 및 공유
에버노트 (Evernote)	• 메모 및 자료 저장에 특화 • 이미지, 텍스트, 링크 등 다양한 자료 저장 가능 • 자료 내 검색 기능 제공	• 회의록 작성 및 공유 • 수업 아이디어 기록 • 유아 관찰 기록 저장 및 관리
트렐로 (Trello)	• 작업 흐름 관리를 위한 시각적 보드 제공 • 작업을 카드 형태로 나누어 진행 상황 파악 가능 • 팀 간 업무 분배에 유용	• 수업 준비 및 진행 상황 관리 • 행사 준비 체크리스트 작성 • 학부모 상담 일정 관리

노션

에버노트

트렐로

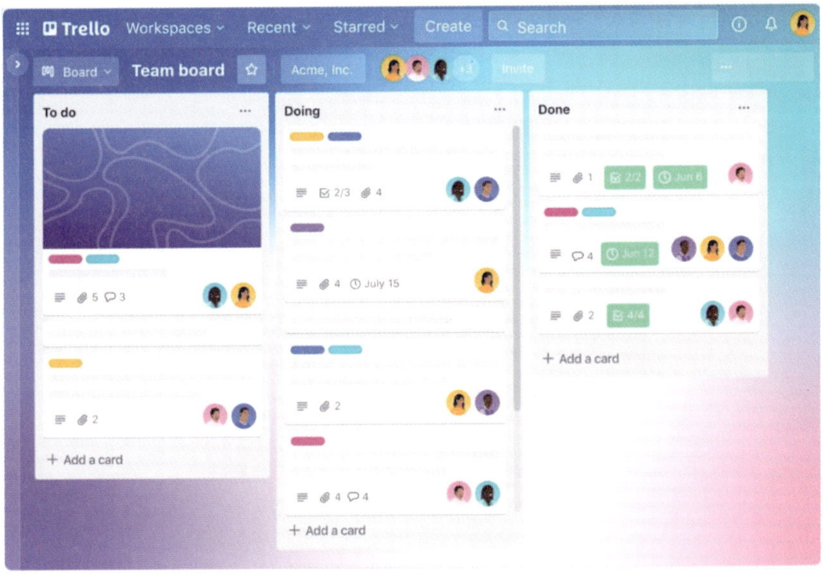

[그림 11-12] 트렐로

트렐로

이 외에도 음성을 텍스트로 변환하는 클로바노트(Clova Note), 텍스트를 음성으로 변환하는 클로바더빙(Clova Dubbing), 챗봇을 만들 수 있는 텐서플로우(Tensorflow) 등은 유아 활동 지원, 유아와 부모의 참여와 상호작용 촉진, 교사의 업무 효율성 향상을 위해 활용할 수 있는 유용한 도구이다. 이러한 도구는 교사의 시간 절약과 업무 효율성 향상을 도울 뿐 아니라, 학습 활동의 창의성과 몰입감을 높이는 데에도 기여할 수 있다.

클로바노트

클로바더빙

텐서플로우

디지털과 인공지능 기술은 교육 현장에서 점점 더 중요한 역할을 차지하고 있다. 이러한 도구들의 효과적인 활용을 위해서는 교사의 창의적이고 능동적인 접근이 필수적이다. 이를 통해 유아의 학습 경험을 풍부하게 하고, 부모와의 소통을 강화하며, 교육의 질을 높이는 기회를 만들어 갈 수 있을 것이다.

이 장에서 제시한 도구들은 교사의 업무 지원뿐만 아니라, 유아의 활동과 놀이에도 적용할 수 있다. 〈표 11-4〉는 디지털 도구를 활용한 활동 계획안의 예시이다.

〈표 11-4〉 디지털을 활용한 활동 계획안

활동명	「거북이가 왜 아플까?」 디지털 동화를 만들어요
활동 목표	• 해양쓰레기 오염에 대해 안다. • 다양한 디지털 도구를 활용해 동화를 제작한다. • 해양환경을 보호하는 마음을 갖는다.
활동 준비물	전자칠판, 태블릿PC, 색지, 색연필, 사인펜
활동 구성	(1) 도입 • 바다 거북이 관련 뉴스 영상을 보며 활동에 관심을 갖는다. – 바다 거북이가 왜 죽었나요? – 영상을 보며 어떤 생각이 들었나요?
	(2) 전개 • 바다 거북이에 대해 효과적으로 알릴 방법을 의논한다. – 거북이가 고통받고 있다는 사실을 어떻게 알릴 수 있을까요? – 디지털 동화를 만들어서 사람들에게 소개해 주도록 해요. *** 다양한 디지털 도구를 활용한 동화 제작** • 챗GPT를 활용해 동화의 내용을 만들어 본다. – 인공지능을 활용하여 동화의 내용을 만들어 보아요. – 내용을 살펴보니 어떤 부분을 바꾸고 싶나요? 삭제하거나 추가하고 싶은 내용은 무엇인가요? • 등장인물과 배경을 그린다. – 등장인물과 배경을 그려보아요. 거북이는 누가 그릴까요? • 클로바더빙을 활용해 동화 내용을 더빙한다. • 캔바를 활용하여 동영상을 편집한다. (교사는 유아의 그림을 순서대로 연결하고, 더빙 파일을 합성해 준다) – 동영상에 어떤 그림을 넣고 싶나요? – 어떻게 하면 이 부분을 강조할 수 있을까요? • 제작한 디지털 동화를 보며 평가한다. – 동화의 내용에서 어떤 점이 마음에 드나요? – 수정하거나 더 강조하고 싶은 부분은 무엇인가요? 디지털 동화
	(3) 마무리 • 활동을 평가하고 마무리한다. – 어떤 내용의 디지털 동화를 만들었나요? – 동화를 만들 때 다양한 디지털 도구를 활용했는데, 어떤 점이 가장 편리했나요? – 바다 거북이를 위해 내가 할 수 있는 일은 무엇일까요?

평가	• 해양쓰레기 오염에 대해 아는가? • 다양한 디지털 도구를 활용해 동화를 제작하였는가? • 해양환경을 보호하는 마음을 가졌는가?
확장활동	• 거북이 보호 캠페인 활동 – 디지털 동화를 유치원 구성원들에게 소개하고, 환경 보호를 촉구하는 캠페인 활동 전개하기

출처 : 정서연(2024). 「바DA야 가치(價値) 놀자」 프로젝트를 통한 W.I.T.H. 환경 감수성 기르기, pp. 36-37 재구성.

생각해 보기

유아교사를 위한 지원으로는 무엇이 필요할까요? 나의 디지털 리터러시를 높이기 위해 무엇이 가장 필요할까요?

예 디지털 교육 관련 연수, 프로그램 실습, 디지털 환경·기기 제공 등

참고문헌

과학기술정보통신부 · 정보통신정책연구원(2020). 사람이 중심이 되는 「인공지능(AI) 윤리기준」.

교육부(2021a). 유아와 함께 하는 인공지능교육 – 교사 지원자료. 인천교육-2021-0242

교육부(2021b). 유아와 함께 하는 인공지능교육 – 유아 콘텐츠 및 매뉴얼. 인천교육-2021-0243

교육부(2021c). 유치원 교사 디지털역량 강화 연수자료. 세종 : 교육부.

교육부(2022). 유아 디지털 미디어 문해 교육 운영지원자료. 세종 : 교육부.

국가인권위원회(2022). 인공지능 개발과 활용에 관한 인권 가이드라인.

권숙진 외(2022). 유아교육에서 디지털 놀이 재개념화 및 현장사례 분석 연구. **어린이미디어연구**, **21**(4), 353-380.

권은정(2008). 놀이를 통한 알고리즘 개념 학습이 학습 동기 및 학업 성취도에 미치는 영향. 한국교원대학교 교육대학원 석사학위논문.

금준경 · 박세연 · 박유신 · 유석영 · 이용준 · 이재표 · 정현선 · 조이스 박 · 하헌기 · 한기영(2020). **Z세대를 위한 디지털 리터러시 교육**. 서울 : 민들레.

김동환(2023). 유아 인공지능 (AI) 관련 연구 동향 분석. **열린유아교육연구**, **28**(1), 205-222.

김민정(2022). 인공지능시대 유아교사의 핵심역량. **교원교육**, **38**(5), 27-49.

김선희 · 유구종(2024). 유아교사 AI 리터러시 평정척도 개발 및 타당화. **유아교육학논집**, **28**(4), 31-60.

김양은 · 최 숙 · 박상호 · 장준영 · 박정원(2019). 어린이집 · 유치원 교사가 알아야 할 디지털 시민성과 교육. 방송통신위원회 · 한국정보화진흥원.

김자미 · 강원석 · 김용천 외 23명(2022). 2022 개정 정보과 교육과정 시안(최종안) 개발 연구(A23010015). 한국과학창의재단.

박강민 · 장진철 · 안성원(2024). 유럽연합 인공지능법(EU AI Act)의 주요내용 및 시사점. 소프트웨어정책연구소.

박아란(2022). **인공지능 시대의 미디어 윤리**. 서울 : 커뮤니케이션북스.

방송통신위원회(2024). https://blog.naver.com/kcc1335/223687123435

성지현 · 이지영 · 박지영(2019). 발달에 적합한 유아기 컴퓨팅 교육의 방향에 대한 탐색. **유아교육연구**, **39**(5), 107-132.

시사경제용어사전(2017). '디지털네이티브' https://terms.naver.com/entry.naver?docId=4356988&cid=43665&categoryId=43665에서 2024년 9월 12일 인출.

신국미(2021). 인공지능과 인간의 존엄성. **부동산법학**, **25**(1), 107-133.

오주현 · 박용완(2019). 영유아의 스마트 미디어 사용 실태 및 부모 인식 분석. **육아정책연구**, 13(3), 3-26.

이경한 · 서현석 · 탁병주 · 최은아 · 신기철 · 정영식(2022). **리터러시와 시민성교육**. 서울 : 푸른길.

이상욱(2021). **유네스코 인공지능(AI) 윤리 권고 해설서 : 인공지능 윤리 이해하기**. 유네스코한국위원회. https://www.unesco.or.kr/assets/data/report/1hsFNoQGzz2LQ9wW2tmur3w53ZcEBj_1640236637_2.pdf에서 2024년 3월 19일 인출.

이소은 · 최순욱(2024). 생성형 AI가 만드는 딥페이크 콘텐츠 : 현황과 과제. **방송통신심의동향**, 통권 27호, 34-51.

이영준(2014). 초중등 단계 Computational Thinking 도입을 위한 기초연구. 한국과학창의재단.

이윤해(2024). 유아교육기관의 디지털 놀이 실태와 요구. 부경대학교 교육대학원 석사학위논문.

이은미(2024). 대학생의 AI디지털역량 진단도구 개발 및 타당화. 계명대학교 대학원 박사학위논문.

이은철(2022). 예비 유아교사들의 인공지능 활용 교육역량 요인 구성 연구. **기독교교육 논총**, (72), 183-203.

이주호 · 정제영 · 정영식(2021). **무엇을 배우고, 어떻게 가르쳐야 하나? AI 교육혁명**. 서울 : 시원북스.

인공지능과 가치 연구회(2021). **인공지능윤리 다원적 접근**. 서울 : 박영사.

정보통신용어사전(2008). 미디어. https://terms.naver.com/entry.naver?docId=796466&cid=42347&categoryId=42347에서 2024년 7월 24일 인출.

정보현(2022). **인공지능과 미래사회 인공지능 시대 사회, 윤리, 문화**. 서울 : 동문사.

정서연(2024). 「바DA야 가치(價値) 놀자」 프로젝트를 통한 W.I.T.H. 환경 감수성 기르기.

정영식 · 유정수 · 임진숙 · 홍지연(2023). **소프트웨어 교육론**. 서울 : 씨마스21.

조운주 · 최일선(2022a). 유아교사의 디지털 역량 내용 구성 방안. **교육논총**, 42(2), 45-61.

조운주 · 최일선(2022b). 유아교사의 디지털 역량 평가도구 타당화 연구. **유아교육 보육복지연구**, 26(4), 33-55.

조재희 · 이재은 · 정선임(2021). 유아 대상 미디어 리터러시 교육 방안 및 커리큘럼. 한국언론진흥재단 지정주제 연구보고서 2021-10.

차기주(2024). 유아 디지털 역량 구성요소 탐색 연구. **학습자중심교과교육연구**, 24(8), 1-26.

표준국어대사전(2024). '전문가시스템' https://ko.dict.naver.com/#/entry/koko/90aa49c76c304486a23a7bf6442dfc5d에서 2025년 2월 4일 인출.

한국과학재단(2017). STEAM 프로그램 활용 가이드북.

한국교육학술정보원(2023). 교육과정 연계 디지털 리터러시 교육 가이드라인 개발 연구. 대구 : 한국교육학술정보원.

한선관 · 류미영 · 김태령(2021). **AI 사고를 위한 인공지능 교육**. 서울 : 성안당.

홍광표 · 조준오(2017). 누리과정 기반 유아 소프트웨어 교육과정 구성방향 탐색. **학습자중심교과교육연구, 17**(1), 469-494.

홍숙영(2022). **미디어 리터러시 : 콘텐츠의 해석과 비판적 이용을 위한 미디어 교육**. 서울 : 내하출판사.

Bers, M. U.(2017). *Coding as a playground : Programming and computational thinking in the early childhood classroom*. New York : Routledge.

Brown, C., Czerniewicz, L., Huang, C. W., & Mayisela, T.(2016). Curriculum for digital education leadership : A concept paper.

Classum(2021). **2022 에듀테크 트렌드 리포트 꼭 알아야 할 5가지 키워드**. 서울 : Classum.

Díaz-Rodríguez, N., Del Ser, J., Coeckelbergh, M., de Prado, M. L., Herrera-Viedma, E., & Herrera, F(2023). Connecting the dots in trustworthy Artificial Intelligence : From AI principles, ethics, and key requirements to responsible AI systems and regulation. *Information Fusion, 99*, 101896.

EC(2019). Ethics guidelines for trustworthy AI. https://digital-strategy.ec.europa.eu/en/library/ethics-guidelines-trustworthy-ai에서 2024년 3월 19일 인출.

Edwards, S.(2019). *Digital play. In Exploring Key Issues in Early Childhood and Technology*(pp. 55-62). Routledge.

Gardner, H.(1983). *Frames of Mind : A Theory of Multiple Intelligences*. New York : Basic Books.

Guilford, J. P.(1988). Some changes in the structure-of-intellect model. *Educational and psychological measurement, 48*(1), 1-4.

Joshi, N.(2020). *Artificial Intelligence : The Future of Humankind*. Oxford Press.

Mainzer, K.(2020). *Artificial Intelligence - When Do Machines Take Over?*. Springer.

McCarthy, J.(2004). What is Artificial Intelligence? Stanford University. Retrieved from http://jmc.stanford.edu/articles/whatisai/whatisai.pdf

OECD(2023). *Empowering young children in the digital age*. Starting Strong, Paris : OECD Publishing.

Papert, S.(1980). *Mindstorms : children, computers, and powerful Ideas*. NY : Basic Books.

Sternberg, R. J.(1985). Implicit theories of intelligence, creativity, and wisdom. *Journal of personality and social psychology, 49*(3), 607-627.

T. C. Bell, I. H. Witten, & M. Fellows(1998). Computer Science Unplugged : Off-line activities and games for all ages. Retrieved from https://classic.csunplugged.org

UNESCO(2016). Global education monitoring report summary 2016 : education for people and planet : creating sustainable futures for all.

UNESCO(2017) Conference on digital citizenship education in asia-pacific.

Wechsler, D(1939). The nature of intelligence. In D. Wechsler(Ed.), *The measurement of adult intelligence*. Williams & Wilkins.

Wing, J. M.(2006). Computational thinking. *Communication of the ACM, 49*(3), 33-35.

저/자/약/력

이정화
현) 국립부경대학교 유아교육과 교수
Indiana University, Ph. D.

유혜린
현) 국립부경대학교 유아교육과 강사
국립부경대학교 유아교육과 박사

정희영
현) 국립부경대학교 유아교육과 박사과정
전) 부산광역시육아종합지원센터 보육전문요원

정서연
현) 부산 칠암초등학교 병설유치원 교사
국립부경대학교 유아교육과 박사과정

유아교사를 위한 **AI와 디지털 교육**

| 공저자 | 이정화 · 유혜린 · 정희영 · 정서연

| 1판 1쇄 | 발행 2025년 2월 28일

| 발행인 | 김동훈
| 발행처 | **공동체**

| 주소 | 경기도 고양시 일산동구 호수로 358-39 동문타워 I 905호(백석동)
| 전화 | 031)814-3000(대표)
| 팩스 | 031)814-3100
| 홈페이지 | http://www.compub.co.kr
| 전자우편 | compub@naver.com
| 출판등록 | 2005년 10월 6일
| 등록번호 | 제396-2005-6호

| ISBN | 979-11-6725-865-6
정가 22,000원